倫理と行為

ピーター・ウィンチ
奥雅博　松本洋之 訳

Ethics & Action

Peter Winch
Ethics & Action

Ethics & Action

keiso shobo

謝　辞

ここに収録された各論文の初出は以下の通りである。この本への再録を許可されたことに対して、それぞれの編集者ならびに出版社に御礼を申し上げたい。

「未開社会の理解」(Understanding a Primitive Society) が初めに発表されたのは『季刊アメリカ哲学』(*American Philosophical Quarterly*) 第一巻、一九六四年である。「自然と規約」(Nature and Convention) と「善人に災いはありうるか」(Can a Good Man be Harmed?) は『アリストテレス協会会報』(*Proceedings of the Aristotelian Society*) の一九五九—六〇年、一九六五—六年の巻にそれぞれ発表された。「やろうと努めること」(Trying) は一九七一年にノッティンガムで開催されたマインド協会とアリストテレス協会との合同会でのシンポジウム「やろうと努めることと未遂に終ること」にもとづくものであり (なお第一講演者はピーター・ヒース教授である)、『アリストテレス協会会報』補巻第四五巻 (一九七一年) に発表された。「人間の本性」(Human Nature) は一九六九年にロイヤル・インスティテュート・オブ・フィロソフィーで行なわれた講演であり、一九七一年にヴィゼイ G. N. A. Vesey 編集の『プロパー・スタディ』(*The Proper Study*,

Macmillan）に印刷された。「ホッブズとルソーにおける人間と社会」（Man and Society in Hobbes and Rousseau）は一九七一年にクランストンM. CranstonとピーターズR. S. Peters編集の『ホッブズとルソー』（*Hobbes and Rousseau*, Doubleday）に発表された。「道徳判断の普遍化可能性」（The Universalizability of Moral Judgments）は『モニスト』（*Monist*）第四九巻（一九六五年）に、「ウィトゲンシュタインの意志論」（Wittgenstein's Treatment of the Will）は『ラティオ』（*Ratio*）第一〇巻（一九六八年）に、「倫理的賞罰」（Ethical Reward and Punishment）は『人間の世界』（*The Human World*）第一巻（一九七〇年）に、それぞれ発表された。「道徳からみた行為者とその行為」（原題 Moral Integrity）は一九六八年五月に行なわれたロンドン大学キングズ・カレッジ教授就任講演であり、同じ年にブラックウェル社により出版されている。

また私は、書いたものや討論を通じて私が学ぶことの出来た非常に多くの人々に感謝の意を表したい。とりわけラッシュ・リース氏に感謝したい。私は長年彼と同僚であるという恩恵に浴したし、さらに、彼に負うものを最も控え目に見積っても、道徳哲学で本当に重要な問題はどの方向で探究すべきかを私にはじめて示してくれたのは、彼であったのである。

倫理と行為

目次

凡例

一　翻訳にあたっては、*Ethics and Action* by Peter Winch, London: Routledge & Kegan Paul, 1972 を底本とした。なお、必要に応じて、各論文が初めて発表された定期刊行物や書籍も可能な限り入手し、参照した。

二　原文の読みに疑義が生じた場合、著者に照会して疑問点の解消に努めた。その結果テキストに実質的な修正を加えた箇所については、訳者注の形で断わることにした。単純な誤記・誤植とみなされるものは、一々断らずに訂正した。

三　引用文献のうち邦訳のあるものについては読者の便宜をも考え、その邦訳を挙げることを原則とした。ただし、引用文献の範囲は現代哲学の専門論文に限られず、哲学の古典からヨーロッパ各国の文学作品に及んでおり、さらに邦訳が数種類存在することも珍しくない。このような場合には煩瑣にわたることを避け、邦訳の指示を省略することにした。なお、翻訳に際しては著者の論述の流れに従うことを第一としたので、引用文献の既存の翻訳には必ずしも従っていない。

　また、原書には引用文献のページ付け等でかなりの誤りが見出されるが、可能な限りこれを訂正した。

四　原文のイタリックスは傍点付きに、大文字による強調はゴチック体にすることを原則とした。なお、書名のイタリックスは『』付きとし、フランス語、ラテン語ゆえのイタリックスは他と区別せずに翻訳した。また、文脈の整理のため訳者の判断で〈　〉でくくった箇所がある。

五　原注は各論文の末尾におきアラビア数字（1）（2）であらわした。また、最少限付加した訳注は和数字（一）（二）であらわし、原注の後においた。

I　緒　言

ここに収録された論文は十年以上の期間にわたって書かれ、しかもばらばらに様々なところに既に発表されたものばかりである。一冊の書物としてまとめるようにとの勧めに対してはいささか躊躇を覚えたものの、次の理由からこの勧めを承諾することにした。即ち、第一に論文のいくつかがやや入手困難であるし、そして第二に、これらの論文は十分に相互連関のある一連の問題を、しかも一緒に吟味するのに十分値する一定の観点から取扱っているので、一冊の書物とすることにも一理あろうかと思ったからである。とはいえ各論文は体系的な一つの「立場」を作り上げるための大規模な計画の一環として書かれた訳ではない。今から見てみれば、一つの問題について述べようとしたことからもう一つの問題が自然に現われてきた、という意味で、いわば思想の進展があったことは確かである。しかし各々の主題は、私がそれらを考えた時の各々の論点に従って論じられたままである。その結果未解決な論点が多く、結論に至っていない箇所も数多く存在する。さらには、不整合な箇所すら存在するであろう。しかし道徳哲学の現状をみれば、決定的で明確な立場を表明しようとするいかなる試みも、むしろ事態の歪曲と独断とになりがちである、と私には思われる。不整合についていえば、論じられている主題そのものが錯綜しており、しかも我々の生活の様々な諸条件全体から倫理的問題に関する様々な考え方が生じることによってその考え方同士に緊張関係が確かに存在する、ということの結果として不整合が生じる限り、人が同一の問題を様々な観点から考察する場合には、時折（少なくとも外見上）不整合なことを述べるようになるのである。この事実それ自身は欠陥というよりも、むしろ多くのことを我々に示唆するものであると思われる。

ごく概括的に述べると、私の関心をⅡからⅤまでの論文とⅥ以下の論文との間で大きく二分することができる。前者に属する論文では、道徳的な考え方を可能とする社会的諸条件（あるいは、同じことになると言えようが、社会生活を可能とする道徳的な考え方）に主たる重点がある。これに応じてここでは、とりわけⅡからⅣまでの論文で、一人の人間が他人の生活と行為を道徳的見地から理解するということの本性についての諸問題が、専らそれだけというのではないが主題的に、取り上げられる。後者に属する論文では重点はむしろ個人の生活での道徳概念の適用に向けられている。これに応じてそこでの議論は、自分自身の生活の理解や評価に際して、道徳諸概念がいかなる仕方で働いてくるのか、という問題を中心としている。私はこの緒言で、これら二つの観点の関係についてなお若干述べ、同時に各論文同士が織りなす関係のいくつかについて略述を試みることとしたい。

「未開社会の理解」は、人々がその中で生活している世界をどのように理解しているかということと、彼等が営む共同生活の文脈でたがいに相手をどのように理解しようとしているか、ということとの関係について、諸問題を提起している。論文の主要部分それ自身は特に道徳的な生活の次元を直接とりあげてはいない。しかし終りのところでこの道徳的次元に若干の注意が払われているという事実を別にしても、ここでの議論はIII以下の論文で論じられる問題に効いてくるのである。というのも、或る行為が行為者にとって道徳的意義を持つ、ということは、行為者が自分自身と自分の生活をどう理解しているかということに当然関係しているのだが、III以下での問題はこの関係がいかなるものであるかを扱っており、しかもここでの行為者の理解という観念は、私の思うに、行為者が彼の生活を営む世界の中で自分が占めていると思っている場所から分離不可能だからである。「未開社会の理解」はある理念のいくつかの形態を批判している。私が批判した理念によれば、「世界」についての我々に理解可能なある把え方が存在するか少なくとも存在可能であり、その把え方は社会生活の諸形式から独立で、しかも人々の或る生活様式を「非合理」として批判しうる基準を我々に提供してくれる、とされる。これに対して私が主張したのは、世界についてのそのような理解可能な把え方というものが本当に理解可能となるのは、人々が共に生活し相互に理解しあう（諸）様式を背景とした上でのことである、というものであった。ここで「いずれが先であるか」を論じたいというのであれば、相互理解の方が世界理解よりも根本的である（そしてこの点でより先である）、と語る方が誤解が少ないと私は考える。しかし問題をこのように表現せずにむしろ、いずれの種類の理解も他方なくしては考えられない、と述べる方が、多分誤解が少ないであろう。この論文を初めて公表して以来これについてなされた種々の批判を考えれば、この論文の要旨は、人々が共に営む生活様式の批判は全く不可能である、という馬鹿げたものでもなければ、生活様式を「非合理」と特徴づけることがいかなる意味でも不可能である、というものでもないことを、あるいは強調しておくべきかもしれない。ましてや私は、一つの文化に属する人間は異なる文化で営まれている生活を「決して理解できない」、と主張してはいない。むしろ私の議論は、こういったありうる批判が与えるであろう或る種の説明に対して、またそのような「通文化的」な理解の試みに何が含まれるかについての或る種の説明に対して、向けられているのである。

社会生活の個別的形態とは独立に与えられるような論拠が存在し、これを頼りに個々の生活形式の評価や批判が可能である、とする理念のもう一つのよくある形態は、いろんな形で現われる人間の本性に訴えることである。論文「人間の本性」がこれを論じているが、そこでは人間の本性は何に存するかという種々の考え方自身が社会生活の文脈でのみ理解可能な道徳観の表現であることが示唆され、更にはこの示唆が何を含意するかについて若干論じられている。再び断っておくが、人間の本性という観念が無意味で無用だ、というのが論旨ではなく、この観念の意味や用い方に関する或る誤った考え方を批判しているだけである。そして「ホッブズとルソーにおける人間と社会」ではこの種の観念のルソーのある使い方に対して好意的な議論がもくろまれている。

上述のいずれの論文も、人が自分自身の生活の道徳的な理解に達しようと企てること、また、自分と仲間との関係を自分がどう理解するかという問題と自分の生活との関係を道徳的観点から理解しようと企てること、――このような企てが何を含み、又その条件が何であるかについて若干の議論を行なってはいる。しかしながら、これは本書の後半で一層中心となるテーマである。そこで何故そうなのかを説明してみたい。このためには第三論文「自然と規約」の重大な欠陥を考えあわせれば有益であろう。この論文で私は、社会生活の文脈で認められる行動の全ての基準が、その基準なしでも社会生活の継続が想像可能であるという意味で、規約の問題とみなすことができる、という訳ではない、と主張した。話す折に真実を語る(二)、という基準がそこでは例にとり上げられ、私は、この基準をある意味で規範としないような社会がありうるという考え方は矛盾を含んでいる、と主張した。更に私は、真実を語ることが持つ社会的意義は、専ら自分の思うように他人を行動させるという目的のために遵守すべきであると一般に考えられているという意味での純粋に功利主義的なものではありえない、と主張した。ところで、この論文を書いた折に私は誤って(1)、今のような議論の筋によって、真実を語ることが全ての可能な人間社会において道徳上の徳であるとみなされるべきであるということが、十分に立証される、と思いこんでいたのである。

私の誤りを分析してみて、誤りの主たる面は企ての曖昧さにあった、と私は思う。或る基準が「道徳の」基準という身分を持つ、という証明で、人は正確には何を証明しようと努めているのか。しかもこの曖昧さは曖昧さで、道徳哲学に大きな難問をもたらす次の事実から生じるのである。即ち、道徳の問題であることについては同意ずみの個々の問題について、人々はそれが道徳的に正しい、いや誤っている、と意見を異にするばかりか、何をそもそも道徳の問題とみなすかについても又、より根源的ともいえる具合に意見を異にすることがありうるのである。この難問については「人間の本性」と「道徳からみた行為者とその行為」で若干の注意が払われている。しかし誤りのもう一つの源は、行動の基準に道徳的意義を賦与することが何を含むかに関するある一つの重要な考え方にもとづいて、私がそのような道徳的意義の説明を、完全に誤った方向に求めたことである。R・F・ホランドがこ

の点を非常に適切に指摘しているので、それを長さをいとわず引用しておきたい。即ち(2)

真実を語ることを一般に徳とみなさないような人間の生活を考えることは不可能である、と結論する議論の中で生活形式に基づくタイプの議論……を検討しよう。ここでどのような徳の概念が用いられているのかを検討しない限り、この結論は知性にとって心地よい。しかし、それがどんな概念かを問うならば、――あるいは問を別な仕方で述べて、真実を語るといってもどんな種類のことが今問題なのかを問うならば――、この議論が何を果していないかがすぐ気付かれるであろう。というのもこの議論は、全社会にわたって、あるいは特定の社会の全個人にわたって、真実を語ることが同じ程度に存在するに相違ないとか同じ意義を持つに相違ないとかを、主張してもいなければ、含意もしないからである。それ故、もし彼等の中の若干の者の真理に対する気づかいの故に真理に対して抱かれている全ての見通しが何とか保証される、というのであれば、なお説明すべきことが残っている。というのもこれまで説明された真理は唯一つ、即ち現存する制度を支持し、現存する社会の様式を崩壊させずに何とかやっていく程度に必要とされる真理の類に限られているからである。このためにはほんのわずかの真理で十分であり、あるいは真理に似ていさえすれば正真正銘の真理である必要はなく、また、ある種の慣習的な基準を満たしていさえすれば真実を語ることが依然として相対的であっても差支えないのである。あるいはこれに対して、例えば商業が発展した段階の社会を考えてみれば、この慣習的な基準は非常に正確で精巧でなければならない、と反論されるかもしれないが、当の事情がこれで変る訳ではない。「唯一の基準」といった言い方には私は懐疑的である。しかしいずれにせよ私の論点は、このような「基準」と並んで、当の社会の少なくとも若干の成員には、真理に対する全く異なった性格の配慮、即ち偽なることを語らないことが精神的態度となっているような配慮が、共存可能である、というものである。ところでこのような精神はどこから生じうるのであろうか。

ホランドの指摘を続ければ、そのような態度の可能性を共同体の「生活様式」と彼が称するものに求めるべきではなく、その態度が現われてくる個人の生活様式に求めるべきである、となる。もちろん、個人が彼なりの生活をおくる様々の可能な様式と社会諸制度との間には密接な概念上の結びつきが存在することを見落してはならないし、ホランドもまた見落してはいない。

第六論文で始まる一連の論文で私が主として関わっている問題は、個人にとって他人の行為が持つ道徳的意義とは区別された限りでの、個人が自分自身の行為に対して賦与しうる道徳的意義の性格についてである。明らかにこの種の問は人間の意志という観念に関わっている。この観念は、市民と国家の関係についていくつかの問題を論じた第五論文「ホッブズとルソーにおける人間と社会」で既に中心的な位置を占めている。そこでの議論の主たるテーマは、「正統性を持つ政府」という観念が市民の側の意志の或る性向にいかに依存するか、である。更にこの論文は、社会生活の或る質が、いかにして意志のそのような性向の必要条件となるかについても関わっている。しかし次の第六論文「ウィトゲンシュタインの意志論」は、個人の行為を我々が理解する折に意志の観念がいかに関わってくるかを、より直接的に扱っている。『論理哲学論考』の執筆の時期にウィトゲンシュタインが意志の観念について抱いた難点を介して、更に『哲学探究』その他の後期の著作で彼がこれらの難点にいかに対処したかを介して、道徳哲学の最も重要な問題のいくつかがここで明らかにされている、と私は思う。意志（彼がこの語について認めた一つの意味での意志）は、そこから行為が生じるある種の因果性の原則として理解されねばならない、という初期の確信をウィトゲンシュタインが放棄したということが、第七論文「やろうと努めること」の出発点ともなっている。この論文は、未遂に終ったただけの行為と比較して、人の完結した行為はいかに異なった種類の道徳的意義を刻印するかについて、いくつかの問の展開を試みている。

いま言及した二つの論文での議論は、他人の行為から区別されたものとしての自分自身の行為は、当の行為者にとって根本的に異なった意義を持つ、ということに、既にかなり強く依拠している。この区別を認め損うこと、少なくともそれに十分な配慮を払わぬことが、道徳についての今日流行の説明の主たる欠点の一因である、と私は考える。即ち、或る状況の下である特定の行為を行なうことが自分にとって正しいと考える人は、重要な点では同じような状況の下では全ての他の人々も同じ行為をするのが正しい、とする考え方に論理的に拘束されるのだ、と主張する「普遍化可能性」の観念に固執する説明の欠陥である。第八論文「道徳判断の普遍化可能性」はこのような観念の直接の批判であり、他方第九論文「道徳からみた行為者とその行為」はこれと密接に結びついた諸問題の吟味である。

ウィトゲンシュタインの『論考』での意志に関する議論は、「現象としての意志」即ち人間の個々の行為の原因と普通みなされている意志と、「倫理的なものの担い手である限りの意志」と彼が称したものとの区別を含んでいた。この二つの観念の関係についての彼の考え方は多大な困難を生じたし、人間の行為という観念の彼のその後の扱いではこの区別は実質的には消滅した。しかし私の思うには、「倫理的なものの担い手としての意志」という彼の観念に似たものが道徳哲学の或る根本問題を扱う折には不可欠であるし、またそれに対して然るべき位置が見出されるべきである。第十論文「善人に災いはありうるか」と第十一論文「倫理的賞罰」はそのような位置を見出すことに寄与しようと目論んでいる。この主題についてなお述べるべきことが非常に多く残されていることは言うまでもない。本書が扱う他の全ての主題についても、勿論また同様である。

（1） R・F・ホランド「善は不可思議なものか」（R. F. Holland, 'Is Goodness a Mystery?', *The University of Leeds Review*. 一九七〇年五月、第一三巻第一号に所収）を見よ。さらに、R・ノーマン『行為の理由』（Richard Norman, *Reasons for Actions*, London: Basil Blackwell, 1971）一三五―九頁をも見よ。

（2） 前掲論文、七〇頁。

訳注

（一） 原語は、'truthfulness in speech'。'truthfulness' の訳語としてまず思いつくのは「誠実」であるが、英語ではコミュニケーションの場面における誠実、即ち、真実を語ること、も重要な一義を担っている。第三論文ではこの意味で用いられているので、一貫して「真実を語ること」と訳すことにした。なお、すぐ後のホランドからの長い引用の終りの部分の「偽なることを語らない」の原語は 'not to falsify' である。なお、第三論文では一般的な誠実さ 'integrity' についても論じられており、これに対しては「誠実さ」という訳語をあてることにした。

II　未開社会の理解

この論文は、私の著書『社会科学の理念』(1) で提起された問題のいくつかを更に立ち入って論じようとするものである。『理念』では人間の社会生活の理解に絡む問題が一般的に論じられた。それに対してこの論文では、もっと特殊な論点、つまり社会人類学と関連した或る論点を取り上げることにする。第一部では、E・E・エヴァンズ＝プリチャード教授が名著『アザンデ族における妖術、託宣、呪術』(2)で行なったアプローチに対して、或る難点が指摘される。第二部では、アラースデア・マッキンタイアー氏が最近エヴァンズ＝プリチャードと私とに対して行なった批判を論駁し、また私の側からマッキンタイアーの積極的な主張に批判を加え、更に、未開社会の研究から学ぶことの意義、という概念について私自身の若干の立ち入った考察を提示したいと思う。

1　呪術の実在性

多くの他の未開種族と同じく、アフリカのアザンデ族は、我々がとても共有できない信念を抱き、我々にはとりわけ理解しがたい営みを営んでいる。彼等が信じるところでは、彼等の仲間の或る者は妖術師であり、妖術師は仲間の生活に対して超自然的作用によって危害を及ぼすのである。彼等は妖術に対抗する儀式を執り行ない、託宣を求め、自分を危害から守るために呪薬を使用する。

このような種族を研究する人類学者は、この種の信念や営みを、自分自身と自分の読者に理解できるものにしたい、と考える。即ち、自分と読者が属している文化が要求する合理性の基準をともかく満足するような叙述を彼等について与えようとする。しかも人類学者達が属している文化では、合理性についての考え方が科学の成果と方法によって深い影響をうけており、呪術を信じることや託宣を求める営みは非合理的なもののほとんど見本とまでなっている。このような状況に内在する傾向の故に、人類学者達は次のような姿勢をとりがちである。即ち、妖術の作用、呪薬の効力、また、現在及び将来の出来事の真相を露わにする点で託宣が果す役割、――このようなことを信じているアザンデ族は誤っており、物事を誤解している、と我々は知っているのだ。彼等の信念や営みが要請するような原因と結果の関係は何一つ存在しない、ということを科学的な研究方法が決定的に示している。従って我々のなしうることといえば、誤った信念や効果のない営みからなるこのような体系が、我々には極めて明白と思われる難点をものともせずに、どのようにして維持されうるのか、それを示すことに尽きる(3)。これが人類学者達が極めて容易にとりがちな姿勢である。

ところで、エヴァンズ＝プリチャードは、彼が検討している諸制度の意味をそれがアザンデ族自身に対して現われるがままに提示しようと試みた点で、多くの先輩よりもはるかに抜きん出ていた。にも拘らず、人類学者の一般的な態度に関する右の記述は、あの名著を著した時期の彼自身の態度にかなりよくあてはまる、と私は思う。そこには「妖術師が存在しないことは明らかである」という趣旨の見解が一度ならず見出されるし、また、アザンデ族に関するフィールドワークの時期に、彼等の生活の基礎にある「非合理的なもの」を振り払い、物事の真のあり方についての明晰な見解に立ち帰ろうとして、彼が覚えた困難についても書かれているからである。彼のこの態度は素朴なものではなく、ある哲学的立場に支えられており、それを彼は一九三〇年代に、残念なことにはやや入手困難なエジプト大学『文学部紀要』に発表された一連の論文で見事に展開している。ここでのレヴィ＝ブリュルを批判した議論を展開する過程で、原因結果を科学的に理解する自分達は呪術の観念を拒否することになるが、これは自分達の方が知性においてより優れていることの証拠である、とする考えをエヴァンズ＝プリチャードは拒否している。彼の指摘によれば、我々の科学的アプローチが我々の文化の関数であるのと同じく、「原始人」の呪術的アプローチは彼等の文化の関数なのである。即ち(4)

我々が降雨を専ら気象学的原因のせいにするのに対して、原始人達は神や死霊や呪術が降雨に影響を及ぼすことができると信じている、という事実は、我々の頭脳の働きと彼等の頭脳の働きが異なっていることの証拠にはならない。この事実は、我々が原始人より「より一層論理的に考える」

ことを示すものではない。少なくともこの表現がある種の遺伝性の精神的優越を示唆する限り、そうではない。私は、降雨は物理的原因による、とするが、これは私の方が知性に関して優れていることを示す訳ではない。私は観察と推論によって自分でこの結論に達したのではないし、降雨をもたらす気象学的過程については実のところほとんど知識を持っていないのである。私の社会で私以外の誰もが受け容れていること、即ち、降雨は自然的原因による、という考えを私も受け容れているにすぎない。この考え方は私の誕生よりずっと以前から私の文化の一部をなしており、これを学ぶには十分な言語能力の他にはほとんど何も必要ではなかったのである。同様に、適当な自然条件や儀礼的条件の下で適切な呪術を用いれば降雨に影響を及ぼしうる、と信じる原始人は、この信念の故に知的に劣っている、とみなされるべきではない。彼はこの信念を、自分自身の観察と推論で作り上げたのではなく、他の自分の文化的遺産の踏襲と同様に、即ち自分の文化の中へ生まれ落ちるということによって、踏襲したのである。彼も私も、自分が生きている社会がそれぞれに供給する思考のパターンで、考えているのである。

降雨について原始人は神秘的に考え、我々は科学的に考える、と言うとすれば、これは馬鹿げている。いずれの場合も、似かよった心的過程が関与しており、その上、考えの内容の導き方も似かよっている。しかし次のことは言えるのである。即ち、降雨についての我々の考えの社会的内容は実科学的であり、客観的事実と一致するのに対して、降雨についての原始的な考えの社会的内容は実在と一致しないが故に非科学的であり、また超感覚的な力の存在を想定する限り、神秘的でもありうるのである。

エヴァンズ＝プリチャードはこれに続いて、ヴィルフレード・パレートについて論文を書いているが、そこで「論理的」ということと「科学的」ということとを区別している(5)。

科学的観念とは、その前提の妥当性の点でも前提諸命題から推論される結論の点でも客観的実在と一致する観念のことである。……論理的観念とは、前提の真偽はいずれであるにせよ、もし前提が真であれば思考の規則に従って結論が真となるような観念のことである。……

つぼを焼いていると壊れてしまった。多分、砂が混っていたためであろう。つぼを検査して、これが原因か否かを調べてみよう。この考え方は論理的かつ科学的である。病気は妖術のせいである。ある人が病気である。責めを負うべき妖術師は誰なのかを発見するために託宣を求めてみよう。この考え方は論理的だが非科学的である。

エヴァンズ＝プリチャードがここで述べていることのほとんどが正しい、と私は考えるが、しかし、科学的ということを「客観的実在との一致」によって特徴づけようとする点で彼は誤っている、しかも致命的な誤りを犯している、と私は思う。強調や表現に違いはあるものの、実はこのことによってエヴァンズ＝プリチャードはパレートと同じ形而上学の陣営に属することになるのである。というのも彼等二人にとって、科学的観念は「実在」と関係するが非科学的観念は「実在」と関係を持たない、ということになるのだから、「実在」という概念は科学的推論それ自身の文脈の外部で理解され適用されるものとせざるをえなくなるからである。科学的な文化に属す人は、実在について、呪術を信じるアザンデ族とは異なった考えを持つ、という点をエヴァンズ＝プリチャードは強調するにも拘らず、彼はこの事実を記録し相違を明らかにすることには留まらずそれ以上のことを欲して、遂には、科学的な考えはあるがままの実在と一致するが呪術的な考えは一致しない、と語るのである。

ここのところで、「実在との一致」という意味が広くてまぎらわしく扱いにくい表現を用いるから問題が生じるのだ、と指摘するとすれば、それには一理あるが、それだけでは安易であろう。もっとも我々は、人間の観念や信念は何か独立なもの――何らかの実在――に訴えてチェック可能でなければならない、という考えの重要性を忘れてはならない。この考えを断念すれば、たちどころにプロタゴラス風の極端な相対主義に、それが含むあらゆるパラドクスをも含めて、陥る破目となる。しかし他方では、独立な実在というこの考えが人間の思想で果している役割を正確に定めるには、多大の注意が確かに必要である。これについてこの段階で次の二つの関連した論点を強調しておきたい。

まず第一に、独立な実在によるチェックは何も科学に特有ではない、ということに注意を払うべきである。我々は科学に魅了されているので、科学的なチェックの形式をその他の種類の話の知的な程度の高さを測るパラダイムとして無造作に採用しがちだが、しかしこれが問題なのである。神がつむじ風の中からヨブに語ったことを考えてみよ。「無知の言葉をもって、神の計りごとを暗くするこの者はだれか。……わたしが地の基をすえた時、どこにいたか。もしあなたが知っているなら言え。あなたがもし知っているなら、だれがその度量を定めたか。だれが測りなわを地の上に張ったか。……非難する者が全能者と争おうとするのか、神と論ずる者はこれに答えよ。」ヨブは神の実在性を見失って道を外れたが故に、とがめをうけている。これは勿論、ヨブがある種の理論的な誤りを犯し、その誤りはあるいは実験という手段で正されうるのだ、といった話ではない(6)。神の実在は、人がどのように考えるかということには確かに依存していない。しかしこの実在性が何であるかは、神の概念がそこで用いられている宗教的伝承からのみ理解できるのである。しかも、神の概念の用法は科学の概念、例えば理論的存在、の用法とは非常に異なっている。要点は、神の実在という考えが自らの場所を持っているのは、言語の宗教的使用の内部においてである、ということである。とはいえ、くりかえしになるが、神の実在は人がどのように語ろうとするかに左右される、という意味ではない。もし仮に左右されるとすれば、神は何の実在性も持たないことになろう。

私の第二の論点は第一の論点からの帰結である。即ち、実在があり、そしてそれが言語に意味を与える、という事情ではない。何が実在的であり何が非実在的であるか、これ自体も言語が持つ意味の中で示される。更に、実在と非実在との区別、及び実在との一致という概念、これら自身も我々の言語に属している。といっても、これらが言語の他の諸概念と同列である、と述べるつもりなのではない。これらは明らかに言語において要《かなめ》の位置、ある意味で限界づけをする位置を占めているからである。例えば「湿った」という概念を持たない言語は想像可能であるのに対して、実在と非実在を区別するいかなる仕方も持たない言語はほとんど想像不可能である。にも拘らず、実在的なものと非実在的なものとの区別は、この区別が言語の中でどのような仕方で働いているかを理解せずには、実際には不可能だろう。それ故、実在的、非実在的という概念が用いられている時にどのような意味が与えられているかを理解しようとすれば、我々はそれらが現に——言語の中で——持っている用法を調べなければならないのである。

これに反して、エヴァンズ＝プリチャードは、言語の実際の用法が決定するのではないような実在性という考えで、ことにあたろうとしている。言語の実際の用法それ自身の評価を可能にする基準となるものを、彼は求めている。しかしこれは可能ではない。しかも、他の場合と同じく、科学の話についてさえもこれは不可能なのである。なるほど、ある特定の科学的仮説が実在と一致するか否かを問い、これを観察と実験でテストすることは可能である。即ち、実験の方法と、仮説に登場する理論語の確定した用法とが与えられれば、仮説が正しいか否かという問は、私や他人の思いから独立なものに訴えて決着がつけられる。しかし実験が明らかにするデータの一般的性質は、実験で用いられる諸方法にうめこまれた基準によってのみ特定できるのであり、またこの基準は基準で、それを用いるような科学活動に精通した人にとってのみ意味を持つのである。科学に無知な人が、最新鋭の物理実験室で「観察した」実験の結果の記述を求められたとすれば、彼はテストされている仮説にふさわしい表現で記述することができないであろう。しかしこのような表現による場合にのみ、「実験の結果」についておよそ有意味に語りうるのである。エヴァンズ＝プリチャードは、科学的実験で適用される基準は、我々の観念とそれから独立な実在との間に真のきずなを作り上げるが、他の思考体系――とりわけ呪術的な考え方――に特有な基準はそうではない、と主張できることを望んでいる。ところで、明らかに右の文での「独立な実在」「真のきずな」という表現自身を科学的な話という土俵に訴えて説明する訳にはいかない。もしそうすれば、論点先取になるからである。そこで我々が問わねばならないのは、どの特定の話の土俵に訴えればこれらの表現の用法が説明されうることになるかである。

そして明らかにエヴァンズ＝プリチャードはこの問に答えていないのである。

私がこれまで述べたことから二つの問が生じてくる。第一に、アザンデ族の場合のような呪術の原始的な体系が科学のような整合的な話の土俵を作り上げ、しかもこの話の土俵が実在についてのある納得のいく考えを与えることができ、又、信念とこの実在との一致不一致を決定する明瞭な方法を与えることができる、ということが、果して本当だろうか、という問である。第二に、第一の問が肯定的に答えられたとしての話であるが、アザンデ族の呪術のような未開社会の制度を理解する可能性を我々はどのように考えるべきか、という問である。第二の問に対して私が満足のいく解答を持っていると言うつもりはない。この問は人間の社会生活の本性について非常に重要で基本的な論点を提起するし、この論点を扱うには私がこれまで提出した以外の、より微妙な着想が必要だからである。これらの論点については本論文の第二部で若干の暫定的な見解を提出することにする。目下は、第一の問にとりかかることにしよう。

ここで一言しておくべきことは、私が第一の問に肯定的に答えたにせよ、私は呪術的概念によって表現されている全ての信念やそのような信念の名の下で営まれる全ての活動を、合理的なものと認める破目になる訳ではない、ということである。これが必然的帰結ではないことは、科学の側でこれに対応する命題、即ち、科学の名の下で「正当化される」全ての活動は合理的批判を免れている、という命題、が必然的でないのと同じである。これについては、コリングウッドの次の言明がぴったりする(7)。

文明人と同じく未開人も人間の愚かさから免れている訳ではない。また同じく、自分や自分よりも秀れていると思える人が、実際には出来ないことを出来るのだ、と考える誤りを犯しがちなことも疑いがない。しかしこの誤りは呪術の本質ではなく、呪術の誤用なのである。そして我々は、いかにこの誤りを我々が未開人と呼ぶ人々に帰しているかについて注意を払うべきである。彼等はいつかは反抗し我々に不利な証言をするであろう。

アザンデ族の場合のように、呪術を自らの社会生活全体の主要な基礎としている場面での呪術的信念や営みの体系と、他方我々自身の文化に属す人々が抱き、又営むような呪術的信念や儀式、この両者を区別することは重要である。両者はむしろ別なものとして理解すべきである。エヴァンズ＝プリチャード自身次の箇所でこの相違に触れている。即ち(8)

アザンデ族の者が妖術の話をする時、彼は、我々が我々自身の歴史の薄気味悪い妖術の話をするようには話さない。彼にとっては妖術は日常茶飯事であり、妖術が言及されない日はほとんど皆無である。……我々にとっては妖術は我々の迷信深い先祖につきまとい、なやましたものである。しかしアザンデ族は昼夜四六時中妖術に出くわすものと心得ている。彼が妖術との日常的な関わりを断たれたとすれば、彼は、我々が妖術の出現に出くわした場合と全く同様に、驚くことであろう。彼にとっては、妖術には何の不思議もないのである。

なじみの程度の差も一見した以上の重要性を含んでいるかもしれないが、ここでの相違は、単なるなじみの程度の差ではない。我々の文化では少なくともキリスト教の出現以後、妖術や呪術の諸概念は、正統的な諸概念、即ち宗教的そしてとりわけ今日では科学的な諸概念の寄生物であり、それらを非正統的に使用したものである。明白な一例を挙げれば、黒ミサの執行に関係することを理解するには、正統なミサの執行に通暁していなければならず、それ故ミサに意味を与える宗教的観念の複合体全体に通暁していなければならないのである。両者のこの関係を理解するには、黒の儀式は信仰の体系に寄生しているのでこの体系において（宗教に固有な意味で）非合理的として斥けられるのだ、という事実を考慮せねばならない。おそらく今日の占星術の営みと天文学及び工学との間にも同様な関係が成り立つであろう。黒魔術や占星術の合理性についての議論を、黒魔術や占星術に固有な諸概念の限界内に留めることは不可能である。それらは自らの外部にある事柄を本質的に指示している。それらの位置は、プラトンの『ゴルギアス』で、弁論術についてのソフィスト達の考え方に対してソクラテスが与えた位置に似ている。即ち、それは理性的議論に寄生しているので、その非合理的性格がこの依存関係によって示されるのである。従って我々が黒魔術や占星術について「迷信」「妄想」「非合理的」と言う時、我々は自分の文化の重味を背負っている。しかもこれは単に強者に味方する、といった問題ではない。何故なら黒魔術等の信念や営みも同じ文化に属し、それらの見かけ上の意味も同じ文化から引き出されるからである。まさにこの故に、文化的に重要な事柄に照してみて、その意味が見かけ上のものにすぎないことを示すのが、我々には可能となるのである。

アザンデ族の呪術に対する我々の関係は、明らかに全く別なものである。我々が彼等の呪術を理解したければ、我々はどこか別な所に立脚点を求めねばならない。また「迷信」「非合理」といった批判的表現を使用できる余地があるとはいえ、これらの語がどの種の合理性との対比を強調して用いられるのかは、なお説明を要するのである。この論点については第二部の考察で、より積極的に関わることにする。ここ第一部の残りの部分では、アザンデ族に関するエヴァンズ＝プリチャードのアプローチに対する私の批判をより詳しく展開しよう。

彼は著書のはじめの箇所で、彼によるアザンデ族の慣習の記述を支える或るいくつかのカテゴリーを定義している(9)。

神秘的観念とは、少なくともその一部が観察からは導かれないか観察からの論理的な推論が不可能であるような、しかも諸現象が持っていない(10)ような、そうした超感覚的諸性質を諸現象に対して帰属させる思考様式である。

常識的観念は、観察されたこと、もしくは観察から論理的に推論可能なことのみを諸現象に対して帰属させる……。観念が不完全な観察の故に誤りであっても、それが観察されていない事柄を主張しない限り、神秘的観念に分類されることはない。……

科学的観念。科学は常識から発展したものの、はるかに組織的であり、観察と推理に関してより秀れた技術を持っている。常識は経験と手さぐりの規則を使用する。科学は実験と論理学の規則とを使用する。……我々の科学的知識の総体と論理学が、何が神秘的観念であり、常識的観念であり、科学的観念であるかの唯一の判定者である。判定は決して絶対的ではない。

儀礼的行動。神秘的観念によって説明される行動。当の行動とそれが引きおこそうとする出来事との間には、何ら客観的な連関は存在しない。通常この種の行動は、それと連合した神秘的観念を我々が知っている場合にのみ理解可能である。

経験的行動。常識的観念によって説明される行動。……

私が傍点を打った言い回しから、ここでエヴァンズ＝プリチャードは或る術語を単に自分なりに使用するために定義を与える、ということを超え出ていることが認められるであろう。或る形而上学的主張が定義に具現化されており、その主張はパレートによる「論理的」行為と「没論理的」行為の区別の仕方に具現化されている主張と実質的に同一のものである(11)。神秘的観念を使用し儀礼的行動を遂行する人々はある種の誤りを犯しており、その誤りは科学と論理学の助けをかりると看破できる、ということがそこで極めて明瞭に含意されているのである。以下、エヴァンズ＝プリチャードの主張がどれだけ正当化されるかを決定するために、彼が記述した制度のいくつかをより詳細に検討してみたい。

妖術は、「神秘的」な手段で他人を害する或る人々が持っている力である。妖術は遺伝性の有機的条件、「妖術－物質」にその基盤があり、特定の呪術的儀礼や薬物とは無関係である。災難を被った時に、アザンデ族は常にそれを妖術のせいにするが、これは自然原因による説明を排除するものではない。アザンデ族は自然について決して些末とはいえない知識を持っており、その知識の範囲でお互いに自然原因による説明を与える点では申し分がない。従って妖術のせいにするのは、自然原因による説明を補うためなのである。「妖術は何故に出来事が彼を害するかを説明するのであり、いかにして、[12]それが生じるかを説明するのではない。いかにしてそれが生じるかを理解している点では、アザンデ族の者は我々と同じである。彼は象が人を襲うのを眼にするが、妖術師が人を襲うのを見る訳ではない。彼は白ありが穀蔵の支柱を食いつぶすのを眼にするが、妖術師が穀蔵を押し倒すのを見る訳ではない。彼は火のついた普通のわら束から草ぶき屋根に火が移るのを眼にするが、心の炎から草ぶき屋根に火が移るのを見る訳ではない。出来事がいかに生じるかについての彼の理解は、我々自身と同様に明晰なのである。」[13]

妖術の影響を看破し、誰が妖術師かを見きわめるための最も重要な方法は、託宣によるお告げであり、又託宣の中で最も重要なものは「毒による託宣」である。この名称は便利ではあるが、かなりまぎらわしい。というのもエヴァンズ＝プリチャードによれば、アザンデ族は我々のような毒の観念を持たないし、託宣を求める折に投与される物質であるベンゲについて、我々が毒に対する場合のようには、彼等は毒と考える訳でもなければ毒として扱う訳でもないからである。ベンゲの採集、調合、投与は儀礼にのっとった厳格なタブーにとりまかれている。ある託宣を求める際にベンゲが一羽の鶏に投与されるが、その時にイエス又はノーの答が可能な形で問が提出される。鶏の死と生存が「イエス」「ノー」の答を与えるものとして前以って定められる。次にこの解答自身が、もう一羽の鶏にベンゲを投与し問を逆にして問うことによって確められる。「ヌドムラ殿下は私の小屋の屋根に悪い薬を置いた責めを負うべきか。鶏が**死に**、答が『イエス』となる。……では託宣は、ヌドムラが責めを負うべきだと語った時に、真実を語ったか。今度の鶏は**死なず**、答が『イエス』となる。」毒による託宣はアザンデ族の生活全般にわたっており、個人の生活の重要な一節一節が、これに訴えて片付けられるのである。

アザンデ族の者は託宣なしでは途方に暮れて当惑するであろう。彼の生活の頼みの綱が失われることであろう。これはまるで、我々の社会で技師が数学的計算なしで橋を架けるように求められたり、軍隊の指揮官が時計を使用せずに大規模な共同作戦での攻撃準備を求められたりするようなものであろう。このアナロジーは私によるものであるが、しかし読者はこのアナロジーは当面の論点を先取しているると考えるかもしれない。というのも読者は、私の工学や軍隊の例とは異なって、託宣を求めるアザンデ族の営みは全く理解不可能であり明らかな迷妄にもとづいている、と主張するかもしれないからである。以下この反論を検討しよう。

まず強調すべきことは、私はこれまで事実に注目する以上のことをほとんどしていない点である。即ち、エヴァンズ＝プリチャードが決定的に確証した事実、アザンデ族は上述の仕方で満足裡に彼等の問題を実際に処理しており、もし彼等が、例えばヨーロッパの法廷の手に委ねられた場合のように、この営みの放棄を強要される場合、彼等は当惑する、という事実である。また、注目に値することには、エヴァンズ＝プリチャード自身が彼の現地調査の間、家事を同じやり方で処理しており、「私はこの方法が私の家庭生活や問題を処理する方法としては、私が知っている他のいずれの方法にも劣らず満足のいくものであることに気付いた」と語っているのである。

更に、今度は私の方からたずねたい。即ち、誰にとって問題の営みが理解不可能、と言われているのか。アザンデ族が託宣を求めている折に彼等が何に関わっているのかを我々が理解するのは、たしかに困難であろう。他方全く同様に、技師が計算尺を動かすことと彼が作る橋の安定性との間に関連がありうるなどとは信じ難い、とアザンデ族は思うことであろう。しかしこのような応酬では、アザンデ族の営みが理解不可能である、という主張の背後にある意図がもちろん見逃されてしまう。問題は、執り行なわれている営みを誰かが実際に理解しているかどうか、少なくともそう主張しているかどうか、ではないのである。むしろ、アザンデ族がいかに満足を覚えていようと、妖術と託宣に関する彼等の信念が意味をなしえないことは明白である、——このように人が考えることが可能なので、反論者の問は、当の営みがそれ自身で、本当に意味を持つのか、ということだったのである。

あることが意味をなす、意味をなさない、と言えるためのどのような基準を我々は持っているか。信念や営みの集合が矛盾を含む限りそれは意味をなしえない、というのが部分的な解答である。ところで、託宣を求めることには少なくとも二通りの仕方で矛盾が生じるはずである、と思われる。まず、託宣の二つの宣告が互いに矛盾するかもしれず、他方では託宣の二つの宣告同士は矛盾しないとしてもそれが将来の経験と矛盾するかもしれないのである。これら二つの尤もな可能性を以下順次検討しよう。

託宣が同じ問に対して、はじめに「イエス」と答え、次に「ノー」と答えることは、もとより現にしばしばある。しかしこのことがアザンデ族の者に、託宣を求める作業全体が無益である、と悟らせることはなく、又そんなことは明らかにありえない。というのも、もしありうるとすれば、託宣という営みが持続・発展することなど、およそほぼ不可能だったはずだからである。この矛盾と思える事態に対して種々の説明を与えることが可能である。しかも十分に注目すべきことに、この説明の可能性はアザンデ族の信念の網の目全体の中へうめこまれており、従って託宣の概念に属しているとみなしうるのである。例えば、使用されたベンゲがよくない、とか、託宣を司る者が儀礼に必要なほど清浄ではない、とか、託宣自身が妖術や邪術の影響をうけている、とか言われることがある。あるいは、「お前は妻を叩くことをもうやめたか」という問と同じく、質問が現在のままの形では白黒はっきりと答えられない、ということを託宣が示しているかもしれない。ベンゲの作用の下にある鶏の振舞いは、毒による託宣の方法に通じている人々によって、種々の仕方で巧妙に解釈されうるのである。この状況は、あるいは夢の解釈になぞらえてもよいであろう。

もう一つのタイプ、即ち内部矛盾を含まぬ託宣のお告げがその後の経験と矛盾するようにみえる場合でも、状況は先の場合と似た具合に、即ち妖術の影響や儀礼のけがれ等に訴えて、処理されうる。しかしこの場合にも、注意して考慮すべきもう一つの要件が存在する。託宣の主たる機能は、「神秘的」な力がここで働いていることをあらわにすることである。——「神秘的」はエヴァンズ＝プリチャードの術語であるが、この語を私が用いるからといって、そのような力が本当は存在しない、という彼の見解に加担している訳ではない。なるほど、神秘的な力が働いているか否かを決定する方法は確かに存在するが、この方法は我々が「経験的」確証ないし反駁として理解しているものと同じではない。このことは実は同語反復なのである。というのも、「確証する」手続きにおけるこのような相違こそ、まずもってある事柄を神秘的な力として分類する主たる基準だからである。「経験による反駁」の可能性が一見そう思われるよりもはるかに少ないことの理由の一つもここにある。

更に、これと密接に関連したもう一つの理由がある。託宣を求める態度は実験を行なう科学者の態度とは非常に異なっている。託宣のお告げは仮説として扱われるのではない。お告げはお告げの文脈の中での扱われ方からその意味を引き出すので、まさにその故にお告げは仮説ではない。お告げは知的な関心事ではなく、アザンデ族がいかに行為すべきかを決定する主要な方法なのである。彼等が今企てている行為の方向は妖術や邪術による神秘的な危険に満ちていることを、託宣があらわにする場合、その方向で行為が遂行されることはないであろう。そうすると、反駁や確証といった問題は、まさに生じてこないのである。お告げというものは実現されない仮言命題という論理的身分を持つ、と言ってもよいであろう。ただし、この論理学的な表現が普通用いられている文脈の故に、科学的仮説との密接な類推が再び誤って示唆されることがない、とした上での話であるが。

これまで私が述べたことについて、エヴァンズ＝プリチャードは異議を唱えないだろう、と私は思う。実際、彼の次の論評は非常によく似た方向のものである。即ち(14)

アザンデ族は毒による託宣という行為を我々と同じように観察する。しかし彼等の観察は常に彼等の信念に従属し、かつその信念に編みこまれており、信念を説明し正当化するためになされている。託宣の力に対するアザンデ族のあらゆる主張を完全に破壊するような議論を読者に考えてもらおう。もしそれがアザンデ族の思考様式に翻訳されるならば、それは彼等の信念の構造全体を支持するために役立つであろう。というのも彼等の神秘的観念は著しく整合的で、論理的に結ばれた網の目で相互に関係づけられており、しかもよく秩序づけられているので、それらは感覚的経験と余りに素朴に矛盾することはなく、それどころか却って経験がそれらを正当化すると思われるほどである。アザンデ族は神秘的観念の海に浸りこんでいるので、もし彼が彼の毒による託宣の話をする場合、彼は神秘的な話法で話さざるをえないのである。

重要な哲学的問題が生じてくるのはどこかをはっきりさせるために、右の引用から一、二の表現を入れかえて作られるパロディーを示してみたい。

ヨーロッパ人達は毒による託宣という行為をアザンデ族と丁度同じように観察する。しかし彼等の観察は常に彼等の信念に従属し、かつその信念に編みこまれており、信念を説明し正当化するためになされている。託宣の力に対するヨーロッパ人のあらゆる懐疑を完全に反駁するような議論をアザンデ族の者に考えてもらおう。もしそれがヨーロッパ人の思考様式に翻訳されるならば、それは彼等の信念の構造全体を支持するために役立つであろう。というのも彼等の科学的観念は著しく整合的で、論理的に結ばれた網の目で相互に関係づけられており、しかもよく秩序づけられているので、それらは神秘的経験と余りに素朴に矛盾することはなく、それどころか却って経験がそれらを正当化すると思われるほどである。ヨーロッパ人は科学的観念の海に浸りこんでいるので、もし彼がアザンデ族の毒による託宣の話をする場合、彼は科学的な話法で話さざるをえないのである。

あるいは、これもまたエヴァンズ＝プリチャードの受け入れるところであろう。しかし私が既に言及した彼の本の他の箇所での言葉から明らかなように、その本が執筆された時点では、彼は「そしてヨーロッパ人が正しく、アザンデ族の者は誤っている」と付け加えたかったことであろう。私はこの付け加えを不当と考える。私がこう考える理由こそ、我々を問題の核心へと運ぶものである。

ここのところで、エヴァンズ＝プリチャードと私との不一致を、『哲学探究』のウィトゲンシュタインとそれ以前の『論理哲学論考』のもう一人の彼自身との不一致になぞらえてみれば、説明に役立つかもしれない。『論考』でのウィトゲンシュタインは「命題の一般的形式」を、即ち、何が命題を可能にするかを、研究した。彼によれば、この一般的形式は「事情はかくかくである」であり、命題は諸要素がたがいにある定まった関係で関わっていることからなる分節された一つのモデルであった。また、命題は、実在の側にそれに対応した要素の配列が存在する場合真である、とされ、命題と実在との間の構造や論理形式の同一性の故に、命題は何事かを語ることが可能である、とされた。

『探究』を書く時期には、ウィトゲンシュタインは、命題の一般的形式が存在するに相違ない、という考え方全体を信じなくなっていた。彼は言語が無限に多くの異なった仕方で使用されうることを強調し、これらの異なった用法の全てが『論考』で構想された意味で、何物かを共有する必要もなければ実際共有してもいないことを示そうと試みた。彼はまた、「実在との一致又は不一致」と解される事柄は言語の異なった用法と同じほどの多くの異なった形式をとり、それ故当の用法の詳細な検討に先立って与えられるものとはみなせないことを示そうと試みた。

エヴァンズ＝プリチャードが語ることと際立ってよく似た次の考察が『論考』には含まれている(15)。

> 私の言語の限界が私の世界の限界を意味する。論理は世界を満たす。世界の限界は論理の限界でもある。従って我々は論理において、世界にこれこれが存在するが、あれは存在しない、等と語る

ことはできない。
というのも外見上このことは或る可能性の排除を前提しているが、この排除は実情ではありえないからである。というのも仮にそうとすれば、論理は世界の限界を越えていなければならないからである。つまりそのようになるのは、論理が世界の限界を他の側からも考察しうる場合なのである。

エヴァンズ＝プリチャードはアザンデ族の生活に現われる信念や懐疑の諸現象を次のように論じている。ある事柄、例えば妖術医がいいたてる能力のいくつかや、或る呪薬の効力については、広汎な懐疑が確かに存在する。しかし、そのような懐疑が神秘的な思考様式を覆しはじめることはない、何故なら懐疑は当の思考様式に属する語彙によって表現されざるをえないのだから、とエヴァンズ＝プリチャードは指摘する(16)。

信念のこの網状の体系において、各々の糸は他の全ての糸に依存している。アザンデ族の者はこの網の目の外に出ることはできない。というのもこれは彼が知る唯一の世界だからである。網は彼をとり囲む外的な構造ではない。それは彼の思考の組織であり、彼は自分の考えが誤っているとは考えられないのである。

ウィトゲンシュタインとエヴァンズ＝プリチャードの間で問題に接近する角度が異なっていることも重要ではあるが、彼等はここでほとんど同じ問題に関わっている。『論考』の時期にはウィトゲンシュタインは、「言語」について、全ての言語は根本的には同じ種類のものであり、同じ種類の「関係を実在に対して」持たねばならないかのように語っていた。しかるにエヴァンズ＝プリチャードは根本的に種を異にすると自らが認めた二つの言語に立ち向い、しかも一方の言語で表現されうる多くのことが他方には対応物を持ちえない、としている。従ってこの立場は『論考』よりは『哲学探究』の立場により近くなる、と予想されるかもしれない。しかしながらエヴァンズ＝プリチャードはそれぞれの言語に含まれている実在性についての二つの概念の相違の解明では満足せず、更に歩を進めて、我々の実在性の概念が正しくアザンデ族は誤っている、と言おうとするのである。しかし、この文脈で「正しい」「誤った」という表現が何を意味しうるのかを理解することこそ、難問なのである。

矛盾という主題に戻らせてもらおう。既に述べたことだが、多くの矛盾が生じるであろうと我々は予想するのに、矛盾を避けるための手段が講じられているアザンデ族の考え方の文脈内では、矛盾は実際には現われない。しかしそうとも思われない状況、即ち我々には明白な矛盾と思われる事態がそのままに放置され、一見すると未解決に見える状況、が存在する。もしかするとこれこそ、アザンデ族の体系の「正しさ」を評価できるように我々が求めている立脚点かもしれないのである(17)。

妖術の遺伝についてのアザンデ族の観念を考察してみよう。これまで私は、ある人が妖術師か否かを立証するための託宣の役割について述べたのみである。しかしこのためにはもう一つの方法、しかも我々にはより「直接的」と思われる方法が存在する。即ち、被疑者の腸を死後解剖して、「妖術－物質」の有無を確かめる方法である。妖術に関する家族の汚名を晴らすために、当人の死後解剖を企てることが遺族に対して認められている。エヴァンズ＝プリチャードは次のように論評している(18)。

我々の考えでは、ある人間が妖術師であると証明されれば、正にこの事実によって彼の氏族の全員が妖術師であることが明白になると思われる。というのもアザンデ族の氏族は男系を通じて生物学的に相互に血縁関係にある人々の集合だからである。ところがアザンデ族の者共はこの議論の意味を理解しても、その結論を承認しない。もし彼等がこれを承認すれば妖術の観念全体が矛盾にまきこまれるであろう。

死後解剖を行なってえられた若干の肯定的な結果もそれが氏族全体の範囲に及んでおれば、皆が妖術師であることが極めて速やかに証明されることになり、他方若干の否定的結果もそれが同じ氏族全体にわたってえられれば、誰も妖術師でないことが証明されることになるので、矛盾がおそらく生じてくるであろう。なるほど個々の場面では、死んだ親族に妖術‐物質が見出されたことから面倒な人間関係が生じるのを避けようとして、アザンデ族の者は問題の男に私生児の汚名を着せる等の言い抜けの方法に訴えることができるであろう。しかしこれでは上述の一般的な矛盾的状況を救うのには十分でない。エヴァンズ＝プリチャードはこのように論評している。即ち(19)、「アザンデ族は我々が気付くようには矛盾に気付かない。何故なら彼等は今の問題に理論的関心を持たないし、妖術に関する彼等の信念が表明される状況は、この問題を彼等に押しつけないからである。」

アザンデ族の思想は、除去も試みられないどころか認識すらされていないような矛盾を含むが、その矛盾はヨーロッパ的思考様式の文脈では矛盾として認められる、その限りにおいて今や我々は、アザンデ族の思想よりもヨーロッパの思想の方がより優れた合理性を持つ、と語ってよい明白な根拠を見出した、と思われるかもしれない。しかしアザンデ族の思想はこの問題について本当に矛盾を含んでいるのだろうか。エヴァンズ＝プリチャードの説明からは、アザンデ族は妖術師に関する彼等の思考様式を矛盾にまきこまれる地点まではおし進めないかのように思われる。

ここである人々は、妖術に関するアザンデ族の非合理性は、彼等が妖術についての自らの思想を「その論理的な結論に至るまで」おし進めない、という事実に示されている、と言いたくなるかもしれない。この論点を評価するには、我々が彼等に押しつけようとしている結論が本当に論理的なものかどうか、あるいはもう少しうまく表現すれば、この結論をおし進める人々はそうしないアザンデ族よりも一層合理的かどうか、という問題を考察してみなければならない。ウィトゲンシュタインの次のようなゲームについての議論は今の問題に解明の光を投げかけるものである。即ち(20)

……ある特定の簡単なこつを使いさえすれば先手が必ず勝てるゲーム。しかしこのことは気づかれていない、――それでそれはゲームである。今、ある人が我々にこのことを気づかせる――、するとそれはゲームであることをやめる。

このことが私にわかった、ということはどのように表現できるだろうか。というのも、私は「従って、それがゲームではなかった、ということが今我々にはわかった」と言わずに、「従って、それはゲームであることをやめた」と言いたいからである。

つまり、このことを次のように考えるのも可能だ、と私は言いたいのである。即ち、彼はあることに我々の注意を向けたのではなく、彼は我々自身のゲームに代る別のゲームを教えたのだ、と。

だが、新しいゲームは古いゲームをどうやってすたれさせることが可能となるのか。我々にはある別のことがわかったのであり、素朴にゲームを続けるのはもう不可能なのである。

一方からすれば、ゲームは盤上での我々の行為（ゲームの一手一手）であった。そしてこの行為についてであれば、私は以前と同様に行なえるであろう。しかし他方では、私がとにかく勝とうと努力することがゲームにとって本質的であった。そしてこのことは今では不可能なのである。

ウィトゲンシュタインの例と我々が考察している状況との間には少なからぬ類似点が明らかに存在する。しかし同様に重要な相違点も存在している。ウィトゲンシュタインの二つのゲーム、即ち、先手必勝を可能にするこつが知られていない古いゲームと、このこつが知られた新しいゲームは、ある重要な意味で同一のレベルにある。両者共、技を働かせて相手を負かすことに参加者の目標がおかれている競技形式のゲームである。新たなこつがこの状況を不可能にし、そしてそれ故に古いゲームがすたれるのである。確かに、先手の勝利を保証するこつの使用を禁止する新たな規則を導入すれば、観方によればこの状況は救われるかもしれない。しかし我々の知的習慣はこの種の不自然な方策を具合が悪いと感じるものであり、論理学者がラッセルのパラドクスを避けるためのタイプ理論の導入を具合悪く感じたのも、ほぼこれと同じなのである。しかし先のエヴァンズ＝プリチャードからの引用（三二頁）で注目すべきことは、妖術の遺伝に関する考え方には上述の矛盾が含まれる可能性が指摘されても、アザンデ族は妖術についての彼等の古い信念が御用済みになったとはみなさない、ということである。「彼等は今の問題に理論的関心を持たない。」このことは、矛盾の指摘がなされる文脈、即ち我々の科学的文化の文脈が、妖術についての信念が働いている文脈とはレベルを異にする、ということを強く示唆している。妖術についてのアザンデ族の観念は、アザンデ族が世界を擬似科学的に理解しようとして用いる理論体系を構成している訳ではない(21)。ひるがえってこのことは、誤解のとがめを負うべきなのはアザンデ族ではなく、アザンデ族の思想を、それが本来は進まないところまで、即ち矛盾にまでおしすすめようと懸命なヨーロッパ人であることを、示唆している。事実ヨーロッパ人は、カテゴリー・ミステイクを犯しているのである。

またこの議論は、次のことも示唆している。即ち、人間社会の文化に示されている合理性の諸形式は、当の社会での活動がそれに従って遂行される諸規則の論理的整合性によるだけでは解明されうるものではない、ということである。というのも既に見たように、当の社会で当の規則に従うことが持つ意義に関する問を提起しない限り、諸規則のこのような文脈において何が整合的であり何が整合的でないかすら我々には決定できないような場面が現われるからである。確かにこの事実の認識の故に、エヴァンズ＝プリチャードは「神秘的」観念と「科学的」観念を区別するために、規則の体系の論理的整合性に加えて、さらに説明を要する「実在との一致」に訴えたのである。なるほど実在性という概念は、生活様式の意義をいかなる仕方で理解するにあたっても不可欠である。しかしこれは、エヴァンズ＝プリチャードが試みたように、科学が事実であるとあらわにしていることに基いて解明されうる概念ではない。というのも、「科学が事実であるとあらわにしていること」という表現が我々にとっておよそ意味をなしうるのに先立って、ある形式の実在性の概念が既に前提されていなければならないからである。

2　我々の基準と彼等の基準

第一部で私は個別的な事例の分析を通じて、未開社会の制度を我々が理解するのがいかにして可能か、という問に関するある特定の見解への批判を暗々裡に試みた。ここ第二部では、二つのことを行ないたい。まず、私によって批判されたアプローチが原則的に正しいことを示そうと試みる一般的な哲学的議論を、より形式的な扱い方で検討したい。即ち、アラースデア・マッキンタイアー氏が二つの論文、(a)一九六二年にプリンストン神学セミナーの百五十年記念セミナーで読んだ「宗教理解と信仰とは両立するか」(22)と、(b)『哲学・政治・社会』(第二集)へ寄稿した「社会科学における因果性の誤解」(23)とで提起した議論についてである。次に、私の出発点である難問、即ち、その合理性や理解可能性の基準が我々のものとはかなり違っているように見える未開文化に属する制度を、我々自身の言葉で理解可能にするにはどうしたらよいかという難問であるが、それをいかに解決するかについて、多少ともより積極的な示唆をいくつか与えてみたい。

マッキンタイアー、エヴァンズ＝プリチャード、そして私自身の三者の関係は複雑である。マッキンタイアーは、エヴァンズ＝プリチャードが後に書いた著作『ヌアー族の宗教』を私の『社会科学の理念』に見られるような観点の適用とみなしている。彼はその著作を、私のような立場が実際場面に適用されるといかに不合理な結果となるかを示す実例とみなしている。しかるに私自身のエヴァンズ＝プリチャードに対する批判はまさに正反対の方向からのものである。先に私が示そうと努めたのは、エヴァンズ＝プリチャードが『アザンデ族』を書いた時私と十分には一致していない、ということであり、未開種族が使用する概念は彼等の生活様式の文脈の中でのみ解釈可能である、という考え方を彼は十分深刻には受けとっていなかった、ということであった。そこで要するに私は、アザンデ族についてのエヴァンズ＝プリチャードの説明は、彼が私とではなくまさしくマッキンタイアーと一致する程度に応じて不十分である、と論じたのである。

マッキンタイアーの立場を考察するためには彼と私とが一致している点、即ち、人間の行為という概念に関して複数の記述が可能なこととの重要性を強調する点、から出発するのが最良であろう。行為者の行為は「基本的には、行為者が正当と認めるような分類に従った記述によって、その何であるかが同定される。」更に、記述は他の人々にも理解可能でなければならないので、行為は「行為の記述として社会的に認知された記述の下に分類されるものでなければならない。」(24) 従って、「ある時代の社会的行為の範囲を確定することは、当の時代にうけいれられていた記述のストックを確定することである。」(25) マッキンタイアーは正当にも、記述は孤立して存在するのではなく、「信念や推測や計画の構成要素」として現われることを指摘する。信念や推測や計画はこれまた「たえず批判され、修正され、否定され、改良されるので、記述のストックもそれにつれて変化する。かくして、人間の行為の変化は、人間の歴史における合理的批判の織り糸と密接に絡み合っている。」

マッキンタイアーは、この合理的批判という観念は選択肢の間での選択という観念を要請する、と指摘する。そしてこの選択を説明することは、「行為者の基準が何であるかを明らかにし、彼が他の基準ではなくこの基準を用いた理由を明らかにし、そしてこの基準を用いることがそれに訴える人々にとって合理的だと思われる理由を説明する、という問題である。」(26)従って「ある社会秩序の中で行為が従う規則や慣習を説明する際には、我々はこれらの規則や慣習の合理性ないし非合理性への言及を落す訳にはいかない。」更に、「或る基準がある社会で合理的とみなされるのは何故か、ということの説明の出発点は、それらの基準が合理的である、ということである。そしてこのことが我々の説明の一部とならざるをえないので、我々は合理性に関する我々自身の規範から独立に社会的行動を説明できないのである。」

さて、この議論の批判にとりかかろう。まず、行為の記述に利用可能な既存の「ストック」が変化することについてのマッキンタイアーの話を考えてみよう。どのような場合に新たな候補がストックへの追加を認められる資格を有するのか。ここで何の制約もないとすれば、記述の可能性が行為の可能性を制限するというマッキンタイアーの話の全体が意味のないものとなるであろう。というのもこの場合、誰かが任意の言語表現を考え出し、それを任意の身体運動に適用し、このようにして当の表現を利用可能な記述のストックに加える、ということを禁じる何の方法もなくなるからである。ところで新たな記述は勿論理解可能な記述でなければならない。しかも、新たな記述の理解可能性はそれが記述の既存のストックに属しているか否かによって決定されるものではありえないことも当然である。というのも、そんなことになれば今論じられている問題、即ち新たな記述をストックに付け加えることが、まさしく排除されるからである。「理解をもって語ることが可能」は「理解をもってこれまで語られてきている」に等しい訳ではない。等しいとすれば、新しいことは何一つ語れなくなるであろう。別な角度からいえば、新しいことは何一つ行なえなくなるであろう。にも拘らず、新たに語られたり行なわれたりすることの理解可能性は、従来理解をもって語られ、行なわれてきたことに、まさに或る仕方で依存しているのである。この問題の最重要点は、我々がこの「或る仕方で」をいかに理解すべきか、なのである。

「宗教理解と信仰とは両立するか」でマッキンタイアーは、ある社会にうけいれられている理解可能性の基準は当の社会制度自身に起源を持つとする私が以前に（『社会科学の理念』で）与えた説明に従うなら、当の基準を批判することによってそれを発展させる可能性が排除されてしまう、と主張する。以前の議論をここでくりかえすことはやめて、ただ次のことを指摘しておきたい。即ち、社会制度との関連で「規則」をとりあげた折に私は「規則」の開いた性格を多くの箇所(27)で強調したのである。即ち、変化する社会制度の下で、何が「同様な仕方で継続する」とみなされるべきかについて筋の通った決定がなされねばならない、という事実を強調したのである。この論点にマッキンタイアーは対処しそこねているので、彼が誤って私の説明に帰している難問と正に類似の難問が彼に生じてくるのである。

行為の新たな記述はそれが導入される社会の成員にとって理解可能でなければならない、ということは、それ自身でも明白なことであるが、マッキンタイアーのこれまでの主張からも直ちに導き出される。私の見解では、ここで決定的な要因として働くのは、以前の行為の仕方や話し方に既に暗に含まれている規則や原則が更に展開した形になる、ということである。強調すべきものは、記述の「ストック」が何をメンバーとして現に含んでいるかではなく、それらが表現する文法である。我々が現存のストックの構造、意味、相互関係を理解するのは文法を通してなのであり、新たな行為の仕方や語り方が導入された場合にも文法を通してその意味を理解するのである。これらの新たな行為の仕方や語り方は文法の変容を同時に伴っていても一向に構わないが、しかしこう言えるのも新しい文法が古い文法に対して（使用者にとって）理解可能な仕方で関係している限りの話である。

しかし、異なった文化と異なった理解可能性の基準を持つ別な社会から来た観察者にとって、そのような変化の理解可能性はどうなるであろうか。マッキンタイアーは、このような観察者は「行為者の基準が何であるか、彼が他の基準ではなくこの基準を用いたのは何故か、そしてこの基準を用いることがそれに訴える人々にとって合理的と思われるのは何故か」を明らかにせねばならない、と力説する。問題は、これらの異なった社会でそれぞれうけいれられている合理性の概念同士の正確な関係にある訳だから、明らかに一番重要なことは、今の引用が言及している合理性概念が誰のものかということについて明確であることである。これは、その基準への訴えが行なわれている社会においてうけいれられている合理性でなければならない、と思われる。あることがある人に合理的と思われるのは、何が合理的であり何が合理的でないかについての彼の理解によってのみ可能である。我々の合理性概念が彼のものと異なる場合、我々の意味で彼にとって合理的と思われるとか思われないとか語るのは、無意味なのである。

続けてマッキンタイアーは、観察者は他の社会の行為者が従う「規則や慣習の合理性ないし非合理性への言及を落す訳にはいかない」と語っているが、この合理性概念が誰のものであるかが、今や問題となる。我々のか、それとも行為者のか。観察者は今自分自身の社会の成員に話しかけているものとして理解されねばならないから、ここで言及されているのは観察者の社会でうけいれられている合理性概念でなければならないと思われる。従って、三七―八頁におけるマッキンタイアーからの引用の第一の箇所から第二の箇所への進行には、推論の飛躍が含まれている。

ことそれに続く第三の箇所でのマッキンタイアーの考えは以下のようなものだと思われる。社会Sで或る行為が合理的とみなされる理由の説明は、我々に対する説明でなければならない。それ故我我に理解可能な概念によるものでなければならない。しかるに、これらの基準は実際に合理的である、と我々が説明において述べるならば、「合理的」という語を我々は我々の意味で用いているのでなければならない。というのも、この説明のためには、当の基準が実際に合理的かそれとも非合理的かに関して独立な検討を、我々が既に遂行し終えていなければならず、そして我々がこれをなしうるのは、ある理解された合理性概念――我々が理解している合理性概念――によってのみであるからである。そこで説明は、我々が事実だと知っていることが社会Sの成員にも事実だと既にわかっていた、という形をとることになるであろう。「事実だとわかっていること」が我々と彼等とに共通であるならば、それは両者のいずれに対しても同一の概念で言及されねばならない、という訳である。

しかし、明らかに我々はこの説明を利用できない。というのも、社会が異なれば合理性の基準は常に一致するとは限らない、という立場、従ってSでうけいれられている合理性の基準が我々のものとは異なるという可能性、これが我々の出発点だからである。それ故、Sの成員にわかっていることは我々にも又わかっていることである、と語ることに意味がある、と仮定する訳にはいかない。そのようなわかり方は当初からの概念上の一致を前提しているからである。

マッキンタイアーが「基準の合理性」という表現を説明を与えずに用いていることが、問題を難しくする一因となっている。現在の文脈では、このような語り方は真の問題をおおい隠してしまう。何故なら、合理性の基準における差異こそ我々が関わっている問題だからである。マッキンタイアーは、或る基準はそれが合理性の基準であるが故に合理性の基準とみなされる、と述べているように見える。しかし誰の基準であろうか。

マッキンタイアーのもう一つの論文「宗教理解と信仰とは両立するか」にも似たような混乱が存在する。この論文で彼は、我々が他の社会でうけいれられている理解可能性の基準に内的な不整合を見出し、更にこれが何故当の社会の成員には不整合とは思えなかったり容認できたりするのかを示そうとする時に、「我々は既に我々の基準に訴えている」と主張している。この主張はどのような意味で真であろうか。我々が何事かを「見出し」「示す」という限り、明らかに我々は自分に理解可能な意味でこれを行なっている。それ故、我々は、何事かを「見出し」「示す」ことと(我々が)みなす事柄によって限界づけられている。更に、内的な不整合を見出し、更に当の社会の成員はこれを不整合とは思わずに容認したりする理由を示そうとする関心は、我々の社会に特有なものだ、というのもありうる話である。研究対象の社会ではこのような関心の発展を可能とする制度が欠けているために、当の社会の成員が全然関心を持たないことを我々は行なっている、ということもあろう。あるいは、我々の社会ではこのような関心が追求された結果、研究対象の社会の生活ではこれまた見出されないような探究の技法や議論の様式が発展した、ということもあるかもしれない。しかし、例えば我々自身の言語と文化における議論の論理的構造の解明の折に我々が従来用いてきた方法や技法が、今問題にしている新たな文脈でも同様に有効であろう、と予め保証するものなどありえないのである。従来の方法や技法は、拡張や修正を必要とするかもしれない。たしかに、この結果生まれる新たな技法といえどもそれが我々の古い研究形態と何らかの論理的関係があるべきとすれば、それは以前用いられた技法とそれと分るほどに連続的でなければならないであろう。しかしながら我々が研究する社会の生活で理解可能性が結局どうなっているのかを我々にわからせるためには、その新たな技法は我々の理解可能性概念を拡張するものでもなければならないのである。

我々が引き受けねばならないとマッキンタイアーが述べている課題は、実際にはそうでないのにSの成員が彼等の或る営みが（彼等にとって）理解可能(a)である、と考える理由を（我々にとって）理解可能(b)にすることである。「理解可能」という語の二つの用い方に対して私は区別を与える文字を導入したが、これはマッキンタイアー流の状況の述べ方では明示されていない複雑さをはっきりさせ、我々が「理解可能」という語の二つの異なった意味に関わっていることをはっきりさせるためである。両者の関係こそがまさに目下の問題である。マッキンタイアーの課題は自然現象を理解可能にするといったものではない。この場合なら我々は我々にとって何を理解可能とみなすかによってのみ限界づけられている。これに対して、目下の場合は、我々は何らかの仕方で、Sの理解可能性(a)の概念を我我自身の理解可能性(b)の概念と（理解可能な！）関係にもたらさねばならないのである。即ち、我々は理解可能性の概念に対して、我々の古い概念と或る関係がありながらも、我々のカテゴリーのかなりの再編成をもあるいは必要とするような新たな統一を作り出さねばならない。我々が求めているのは、物事がSの成員に現われるのと丁度同じように我々に現われるような状態ではない。このような状態にはいずれにせよおそらく到達不可能であろう。我々が求めているのは、Sの成員がものを見る別な見方をある仕方で考慮に入れながらこれを組み入れている点で、我々の従来の見方を超えた見方である。他の生活様式をまじめに研究することは必然的に我々自身の生活様式の拡張を求めるものであって、既に存在している我々自身の生活様式の境界内に他の様式を単に持ちこむことではない。というのも、我々の生活様式は既存のままの形では当然他の生活様式を排除する、ということこそ論点なのだからである。

合理性や理解可能性といった観念の上述のような拡張が可能なことを、かなり容易に理解させるような次元が存在する。マッキンタイアーはこの次元に十分な注意を払っていない、と私は思うし、実際に、「合理性の規範」についての彼の語り方はこの次元を不明瞭にしている。合理性は他の概念と同列にならぶ言語の中の単なる一概念ではない。なるほど合理性という概念は言語の中の一概念でもある。というのもそれは他の概念と同様に、確立した用法によって、しかもとりもなおさず当の言語内で確立した用法によって、限界づけられていなければならないからである。しかし私の思うには、合理性という概念は、例えば礼儀正しさという概念のように、事実問題としてある言語が含むことがあってもなくてもかまわない、といった類のものではない。合理性はいかなる言語の存在にとっても必要な概念である。即ち、ある社会が言語を持つ(28)、と語ることは、その社会が合理性の概念を持つ、と語ることでもある。当の社会の言語に、我々の言語での「合理的」という語と同じ働きをする単語が存在するには及ばないかもしれないが、しかし少なくともその社会の成員の言語使用には、我々の言語使用において我々が「合理的」という語を使用することとの関連で有しているような特徴と類似した特徴が存在せねばならない。言語の存在するところ、言語は語られることに区別を与えねばならない。しかもこれは、あることを語れば他のあることが語れなくなる、さもなければ伝達の機能が失われてしまう、という具合にしてのみ可能なのである。それ故、我々が人々の集団について彼等は言語を備えた社会を構成すると言う折に、我々は既に我々の合理性概念に訴えているのだ、とマッキンタイアーは述べているが、これはある意味で正しい。即ち、彼等の行動と、我々が自分の社会で合理性と非合理性を区別する折に引き合いに出す行動との間に、我々は形式的な類似関係があると示唆している、という意味で正しいのである。しかしながら今までの限りでは、当の社会に特有な仕方で合理的行動を構成するものが何であるかについては、何一つ述べられていない。このためには彼等が自らの生活を営む折に彼等が訴えている規範についてのより個別的な知識が必要であろう。いいかえればこうなる。即ち、「規範への服従」という見地から彼等の行動について話す折の問題は、「合理性についての我々自身の諸規範」に訴えることではなく、むしろ合理性についての我々の観念に訴えることなのである。しかし、この観念を彼等にいかに正確に適用すべきかは、彼等の規範への服従——即ち彼等が何を服従とみなし何をみなさないか——に関する我々の判断に依存することになろう。

先程、私はマッキンタイアーの「利用可能な記述のストック」という考え方を批判した。さて、彼が「合理性についての我々の諸規範」の話をする時に諸規範が有限集合を形作るとみなしているならば、同様な批判がここでもあてはまる。確かに、特定の規範に従うように訓練されることを通して、我々は合理的に考え、話し、行為することを学ぶ。しかしこれらのことを今合理的に行なえるようになっていることは、これらの規範に従うように訓練されたことにその本質がある訳ではない。仮にそう考えるならば、規範に従っている人が何を行なっているかについてのあらゆる記述に現われる「等等」という語句の重要性を見落すことになるであろう。言ってみれば、「合理性」という名の下で何を訴えることができ何を認めることができるかに関する新たな可能性に対して我々は開いていなければならない、即ち、この可能性は我々が何を従来認めてきたかによって示唆をうけ限界づけられるにせよ、しかしそれによって一義的に定められてはいない、このように言えるのである。

これと同じことが、我々の合理性とは異なった、異文化における合理性の諸形式を我々が把握する可能性に対してもあてはまる。まず、既に指摘したように、この可能性は無矛盾性の要求を中心とした或る形式的な諸要請によって限界づけられている。しかしこれらの形式的要請は、個々の場合に何を無矛盾とみなすべきかについては何も語らない。このことは、命題算の規則が限界づけは行なうものの、それ自身では p、q 等の固有の値が何であるべきかを定めないのと全く同様である。問題の活動が営まれている生活というより広範な文脈を検討することによってのみ、我々はこれを決定できるのである。この検討は、当の活動の遂行を支配する規則の単なる特定にとどまらないであろう。というのも、マッキンタイアーが極めて正当に述べていることであるが、人々が従っている規則の存在を指摘しただけでは、規則の眼目について何一つ述べたことにならないし、眼目の有無についてさえ決定しないからである。

これを決定するためのマッキンタイアーのやり方は、「当の事例について規則に従うことの眼目を際出たせることによって、この概念の使用が、我々が持っている言語と行為の理解可能性の基準と同じ基準を持つ人々にとって、可能な使用であるか否かも、これまた示される」[29]というものである。十分注意すべきことには、彼の想定とは反対に、彼の議論は、合理性に関する我々自身の基準が特別な中心の位置を占めることを、実は示していない。示しているように見えるとすれば、それはマッキンタイアーの事例が英語で、しかも二〇世紀ヨーロッパ文化の文脈の中で提起されたことによる錯覚である。ところで形式的に類似な議論は、我々の「理解可能性」「合理性」といった概念と同様な役割を果す概念を含んでいる言語なら、そのいずれの言語でも提起できるであろう。このことは、マッキンタイアーは自称しているように相対主義を克服しているどころか、相対主義の極端な一形態に陥っていることを示している。私に対する彼の非難が誤りであることを私は既に示したつもりであるが、マッキンタイアーは、「基準や概念が歴史を持つ」という事実を無視する私の誤りを非難している。しかしまさに彼自身がこの誤りを犯しているので、上述の自己欺瞞に陥っているのである。個々の社会的文脈の中で行為を支配している概念や基準を扱う折には、彼は歴史という論点を強調するのに、このような基準の批判についての話になると彼はこの論点を忘れてしまう。現存する制度の批判の折に訴えられる基準も同じように自らの歴史を持つのではないのか。そしてその基準が歴史を持つのは誰の社会でのことなのか。マッキンタイアーの暗黙の解答は、我々の社会で、というものである。しかしある社会で従来から営まれてきた或る種の営みに現われ、見出された、難点や不整合について我々が語るつもりなら、明らかにこのことは、その活動が営まれている当の場面で生じる諸問題との関連でのみ理解されうるのである。この文脈を離れては、問題が何であるかの把握すらおぼつかないであろう。

アザンデ族の話に戻り、彼等についてマッキンタイアーが、私が批判している立場を支持するつもりで語っていることを考察したい(30)。

アザンデ族の人々は正当な形式で或る儀式を行なえば彼等の公共の安寧が保てる、と信じている。この信念は実は論駁不可能である。というのも、儀式の効果がない場合、それは居合わせた誰かが悪意を抱いていたからだ、と彼等は信じたりするからである。これが常に可能なので、儀式は正当に行なわれたのによい結果をもたらさなかった、と彼等が認めざるをえなくなる時期は決して到来しない。ところで、アザンデ族の信念は原理的には反証不能ではない。(何がその信念を反証するかを我々は完全によく知っている、——即ち、儀式、悪意の不在、災いの三つが共に満たされている場合である。) しかし事実上は反証不能である。この信念は合理的批判を必要とするか。そして仮に必要とするとして、どのような基準によって批判されるか。私からみれば、アザンデ族の信念が合理的とみなされうるのは、専ら、有効、無効及びこれらに類縁の諸概念を築き上げる基盤となった科学技術の営みが全く欠如している場合のみであろう。しかしこう述べることは、我々の立場からの科学的な判断基準の適切さを認めることである。アザンデ族は自らの信念を科学とみなしてもいなければ非科学とみなしてもいない。これらのカテゴリーを彼等は持たない。彼等の信念や概念の分類や評価がおよそ可能となるのは、専ら後世から、より後のより洗練された理解の光の下においてである。

さて、ある意味ではアザンデ族の信念や概念の分類や評価は、彼等の文化で見出されるものよりも「より洗練された理解」を必要とする。というのも今問題にしている分類や評価は、洗練された哲学的活動に属するからである。しかしこのことは、アザンデ族の生活形式がマッキンタイアーの主張する仕方で、即ち我々の文化に見出される或る特定の生活形式によって、この生活形式内で必要とされる事柄に叶っているか否かに応じて、分類され評価されるべきである、ということではない。マッキンタイアーは分類への関心それ自身が一つの洗練であることと、我々の分類作業で用いられる諸概念が洗練されているか否かの問題とを混同している。アザンデ族の呪術が科学といかなる関係にあるかを理解するのは我々の関心事であり、このような比較という概念は非常に洗練された概念である。しかしこのことは、アザンデ族の洗練されていない営みを我々自身の文化でのより洗練された、科学のような営みの光の下で、――例えば科学のより原始的な形態として――見るべきである、ということを意味しない。ジェイムズ・フレーザー卿は自分自身の文化のイメージをより未開の文化に押し付けた、とマッキンタイアーは正当に批判しているが、しかし今の場面ではマッキンタイアー自身が正に同じことをしているのである。洗練された社会の洗練された成員にとっては、非常に単純な未開の生活形式は極めて把握しにくい。ある点では彼は自分の洗練さを投げ棄てねばならない。そしてこのこと自身あるいは洗練の極致をなす行ないであろう。むしろ、洗練と単純という区別が今の場合は役に立たなくなる、とさえ言えるかもしれない。

アザンデ族は科学と非科学というカテゴリーを持たない、とマッキンタイアーは述べているが、これは本当かもしれない。しかしエヴァンズ＝プリチャードの叙述が示すように、彼等は技術的な事柄と呪術的な事柄とをかなりはっきりと有効裡に区別しているのである。個々のアザンデ族の者が時折二つの事柄を取り違えることがありうることは、当面の問題ではない。というのも、この種の混同はどの文化でも生じうるからである。しかるに、アザンデ族の呪術のカテゴリーにおよそ類似したカテゴリーを我々が元来持っていないことこそより重大で強調されねばならない。アザンデ族の呪術というカテゴリーを理解したいのは我々なのであるから、それを科学と非科学についての我々自身の既成の区別に従って理解しようと拘泥するのではなく、むしろそれをも含みうるように我々の理解を拡張する責任は我々の側にある、と思われる。我々が求めている類の理解は、アザンデ族のカテゴリーを我々自身が既に理解しているカテゴリーとの関連で見ることを確かに我々に要求する。しかしこれは、呪術を我々に既知のそれ以外のカテゴリーに属する基準に従って「評価する」のが正しい、ということではないし、我々の思想の手持ちのカテゴリーの中のいずれがアザンデ族の営みの眼目を理解しうるための最良の立脚点を与えるか、というような問への手がかりを与えもしないのである。

マッキンタイアーは、アザンデ族の人々が収穫との関連でとり行なう儀式が科学ないし工学の諸基準に照して「分類・評価」されるならば、それらの儀式は厳しい批判にさらされることになる、といともあっさりと示している。彼は、アザンデ族の「信念」は、例えば昨今の豪雨は全て核実験のせいであるといったイギリス人が抱くような信念と同じく、一種の仮説である、と考えている(31)。アザンデ族の呪術にも西洋科学にも等しくあてはまるいわば中立的な「AがBに影響を及ぼす」という概念を、自分は使用している、とマッキンタイアーは思っている。しかしながら彼が実際に使用しているのは彼にとって親しい概念、即ち科学や工学の文脈での使用において意義が与えられる概念である。しかしアザンデ族の呪術的な「AがBに影響を及ぼす」という概念が同様の意義を持つに相違ない、と想定する何の理由もない。それどころか、アザンデ族は彼等の実務にたずさわる過程においては——恐らくより原始的なものではあるが——我々の技術的概念に非常によく似た概念を使用しており、しかも呪術的儀式に関する彼等の態度や思想は彼等なりの工学的手段に関する場合とは極めて異なっているが故に、呪術的「影響」に関する彼等の概念が極めて異なったものであると考えるべき理由が十分あるのである。我々自身の文化においてすら、因果的影響という概念が決して一様なものではない、ということを思い起すならば、このことはより容易に承認されるかもしれない。例えば「何がジョーンズを結婚させたのか」について論じる場合と同じ種類の話をする訳ではない。単に、論じられる出来事の種類が異なっているだけ、というのではなく、それぞれの出来事が作り上げる因果関係もまた異なっているのだ、と私は言っているのである。このことが認められるなら、我々自身のものとは極めて異なった制度や生活様式を持つ社会では、我々の「因果的影響」という概念が持つ相違よりも一層異なった働きをする概念がありうることを認めるのは、それほど困難ではないであろう。

しかし、アザンデ族の制度のより明瞭な理解のための手助けとなるような考え方を我々の社会の中に発見する試みが全く無力である、と私は言うつもりはない。私が思っているのはただ、マッキンタイアーの示唆とは全く異なった方向で考えていくべきだ、ということである。明らかに、アザンデ族の生活の性格からして、彼等の作物が豊作であることは非常に重要である。作物が豊作となることを保証するあらゆる種類の実際的な「工学的」手段を、彼等が自らの能力の範囲内で講じることも又明らかである。しかしそれだからとはいえ、彼等の呪術的儀式をそのための誤ったもう一つの手段とみなすべき理由は何もないのである。あるものが自分にとって重要だという感覚は、単にそれを保証する手段に限らず、実にありとあらゆる仕方で示される。彼はそのものの重要性について全く違った仕方で対処したい、例えばそれについて思いめぐらし、それとの関係で自分の生活の意味を得るといった仕方で対処したい、と思うかもしれない。このことによって、彼は或る意味で当のものに対する依存から自らを解放したいのかもしれない。そのものが自分を見捨てることはないと確信することによってそうなのだ、と私は言っているのではない。というのも、彼が何を行なおうともそれでも彼は見捨てられるかもしれない、ということが肝心の点だからである。この肝心の点を理解し、対処することが重要なのである。もとより、理解は対処するための必要条件ではあろうが、理解だけでは対処とはならない。というのも、人は見捨てられる可能性を熟考して、おそれおののいてしまうことも同様にありうる話だからである。彼は、自分にとって死活の重要性を持つものに見捨てられた場合ですらなおやっていけるのだ、ということをわからねばならず、そのような状況でもなおやり続けることが可能なように、自分の生活を整えなければならない。くりかえして強調するが、私はこれを工学的手段による自立という意味で述べている訳ではない。というのも現在の観点からすれば、工学的自立はやはり従属のもう一つの形式だからである。工学はある従属的諸関係を破壊するが、常に新たな従属を創り出す。しかも新たな従属は旧来のものより一層理解し難いが故に、より一層苛酷なものかもしれないのである。このことは我々にとっては、とりわけ明瞭なはずである(32)。

ユダヤ－キリスト教の文化では、ヨブの物語で展開されるような「もしそれが主の思し召しなら」という考え方が、私が論じている問題の中心を明らかに占めている。この考え方がキリスト教の嘆願の祈りの中心をなしているので、一つの観点からすれば、祈りは信者を彼が嘆願する対象への従属から解放する、とみなすことが可能である(33)。もし祈りを結果に影響を及ぼす一手段とみなすならば、祈りが信者の解放という役割を果すことはありえない。というのも、この場合祈る者はその結果に依然として従属しているからである。自分が神に完全に従属していることを認めることによって、彼は結果への従属から解放される。しかも神への従属は結果への従属とは全く異なったものである。というのもまさに、神は永遠であり結果は偶然的だからである。

アザンデ族の呪術的儀式が、偶然に対する肯定的な態度を表現しているキリスト教の嘆願の祈りにどこか似たところがある、と私は言うつもりはない。私が指摘したいのは当の儀式が偶然に対する態度、即ち偶然を支配しようと試みるのではなく人生は偶然に委ねられているのだという認識を意味するような態度、——この態度を表現しているか少なくとも表現しうる点で、キリスト教のそれに類似している、ということである。この態度をより詳しく記述するには、マッキンタイアーに無視されているアザンデ族の生活の或る根本的特徴が、彼等の儀式において重要なものとしていかに強調されているかに注目すべきである。マッキンタイアーは知らず知らず儀式と消費財の収穫高との関係に集中するばかりであるが、儀式は社会的諸関係にとっても当然重要なのであり、この点はアザンデ族の妖術の諸観念のうちに強調されていると思われる。ここには、憤り、悪事、復讐、そして贖い、というドラマがある。ドラマの中には、災難やそれがもたらす人間関係の分裂、そのような分裂にも拘らず生活を維持していける方法、等がさまざまな仕方で（象徴的に）とりあげられているのである。

我々に疎遠な生活形式を営む人々が従っている規則や慣習の眼目を我々が見てとるとはどういうことか、についてのマッキンタイアーの説明を私は先程一般的な形で批判してきたが、その批判と今の例の私の扱い方とにはどんな関係があるのか。マッキンタイアーの語り方によれば、規則や慣習が眼目を持つとはどういうことかについては、我々自身の規則や慣習がともかくパラダイムであるので、問題が生じるとすれば他の社会での規則や慣習の眼目を説明する場合のみである、といわんがばかりである。しかし勿論、他の社会に関してであれ、自分自身の社会に関してであれ、実のところ問題は同じである。他の社会の場合と同様に我々の規則や慣習も、眼目を持たないか持たなくなる危険を免れてはいないのである。従ってこの問題は、我々自身のものか他の人々のものかに拘らず、単に一組の規則や慣習によるだけで説明が与えられる訳では決してない。一組の規則や慣習とそれ以外の何かとの関係の考察が要求されているのである。アザンデ族の呪術的儀式についての今しがたの議論で私が呪術的儀式と関係づけを試みたものは、人間生活の意義についての感覚であった。私が思うにこの観念は、異文化を理解し異文化から学ぶという事柄に関わるあらゆる説明にとって不可欠である。そこで私はこの観念についてなお述べようと努めねばならない。

ウィトゲンシュタインの哲学での言語ゲームの使い方を論じて、ラッシュ・リース氏は次のことを指摘している(34)。即ち、言語の有意味性の説明を孤立した言語ゲームのみによって試みるならば、話の仕方はそれぞれ相互に排他的な規則の諸体系として孤立している訳ではない、という重要な事実を見落すことになる。或る表現を使用して一つの文脈で何が言えるかは、その意味に関しては、その表現の他の文脈での使用（他の言語ゲーム）に依存している。言語ゲームを演じるのは生活を生きる人々であり、彼等の生活は実に種々様々な利害関心を伴い、これらの利害関心の相互関係も実に多種多様である。この故に、ある人が何を語り何を行なうかは、単に彼が現在営んでいる活動に影響を及ぼすのみならず、彼及び他人の生活にも影響を及ぼすことがありうるのである。それ故、彼が自分が今行なっていることに眼目を見出すか否かは、彼の多様な利害関心や活動、及び他人との諸関係の中に何らかの統一を見出せるか否かにかかっていることであろう。彼が自分の生活にどのような種類の意味を見出すかはこの統一の性格に依存するであろう。この種の意味を生活に見出す能力は、もとより当の個人に全く依存しない訳ではないが個人にのみ依存する訳でもない。彼がその中に生きている文化がそのような意味を見出す可能性を彼に与えうるか否かにも依存しているのである。

異文化の研究から我々が学びうるものは、物事を執り行なう種々の様式、即ち他の技術、の可能性に限られはしない。人生に意味を与えるのが別の仕方でも可能であることを学びうることが、はるかに重要である。即ち、彼等の生活全体の意味について思いめぐらすうちに、或る活動の遂行が彼等にとって重要なのだ、という考えにいきつくが、その考えが我々の場合とは異なっていることもありうるのだ、ということを学びうるのである。まさしくこの次元の問題を、アザンデ族の呪術を論じる時にマッキンタイアーは見落している。彼はそこに消費財の生産のための（誤った）技術しか見出せない。しかしアザンデ族の者にとって作物は消費の対象となりうることに尽きる訳ではない。彼が生きる生活、仲間との関係、きちんと暮せるか悪事を働くことになるかどちらかの見込み、これら全てが彼の作物に対する関係から生じうるのである。呪術的儀式はこれらの可能性や危険がそこで考慮され反省され、ひいては変形され深められることもありうるような表現形式をなしている。このことを理解しようとして我々が困難を覚えるのは、それが科学とかけ離れていることに尽きる訳ではない。マッキンタイアーのやり方が例示するように、問題を「生産の効率」、即ち消費量を目ざした生産、という観点以外からともかく考えようとする折に我々が一般に覚える困難の一局面なのである。これも又、マルクスが産業社会の人間に特有な「疎外」と称したものの兆候である。尤も生産と消費の関係についてはマルクス自身も混乱しており、これは同一の疎外の更なる兆候である。未開の生活様式の眼目について我々が盲目であることは、我々自身の生活の多くが眼目を欠いていることの結果なのである。

さて、慣習の体系の「眼目」についての私の議論と善悪についての考え方との連関を正面から論じる段階となった。といっても、私の目的は説教をはじめることではなく、異文化研究に含まれている「……から学ぶ」という概念と知恵の概念との密接な連関を指摘することにある。我々は単に我々の技術とは異なった技術に直面しているばかりでなく、人々が生活をそれとの関係で対処しうるような新たな善悪の可能性に直面しているのである。この次元での社会研究は（例えば生産についての）我々の技術にとって代ることがありうるようなもう一つの技術のかなり詳しい検討をなるほど必要とするかもしれないが、この検討は善悪についての今述べた新たな可能性に投げかけられる光を求めてなされるのである。この種の研究の非常に良い例として私が考えているのは、シモーヌ・ヴェイユの『抑圧と自由』における現代工場生産の技術の分析である。これは業務管理への寄与といったものではなく、抑圧という悪が我々の文化でどのような特殊な形態をとるかという研究の一部をなすものである。

しかしながらこのように述べたところで、私は合理性についての我々自身の考えと他の社会のそれとをいかに関係づけるかというマッキンタイアーが指摘した難問を、新たな場面に移したにすぎない、と思われるかもしれない。今度は、善悪についての我々自身の考えと他の社会のそれとの関係が難問となるのである。それ故この問題を十分に検討するには、ここで倫理的相対主義について論じることが必要であろう。ところで相対主義が含む限界のいくつかについては、私は次章に収録した論文で示そうと既に試みている。それを補足する若干の見解を述べることによって、この論文の結びとしたい。

人間の生活という考え方それ自体が或る根本的に重要な諸観念を含んでいることを私は指摘したい。それらを「限界的諸観念」と呼ぶことにするが、それらは明白に倫理的次元を持ち、また人間生活における善悪の可能性が働く場である「倫理空間」を、ある意味で実際に決定するのである。これらの観念について私はここで非常に簡潔に論じる訳であるが、これらはヴィーコが彼の自然法の考えの基礎においた諸観念によく対応している。即ち、人間の歴史を理解する可能性がそれらに依拠するとヴィーコが考えた誕生、死、性的関係といった諸観念によく対応している。これらの観念が目下の議論で持つ意義は、それらが全ての知られた人間社会の生活に不可避的に含まれており、しかも疎遠な諸制度の体系の眼目について我々が当惑する折にどの方向へ考察を進めるべきかの手がかりを与えてくれる、ということにある。社会の一つ一つに応じて、これらの概念がとる特殊な形態は実に種々であり、これらの概念が表現をみる個々の制度も様々である。しかし一つの社会における諸制度の中でそれらが中心的な位置を占めることには変りがなく、又そうあり続けるに相違ない。従って疎遠な社会の生活を理解しようと努める折には、これらの観念が社会生活にいかにかかわっているかを明瞭に認識することが極めて重要であろう。社会人類学者の実際の仕事がこれを裏書きしている。尤も、彼等の中のどれほどが私が認めるのと同じ種類の重要性をそれらの諸観念に認めるかは不明であるが。

私はここで「限界」という言い方をしたが、その理由はそれらの観念が、いうまでもなく他の観念と共にではあるが、「人間の生活」ということで我々が理解しているものの形を与えているからであり、更に、これらの観念によって提起される問に対する関心事こそが、社会の「道徳性」ということで我々が理解しているものを構成する、と私には思えるからである。もとよりこう述べるからには、賛成不賛成といった類の態度が倫理学の基礎であり、これらの態度が向けられる対象と道徳性という考えとは概念上無関係である、と考えている道徳哲学者達とは、私は見解を異にしている。この哲学者達の見解によれば、例えば、我々の社会で両性間の関係の問題が論じられる時にとられるような態度で人々の髪の長さの問題が扱われ、他方両性間の関係の問題が我々の社会での髪の長さの問題のように扱われるような社会もありうることになるであろう。しかし私にはこの考えには筋の通らないところがあると思われる。第一に、髪の長さに関する関心事がどんなに切実に感じられたにせよ、それを「道徳的」関心事と称するのは混乱であろう。旧約聖書のサムソンの話も私の論点の反駁とはならず、むしろ確証となる。というのも、サムソンの髪を切ることの禁止は、そこでは当然他の多くのことと関係があり、注目すべきことに、とりわけ性的関係についての問題と関わっているからである。しかしこのことが単なる逃げ口上と思われるならば、私は次にこう言いたい。即ち、T・S・エリオットのいう「誕生・性交・死」の三位一体が人間の関心の非常に深い対象であることは、単なる慣習の問題である、とは私には思えない、と。これらが人間の関心の非常に深い対象となっていることに対して、心理学的ならびに社会学的要因が基本的に与っていることは紛れもない事実であるが、話はこれに尽きる訳ではないのである。もう一つ言いたい。人間の生活という観念自身が、これらの概念によって限界づけられているのである。

獣とは異なり、人間は単に生きるだけでなく、生についての考えをも持っている。これは動物の生活に何かが単に付け加わるということではない。「生」という語が人間に適用される場合には意味そのものが変るのである。それはもはや「生命的存在」と同義ではない。人間の生について話をする時には、何が正しい生き方であるか、生において最も重要なものは何か、生は意義をもつか否か、もつとすればどんな意義をもつか、といった問を我々は問うことができるのである。

生についてある考えを持つことは、死についてある考えを持つことでもある。しかし今問題としている「生」が生命的存在と同じではないのと全く同様に、今問題としている「死」も生命的存在の終りと同じではない。動物の死に関する私の考えは、世界でやがて生じる出来事についてのものである。即ち、私はおそらくそれを目撃するかもしれないが、私の生はその後も続いていくのである。しかし私が「私の死」の話をする時、私は自分の生における未来の出来事の話をするのではない(35)。私は誰か他人の生における出来事の話をしている訳でさえない。私は自分の世界の終りの話をしているのである。この世界の終りはまた、善悪をなす私の能力の終りでもある。これは、死んでしまえば、もはや自分は善悪をなしえないであろう、という単なる事実問題ではない。善悪をなしうるとはどういうことなのかについての私の概念それ自身が、死で終る私の生という私の概念と深く結びついている、ということが論点なのである。倫理学が正しい生き方への関心であるならば、明らかにこの関心の本性は死で終る生という概念によって深い影響をうけるものでなければならない。自らの生に対する態度は、同時に自らの死に対する態度なのである。

マッキンタイアーが、自分はそこに何の意味も見出せない、と公言している次の人類学のデータは、今の論点を非常によく例証している(36)。

スペンサーとギレンによれば、ある原住民達はそれぞれ杖か石を携えており、それらはまるでそれを携える個人の魂そのものか、それとも魂の体現であるかのように取扱われる。そのような杖や石を失った時、当の個人は死者を油で清めるように自分自身を油で清める。「自分の魂を常時携帯する」という概念は意味をなすであろうか。勿論我々は原住民達が行なっていることを記述し直し、それを意味あるものに変形することができる。そしてスペンサーとギレンは（彼等に従っているデュルケームもまた）生じていることを誤って記述したのかもしれない。しかし彼等の報告に誤りがないとすれば、意味に関する限り我々はここでとりつくしまのない壁にぶちあたるのである。たとえその概念を使用する規則を与えることは容易であるにせよ。

杖にこもった自分の魂を常時携帯するという概念をマッキンタイアーが「全く筋が通らない」とみなす理由については、彼自身は述べていない。多分彼に影響を及ぼしているのは、二〇世紀のイギリス人やアメリカ人がこのような行為をなしたとすればその意味を見出し難い、という事実や、魂は一枚の紙のような物体ではなく、それ故に紙のように杖にこめて持ち運びできない、という事実などであろう。しかしここで語られているほんのわずかなことからでさえ、当の営みに意味を認めることはそれほど難しくはない、と私には思われる。我々の社会で恋人のいる男が彼女の写真や髪の毛を彼の胸許のロケットに収めて携えることがあるのを考えてみよう。しかもこのことが彼にとっては彼女への彼の関係を象徴し、更にはその関係に対してあらゆる仕方で、例えばそれを強めたり、あるいは倒錯的にゆがめたりして、影響を与えることがありうることも考えてみよう(37)。男がロケットを紛失した時に、恋人にすまないことをしたと感じ、許しを請うと想定しよう。ここには、原住民が「自分の魂を紛失した」時に自分の体を油で清める営みとの平行関係が認められるであろう。そしてこれらの営みのいずれかに、非合理性が必然的に存在するであろうか。男はロケットを紛失する不注意を恋人へのある種の背信と何故みなしてはいけないのか。結婚指輪を紛失した折に夫や妻がどのように感じることがありうるかを想い起こそう。明らかに原住民は問題の営みにおいて彼の生全体に対する気づかいを表明しているのである。そして油による清めはこの気づかいと死を想うこととの密接な連関を示している。あるいはまさにこの営みこそが彼にそのような気づかいを可能としたのかもしれない。或る種の気づかいが宗教的秘蹟によって可能となるのと同様である。自分の生全体に対する気づかいは事実また自らの死という限界概念を含むものであるが、この気づかいを当人の生の内部において表現しようとすれば、必然的に秘蹟に準じた形でしか表現できない、ということが論点である。気づかいの形式は秘蹟の形式で示されるのである。

私は性についても「限界概念」と述べたが、この意味も又人間の生活という概念と関係している。男性の生は男性の生であり、女性の生は女性の生である。男性であること、女性であることは生における単なる一成分ではなく、生の様式なのである。死についてのウィトゲンシュタインの考察をあてはめて、私が男性であるということは世界の中の経験ではなく、世界を私が経験する様式である、と言うこともできよう。ところで男性、女性という概念は明らかにそれぞれが他方を必要としている。一人の男性は複数の女性に対する関係において男性であり、一人の女性は複数の男性に対する関係において女性である(38)。それ故ある男性が女性達に対していかなる形式の関係をとるかは、彼が自分の生活に賦与しうる意義にとってかなり根本的な重要性を持っている。道徳を性的品行と通俗的に同一視することはたしかに通俗的であるが、それは重要な真理の通俗化なのである。

誕生という概念が持つ限界概念としての性格は私がこれまで素描した死と性に関する論点と明らかに関係がある。一方では、私の死と同様に私の誕生は私の生における出来事ではない。しかも私の誕生により、倫理的諸限界が私の意志から全く独立に私の生に対して設定される。私は誕生と共に他人と特定な諸関係にあり、ここから倫理的に根本的たらざるをえない種々の義務が生じるのである(39)。他方では、誕生の概念は両性間の関係の概念と根本的に結びついている。子孫をもうけることについて男女がどのように寄与しているかに関してある社会でどれだけのことが知られているかに拘らず、このことは真理である。というのも男は女から生れるのであって男から生れるのではない、ということは依然として真理だからである。従って誕生の概念は、両性間の関係が表現されている倫理的制度に新たな次元を加えるものなのである。

今行なったこれらの短い考察で、私は或る方向へ注意を集中することに専念してきた。私が指摘しようとしたのは、上述の限界概念がとる諸形態がいかなる人間の社会においても必ず重要な特徴となること、また人間生活での善悪についての考え方はこれらの限界概念と必ず結びついていることであった。従って他の社会生活を理解しようとするいかなる試みにあっても、上述の諸概念がいかなる形態をとるか、当の社会生活でそれらがいかなる役割を果すか、という研究が、常に中心的位置を占めるに相違なく、また理解を可能とする土台を提供するに相違ないのである。

諸民族の世界は人間によって作られたのであるから、人々がどのような制度に同意し、常に同意してきたかを見てみよう。何故ならこれらの制度が、全ての民族の創設の基盤となり今も民族を維持する基盤となっている普遍的かつ永遠な（また、全ての学問が必要とするような）原理を我々に与えるであろうから。

全ての民族が、未開・文明の如何を問わず、また互いに時間空間的に遠く離れて別々に創設されたにも拘らず、次の三つの人間の慣習を保持していることを我々は認める。全てが、何らかの宗教を持ち、厳粛な婚姻を交し、死者を葬送する。しかもいかに野蛮で粗野な民族においても、宗教、婚姻、葬送の儀式はあらゆる人間の行為の中で最も趣向を凝らした形式に従い、最も神聖な厳粛さで執り行なわれる。何故ならば、「互いに交渉のない住民同士にわたって生れた一様な観念は、真理についての共通な基礎を持つに相違ない」という公理によって、あらゆる民族にわたってこれらの制度から人間性がはじまる、ということが全ての民族に命ぜられたに相違なく、それ故世界が再び獣の野蛮状態に戻らないようにこれらの制度は全ての民族によって最も誠実に遵守されるに相違ないからである。この理由から我々はこれら三つの永遠で普遍的な慣習を、この学問の最初の原理とみなしたのである(40)。

（1）*The Idea of a Social Science*, London: Routledge & Kegan Paul, 1958.（邦訳、森川真規雄訳、新曜社）
（2）*Witchcraft, Oracles, and Magic among the Azande*, Oxford, 1937.
（3）人類学者はここのところで、調査中の制度の「社会的機能」について、きっと語りはじめることであろう。機能的説明、及び本論文が扱う諸問題と機能的説明との関係、については、論じるべき多くの重要な問が存在する。しかし、ここではこれ以上の論究は不可能である。

(4) エヴァンズ＝プリチャード「未開心性に関するレヴィ＝ブリュルの理論」一九三四年。(E. E. Evans-Pritchard, 'Lévy-Bruhl's Theory of Primitive Mentality', *Bulletin of the Faculty of Arts*, University of Egypt, 1934.)

(5) 「科学と感情」同紀要一九三五年。('Science and Sentiment', ibid., 1935.)

(6) ヨブの物語では、どのような物事が生じるか、それ次第で神の実在と正しさが是認されもすれば否認されもする、という考えに誘われた点でヨブは道を外れたのだ、ということが示されている。実際、こう述べるのがこの物語の要点の一つの指摘の仕方である。

(7) コリングウッド『芸術の原理』(近藤重明訳、勁草書房、一九七三年)七五—六頁。(R. G. Collingwood, *Principles of Art*, Oxford: Galaxy Books, 1958, p. 67.)

(8) 『アザンデ族における妖術、託宣、呪術』六四頁。

(9) 同書、一一二頁。

(10) この引用を通して傍点は私のものである。

(11) パレートに対するより詳細な批判については、私の『社会科学の理念』九五—一一一頁(邦訳一一七—一三七頁)を見られたい。

(12) 二ヵ所の傍点はエヴァンズ＝プリチャードのもの。

(13) 前掲書、七二頁。

(14) 同書、三一九—二〇頁。

(15) ウィトゲンシュタイン『論理哲学論考』五・六—五・六一節。

(16) 前掲書、一九四—五頁。

(17) この論点についてはこの論文の第二部で、より一般的な仕方で論じることにする。

(18) 同書、二四頁。

(19) 同書、二五頁。

(20)　ウィトゲンシュタイン『数学の基礎』(*Remarks on the Foundations of Mathematics*) 第三部（新版第三部）七七節。数学における「矛盾」についてのウィトゲンシュタインの議論全体は、私が今論じている論点に直接効いてくるものである。

(21)　妖術についてのアザンデ族の概念は世界の理解と全く無関係である、と私が言っていないことに注意されたい。異なった形式の理解概念がここで問題になっているのだ、というのが論点なのである。

(22)　'Is Understanding Religion Compatible with Believing?' 現在では *Faith and the Philosophers*, edited by John Hick (London: Macmillan, 1964) にも収録されている。

(23)　'A Mistake about Causality in Social Science' in a contribution to *Philosophy, Politics and Society* (*Second Series*), edited by Peter Laslett and W. G. Runciman (Oxford: Basil Blackwell, 1962).

(24)　同書、五八頁。

(25)　同書、六〇頁。

(26)　同書、六一頁。

(27)　五七—六五、九一—四、一二一—三頁（邦訳七一—八一、一一二—六、一四九—五二頁）。

(28)　このことを言語と合理性概念との関係づけに先立って語ることができるが、その正当化が何であるかについては、私はこの論文では論じないでおく。［著者との往復書簡にもとづきパラフレーズした。訳者］

(29)　「宗教理解と信仰とは両立するか」

(30)　同論文。

(31)　以下の記述との関連でウィトゲンシュタインの「フレーザー『金枝篇』について」（ウィトゲンシュタイン全集6、大修館書店、に所収）（'Remarks on Frazer's *Golden Bough*', *The Human World*, No. 3, May 1971 に英訳）、を参照されたい。また、シモーヌ・ヴェイユの『ノートブック』(*The Notebooks*, London, 1963) に散見されるフォークロアに関する種々の覚え書きをも参照されたい。

(32) シモーヌ・ヴェイユは『抑圧と自由』(*Oppression and Liberty*, London: Routledge & Kegan Paul, 1958)に収められた論文「抑圧の分析」で、この論点を見事に展開している。

(33) フィリップス『祈りの概念』(D. Z. Phillips, *The Concept of Prayer*, London: Routledge & Kegan Paul, 1965)を見られたい。

(34) ラッシュ・リース「ウィトゲンシュタインの大工」(Rush Rhees, 'Wittgenstein's Builders', *Proceedings of the Aristotelian Society*, 1960, Vol. 20, pp. 171–86.)

(35) ウィトゲンシュタイン『論理哲学論考』六・四三一―六・四三一一節を参照。

(36) 「宗教理解と信仰とは両立するか」

(37) トーマス・マンの『魔の山』でクラウディア・ショーシャのレントゲン写真がハンス・カストルプと彼女との関係で演じた役割と比較されたい。

(38) しかしこれら二つの「一人の男性の複数の女性に対する関係」と「一人の女性の複数の男性に対する関係」は単純な換位関係ではない。ゲオルク・ジンメル「男女両性の問題における相対的なものと絶対的なもの」(『文化の哲学』白水社版ジンメル著作集7に所収)(Georg Simmel, 'Das Relative und das Absolute im Geschlechter-Problem' in *Philosophische Kultur*, Leipzig, 1911)を見られたい。

(39) とりわけこの理由から、A・I・メルデンが、親子関係の権利義務は血統とは直接には関係がない、と述べているのは誤りである、と私には思われる。彼の『権利と正しい行為』(*Rights and Right Conduct*, Oxford, 1959)を参照されたい。

(40) ジャンバティスタ・ヴィーコ『新しい学』三三一―三節。

III　自然と規約（一）

1

アリストテレスの『ニコマコス倫理学』第五巻第七章には自然的なものと規約的なものとの区別に関する有名な議論がある。即ち

正義には二つの形態がある。即ち、自然的な正義と規約的な正義である。正義が至る処で同じように妥当し、人々の考えによってその正義が揺るがせにされることのない場合、それは自然的な正義である。他方、あの形ではなくこの形であるべきだとする理由は元来存在せず、正義が我々に課する規則は同意により締結され、以後有効となる場合、正義は規約的である。……ある哲学者達は、正義はその全領域にわたって規約的である、という意見を抱き、自然法則には何ら変化はありえず

法則は至る処で正確に同じ仕方で働く（従って、ペルシアでもここでも火は燃える）のに対し、正義の規則は我々の眼の前で変り続ける、と主張する。にも拘らず規約的正義と同じく、自然的な正義が存在することも真なのである。これら変化が可能な正義の規則のうち、いずれが自然的であり、いずれが法と規約によるかは、明白である(二)。

現代の多くの哲学者は、正義はその全領域にわたって規約的である、という意見を抱いており、従って今引用したアリストテレスの終りの方の主張に異を唱えるであろう。恐らくカール・ポパーはこのような見解の持主の秀れた代表者である。彼は、人間行動の全ての規範は論理的には決定と同種の事柄であり、「事実と決定の二元論」が成り立ち、それ故「自然」道徳や「自然」法に関する議論は、二つの論理的に全く別種の話し方——即ち、科学において確証され使用される類の自然法則と、社会における人間行動の規制のために決定され、遵守され、あるいは強制される指令的規範——の間の混同を必ず含んでいる、と考えている(1)。ペルシアでもここでも火は燃えているが、他方正義の規則は我々の眼の前で変り続ける、という訳である。

この見解への反論が私の意図である。まず、消極的に、ポパーは自分が望んでいる二元論の立証に失敗していることを示したい。次に、より積極的に、道徳の或るアスペクトについて、それは専ら規約に基づくのではなく、それどころかありとあらゆる規約の前提となっている、と言わざるを得ない場面がある、ということを主張したい。ポパーなら、このような見解は、規範が科学的な意味での「自然法則に従って」規定されうる、というナンセンスな考えを必然的に含んでいる、と考えるところであるが、そうではないのである。

2

アリストテレスが言及しているソフィスト達と同じく、ポパーも、自然法則とは異なって行動の規範は様々な形態をとり、又変更も可能である、という主張を非常に強調している。しかし彼の議論は彼がこの論点ともう一つの全く異なった論点とを一緒にする傾向の故に失敗している。即ち、社会で認められている規範に対してその社会の成員が違反する、と語ることには意味があるが、他方事物がそれの振舞いの記述や説明を行なっている科学の自然法則に違反する、と語るのは全く無意味である、という論点である。なるほど、所与の規範のいずれに対しても、人はそれを遵守しないことを選択できる、と語ることが理解可能だということは、「規範」という語の文法の一部をなしている。しかしこれは、いかなる所与の規範についても変更の可能性がある、と語ることが常に理解可能、ということを含意するものではない。もとより所得税率を定める規範のように、かなりの規範が変更可能である。しかし全ての規範について変更が可能であるはずだということは、なお証明を要する事柄である。確かに、ある社会である行動の規範が生きていると言えることと、実際にその社会の成員が大抵は当の規範に背くよりそれを遵守するという事実、少なくとも当の規範への違反に対して例えば非難や後悔の形である種の敵対的な態度を示す傾向にあるという事実との間には、重要な論理的な関係が存在する。しかしこの関係を、全ての規範が原則的には必ず変更可能であるということの証明に用いようとすれば、このことに加えて、いずれの所与の規範についても、社会の成員は大抵はそれに背くよりそれを遵守する、という訳ではない、また違反に対して否認する態度を示す傾向にはない、——このような想像が常に可能でなければならない、ということを示す必要があろう。私としてはこの付加条件がいくつかの重要な事例について満足されないことを、以下この論文で示したい。しかしその理由は、人々がこの種の規範を遵守することを科学の自然法則が保証する、というものではない。この種の規範を遵守しないという考え自身が、人間の社会生活という概念が含む或る特徴によって理解不可能となる、という理由からである。

しかしながら、社会が異なるに応じて、又歴史の時代が異なるに応じて、人間行動の非常に多くの極めて重要な規範が様々な形態をとり又変化しうる、ということはなるほどその通りである。しかしこの点に関して、規範は科学の自然法則と異なっているのか。科学は発展するし、例えば現代物理学はアリストテレス風の諸命題によっては表現不可能であり、ニュートン風の諸命題によってさえ表現不可能である。この点では現代道徳がアブラハム風の諸命題によっては表現不可能なのと同様である。もとより科学の発展の論理と道徳の変化の論理とは同じではない。それ故私が主張しているのは、科学と道徳に論理的な差異が存在しないということではなく、ただこの相違はポパーの変更可能性の概念では解明できない、ということなのである。

あるいはポパーは、科学において従来とは異なった自然法則が認められるようになる場合、それは従来認められていた法則が偽であることが示されたり、十分に正確ではないことが示されたり、あるいは適用範囲が狭すぎることが示されたりするからである、そしてこれらの欠陥は諸事実の探究を一層徹底することにより示されたのである、しかるに人間の規範は「諸事実の探究」の結果として変化するのではない、少なくとも直接の結果として変化するのではない、むしろ人間の規範の変化は人間の決定の結果なのである、このように言うかもしれない。しかしここで科学における「不変の事実と恒常性」に対して与えられている役割は十分に明らかになってはいない。実情は次の通りである。即ち、現代の科学理論は今生じている現象の記述や説明に使用できるのと同様に、アブラハムの時代に生じた自然現象の記述や説明にも使用可能である、しかるに現代の道徳諸概念はアブラハムや彼の同時代人の行為の記述や説明には使用できない。道徳の諸観念と人間行動の関係は、科学の諸観念と自然現象の振舞いの関係とは異なっているのである。

しかしながら、現代の科学理論とより初期の発展段階の科学理論とが同一の諸事実に関わる、と無条件に言うことはできない。私が言わんとするのは、より正確で新しい観察がなされるようになったので新しい理論はそれらを考慮せねばならなくなる、ということに尽きはしない。科学の概念もまた変化するし、それと共に何を重要な事実とみなすかについての科学者の見解も変化したのである。相対性理論の「時間」は古典力学で考えられた時間ではない。もとより新旧二つの時間概念にはある関係があり、その関係は過去から現在への物理学の歴史的発展の記述が明らかにしうるものである。しかしこの発展を同一の諸事実を説明しうる新たなより秀れた理論の構築という形で考えるならば、それは発展の本性を見落すことになる。諸事実自身の側に独立な変化があるから、という訳ではない。何を重要とみなすかについての科学者の基準が変化するからである。しかもこれは、以前の科学者は何が事実であるかについて間違った観念を持っていた、ということではない。彼等は彼等が行なった研究にとって適切な観念を持っていたのである。人々の決定の結果として彼等の道徳的基準が変化する、というのが真であれば、人々の科学的観念についてもこれと同じことがあてはまる。科学での重要な決定とは、複数の研究方針の間での選択、研究のための特殊技術の開発等である。科学の概念や理論は科学研究が遂行される手段や方法の文脈の下でのみ理解されうるのであり、とりわけ変化に関しては前者の変化は後者の変化という文脈の下でのみ理解可能なのである。

我々の時代に豊かさを与えているもののいくつか、例えば音楽での無調性、全ての生物に生命という特質を与える遺伝物質の構造、基礎物理学での諸発見で有名になったパリティのような観念、――これらについて考えてみると、これらはそれほど簡単に与えられるものでもなければ、誰もが簡単にここそこに見出すものでもない。これらに出会い、これらを定義するためでさえ、ひいてはこれらを発見する手段を知るためだけですら、伝統や文化や背景となる知識を必要とするのである。即ち君がどこにおり、何であり、どのように話すかに依存するのである(2)。

現代物理学のある事柄を素人が理解しようとした時に妨げとなる障壁は文化障壁である。「数学でも事情は多分同じであろうが、物理学の中で最も理解し難い事柄については、この学問の伝統の習得に長い時間を費した人々との間でのみ、話ができる。」(3) これと形式的に同じことが、我々とは歴史的ないし文化的に隔った社会の道徳的観念や道徳的営みが我々には理解し難いことについてもいえる。

例えば、アブラハム以前のヘブライ社会での子供の供犠という営みを考えてみよ。我々の生活様式やそれに伴った道徳諸観念に依拠すれば、この営みは正に理解不可能である。これの理解に努めることは、その社会で生活や思想がどのようであったに相違ないかについて何ほどかの理解をえようと努めることなのである。ここでの主たる課題は何がそこに含まれているのかを理解することであり、それに対して単に態度をとることではない、――この点を私はここで強調したい。というのも、理解せずには、我々が何に対して態度をとっているのかも知りようがないからである。更に、この営みを我々自身の社会で採用するようにと提案する余地がないことは、物理学で熱力学の第二法則の否定を提案する余地がないのと同じである。私の論点は、その提案に誰も耳を傾けないだろうということに尽きるのではなく、何が提案されているのか誰も理解しないだろう、ということである。子供の供犠を子供の供犠とするのは、その営みを含む社会生活の中でそれが果す役割なのである。当の社会とは全く異なった我々自身の社会で、まさに同一の営みを制度化できる、という想定は、論理的に馬鹿げている。

このことは、決定が道徳の基礎概念ではないことを示している。というのも、決定はある一つの有意味な生活様式の文脈の下でのみ可能であり、従って道徳に関する決定もある一つの道徳の文脈の下でのみ可能だからである。道徳は決定に基礎をおくことはできない。いかなる決定が可能であり、又不可能であるかは、問題がどのような道徳の下で生じるかにかかっている。ある一つの道徳においていかなる問題も提起しうる訳ではないのである。

ポパーの説明は、ある決定が理解可能か否かを問う余地を、実のところ与えていない。理解可能性に関する問を提起しうる場合にのみ決定という概念が適用可能であるが故に、これは重要である。

ある決定を理解可能とするのは、当の決定とそれをとりまく状況の諸事実との関係であり、しかもこの関係は論理的なものである。しかるにポパーは「決定は事実に関わりはするが、しかし事実（もしくは事実に関する言明）からは決して導出されえない」(4)というヒューム的な原則によってこのことを否定しているように思われる。なるほど、私が決定を行なったといえるどの状況にあっても、私が異なった決定をしたかもしれないということが想像可能でなければならない。しかしこれは、異なった決定を行なってもそれが必ず理解可能である、という意味ではない。AとBの二人が離婚に関する法の規定を緩和しようという提案について議論していると想定しよう。AはBに対して、離婚に関する法の現行の規定は多くの人間を不幸にしており、又提案のように規定を緩和しても、婚姻制度に対する公衆の尊重を弱めるといった類の有害な波及効果は全く生じないであろう、と説きつける。そしてBはこれら全てを認め、彼自身の側から反対の論拠を何一つ提起せず、にも拘らず自分は法のいかなる緩和にも反対することに決めた、と述べたと想定しよう。Bがこのように行為する場合があることはもとより想像できない訳ではない。しかし彼のこの行ないは理解不可能だ、と我々は認めるはずだ、と私は言いたい。仮に彼が常にこのように行為するとすれば、彼は合理的決定の能力がない、と我々は言うであろう。今の例における決定とその前提たる諸事実との関係は、科学理論とそれを支持して科学者が引き合いに出す実験的証拠との間の関係とは、たしかに非常に異なっている。しかしこの相違はポパーの二元論に支持を与えるものでは決してない。前提たる事実と結論としての事実との関係には、理論科学で見出されるのとは全く異なった、実に多くの、又異なった種類のものが存在している。例えば、歴史家が物語る出来事の解釈とその際に訴えられる証拠との関係がそれである。

更に、決定が事実によって支持される仕方も、これまた実に多種多様である。決定を適切に支持する仕方について、例えば道徳、政治、ビジネスの間にどれだけの相違があるかを考えてみればよいであろう。ここで我々が直面しているのは二元論ではなく、様々な種類の事実言明と様々な種類の決定からなる極めて多様な、しかもたがいに重複した多元論である。二元論的な観方は、ある所与の生活様式で重要な事実とみなされることと当の生活様式での適切な決定の種類との間に論理的な関連がある、という事実をおおい隠してしまう。ビジネスの経営においてなされるべき決定がどのような種類のものかを考慮せずには、「ビジネスでの事実」が何を意味するかも明らかにできないであろう。

ついでながら、決定を下すことと同様に、言明をなすことも又人間の行為であるということは、十分強調されるべきであろう。ある結論が一まとまりの前提から論理的に帰結するということは、前提をうけいれる人は誰もが結論をもうけいれるであろう、と我々が安んじて確信できる、という意味ではない。というのも人々はしばしば彼等の論じ方においても決定や行為の仕方においても非合理的に振舞うからである。論理的という観念は人間行動の何が理解可能で何が理解不可能かに関する観念であり、この観念は人々のあらゆる行為に適用可能なものである。もしこの観念が人々の生活様式から分離されるならば、それは言明同士の関係に適用されたものとしてさえも、論理としての意義を失ってしまう。というのも、言明は本質的に、人々が彼等の生活の過程で言明するものだからである。

「事実はそこに存在する、しかるに決定はなされねばならぬ。」ポパーの議論はこの種の見解を提起する。たしかにこれがある意味で真となる場面が存在する。例えば、ある特定の諸事実の研究が問題である場合、我々は当の事実がどういう事実かを発見せねばならず、これは決定の問題ではない。

しかるにポパーは事実一般という概念と、それが決定という概念に対して持つ関係について論じているのであって、ここで問題をこのままの形で放置する訳にはいかないのである。ある特定の諸事実が与えられている、という言い方はできるにせよ、しかしこれは事実性の概念が与えられている、ということではない。事実性の概念は人々の生活様式から生じてくるものである。我々が「事実」という概念を抱くことを可能にする諸条件が何であるかを我々は考えねばならない。この「事実」という概念は、人間生活の諸様式及びそれと関連した決定の諸様式の考慮を当然要求し、しかもこの決定様式の中でこそ「事実」という概念は役割を持ち、そこから意義を得ているからである。

知識そのものは意欲とは独立に記述できない。あるものが感覚的知識を持つと認めることと意欲を持つと認めることとは相伴っている。……色の名を使ってなされる同定は、実はまず第一には、色の同定ではなく、色を通して行なう対象の同定である。したがって、また、色の区別の第一の規準はその色に応じて対象を扱うこと(それを摑んだり、運んだり、ある場所に置いたりすること)である。したがって感覚的識別力を持つと認めることと意欲を持つと認めることとは切り離せない。ある動物が感覚的な相違を知覚しそれに応じて種々のことを行なう、と記述できないとすれば、その動物が感覚能力を持っている、とは記述できないのである(5)。

科学、道徳、ビジネス、法、政治等々とならべてみればわかるように、事実が人間にとって重要であるあり方は実に多様であり、事実の種類もまた種々様々、事実と決定との関係の仕方も多様であり、そして人間生活での「対象の扱い」方もこれらと同じく実に種々様々なのである。

3

しかしながら、事実と決定という二元論の放棄それ自身は、行動の規範はその性格上規約的である、という考えを論駁するものではない。というのも、社会行動で何が受け容れられるかについての基準が我々の思考全体を色染めし、更には何を事実とみなすべきかについての我々の考えさえも染め上げていることを我々が認めたとしても、それでもこのような基準は全時間にわたって固定し確定したものではないからである。社会的活動の様式は時と場所の相違に応じて大きく変化するし異なっているのである。何が許され何が許されないかについて人々が共に抱いている考えもまた同様である。従って、それぞれ個々の社会においてどのような行動規範が遵守されるかという問題は、全く偶然的な、純粋に歴史的ないし社会学的な問題と思われるかもしれないからである。

ある社会で遵守されている規範が歴史的な偶然的性格を除去し難い仕方で含んでいることを私は否定するつもりはないし、またこのようにして生じる偶然性が当の社会の成員にとってその偶然性の故に重要さが劣るものである、と主張するつもりもない。私は次のような考えに反論したいのである。即ち、これらの変化や多様性全体の中に不動の点などあるには及ばない、人間行動の規範は事実現にそうであるということに尽きるのであって他のようではありえないというものはない、従って人間の道徳に関する全てのことは性格上原理的に規約的である、という考えに対してである。

このために、私はＡ・Ｉ・メルデンの論著『権利と正しい行為』で主導的役割を果している「道徳共同体」という考えを検討したい。道徳的な考えはこのような共同体の生活の内部でのみ意味を持つこと、道徳についての考えがその意味を与えられる生活様式の中におかれた場合にのみ実りのある道徳哲学は可能なことを、メルデンは効果的に論証している。ところでメルデンがここで用いた哲学的論法は、哲学的探究の他の領域でももとよりよく知られたものである。例えば、科学哲学において科学の話の領域を十分解明しようとすれば、そういう話が行なわれている科学共同体で確立された研究手続きの文脈と当の領域とを関連づけねばならない、という論法である。しかしながら「道徳共同体」という観念はいくつかの根本的な点で「科学共同体」という観念とかなり異なっている。科学共同体ではない人間の社会、科学共同体を含まない人間の社会はありうるし現に存在しているが、ある意味で同時に道徳共同体であるという性格を持たないような人間社会はおよそありえない、と私は主張したい。これを以下示そうと努める過程で、より具体的に、どの人間社会にあってもそれぞれ何らかの形式で認められるに相違ない道徳についての或る考えをも又、示そうと努めてみたい。

　第一に、科学が「活動の一つの形式」であると言えるのと同じ意味では、道徳は「活動の形式」であるとは言えない、ということに注意されたい。道徳はそれに従事するか否かを人が随意に選べるようなものではない。例えばある人が、自分は六週間科学に精励した、と語るのは全く問題がないであろうが、他方、自分は同じ期間道徳に精励した、と語るのは（それが道徳哲学のようなことを意味する場合を別にすれば）ほとんど無意味であろう。これとの関連で指摘しておきたいのだが、科学に関係を持とうと選択することによってのみ人は科学の問題に関わる（involved with）ようになることができるのに対して、道徳に関係を持とうと選択することによって道徳の問題にまきこまれる（involved in）ようになる訳ではない。（この文章で私は科学の問題については'involved *with*'を用いたが、道徳の問題の場合には'involved *in*'がよりふさわしく思われることも、また示唆するところがある。）道徳の問題は、人がそれに関係を持とうと思う思わぬに拘らず、問題自身が当人に迫ってくることがありうるのである。当人が道徳的に鈍感であるか堕落している時には、自分をとりまく状況が自分自身を直面させている道徳の問題を認めることができなかったり、認めることを拒否したりするかもしれない。しかしこのことで、当人の状況は実は彼を道徳の問題に直面させていない、ということにはならないであろう。さらに、道徳の問題に正面から立ち向わないことによって、彼は一つの道徳判断に身を委ねることになるであろう。道徳の話には関心がない、と述べることで、自分の身を道徳の話の領域の外部におくことはできないのである。しかし科学の問題に関係を持つことを拒否する人は、そのことによって科学の判断に身をさらす訳ではない。こういう人も科学と関係を持つべきである、とチャールズ・スノー卿㈢のような人が説くとすれば、これは一つの道徳判断であろう。

道徳的な考えは人間同士のいかなる共同生活からも生じるのであって、人間が共に営む何らかの特殊な形式の活動を前提した上での話ではない、ということがここで示唆されている。「共同生活」という観念について、ここでとりわけ重要性を持ついくつかの特徴を以下吟味したい。

社会的共同体が言語を共有し、人間に特有な知性はこの共同体の成員の生活の中で発揮されるものである、ということは、社会的共同体という我々の観念の一部をなしている。社会哲学者はこのことを重要であると常に認めてきたが、しかし全ての問題は、これを正にどのような意味で重要であると考えるかにかかっている。例えばホッブズは人間生活のこの特徴を、私が主張したい立場とは正反対の立場の論証に用いようと努めている。即ち、共に生活している人間同士の自然状態は万人の万人に対する戦いであることの論証に用いようと努めている。「自然状態」についての彼の考え方は、人間の言語と知性についての彼の個人主義的な考え方からの直接の帰結である(6)。

たしかに、蜂や蟻のような、ある種の動物たちは、たがいに仲良く生活を営んでいる。そこでアリストテレスは、彼らを政治的動物のなかに数えたほどである。しかも彼らは、ばらばらの多くの判断・欲求以外の、いかなる命令に従っているのでもない。また、共通の利益に役だつと考えることを他の成員に示すための言語を持っているのでもない。だからある人たちは、人間という種類の動物になぜ同じことができないのか、その理由を知りたいと思うだろう。

この疑問に答えてホッブズはいくつかの論点を提起しているが、それらは全て、人間が言語を持つという事実、及び彼の哲学に従えば言語の基礎をなしている深慮ある知性をも備えているという事実(7)、に基いている。即ち、「名誉と威厳を求める競い」、人間の「自分と他人を比較する喜び」、自分が他人よりも上手に共同の仕事を司ることができるという信念、「他人に対して善を悪と言いくるめ、悪を善と言いくるめる言葉の術」、「権利侵害と損害を区別する」能力。「最後に、これらの動物の一致は自然のものであるが、人間の一致は信約のうえにだけ成りたっており、人為のものである。したがって、この一致を恒常的・永続的にするためには、当然、この信約のほかに何かを必要とする。」

最後の論点は極めて重要である。というのも、合理性と一致の関係についてのホッブズの考え方、ならびにそれと関連して、信約としての一致という彼の考え方、に全てがかかっているからである。手短かに言えば、信約は人間同士の間で唯一可能な一致の形式である、とホッブズは主張している。信約は合理性に基いて可能であり、合理性は合理性でそれ以外のあらゆる種類の「自然な」一致の可能性を排除する、という訳である。かくして全てが合理性についての彼の分析と、合理性は社会生活や制度のいかなる種類の発展をも前提せずに純粋に個人に関する術語で説明可能である、という彼の信念に帰するのである。この論点こそホッブズに対するヴィーコの攻撃の重みを支えた論点であった。

規則に従うという概念に関するウィトゲンシュタインの論述に基いて、人間の合理性は性格上本質的に社会的である、と私は別の機会に主張してある(8)ので、ここでは繰り返さない。代りに、議論を一歩進めて、言語と合理性との社会的条件は或る基本的な道徳的な考えをも伴っていなければならない、ということを示したい。

このために、共通な言語の使用者同士の間に存在すべき一致についてウィトゲンシュタインが語っていることについて、若干の考察を行なってみたい。言語規則に関する彼の説明では、語を同じ仕方で用いる際の一致、が重要な役割を果しているが、私が今考えているのはこの種の一致ではなく、それとは関係はあるもののもう一つ別な、「判断における一致」という考えである。これこそ人がおよそ何事かを話すための可能性の条件である、とウィトゲンシュタインは主張している(9)。

二四二　言語がコミュニケーションの手段でありうるためには、定義における一致だけではなく、（奇妙に聞えるかもしれないが）判断における一致も存在していなければならない。このことは論理学を無用とするようにみえるが、実際はそうではない。——測定方法の記述と、測定結果を読み取って述べることとは、別な事柄である。しかしながら我々が何を「測定」と称するかは、測定結果における或る不変性によっても定められているのである。

二四一　「それでは君は、何が真であり何が偽であるかを決定するのは人間の一致である、と言っているのかね。」——真であり偽であるのは人々が話すところのことである。しかも人々は彼等が用いる言語において一致する。これは意見の一致ではなく、生活形式の一致なのである。

ここで言われている「一致」が非常に複雑なものであることは、一致がみられない場合が種々であることに気づけば理解されるであろう。例えば我々が物指しとして使用したい物体の不規則な振舞いによる場合もあれば、ケロッグの実験のチンパンジーが或る程度を超えるとそうなったように、人々が教育に対して適切な仕方で反応できないことによる場合もあることであろう。しかしそうだからといって、真実を語ることについておよそ誰もあてにできない、あるいはほとんどの人をあてにできないが故に、一致がみられない、という場合もありうるであろうか。こうはとても言えないだろう。というのも「真実を語る」と「真実を語らない」の区別は、あるコミュニケーションの体系が機能していることを前提しているからである。他方、ある社会が言語を有しているが、そこでは真実を語ることが規範とはみなされていない、という観念は、自己矛盾的である、といえるのである。真なる言明と偽なる言明の区別という考え（それ故言明という考えそのもの）が、真実を語るという規範の一般的遵守に先立つことはありえないであろう。この区別とこの規範の遵守との関係は、例えば道路の左側と右側の区別という考えと、車の左側通行という規範の遵守との間の関係とは、全く異なっている。というのも道路の場合、我々はまず二つの選択肢を考え、次にいずれを採用するかを決定する、ということが可能だからである。しかるに真実を語る（四）という規範の遵守と言明の真偽の区別とは軌を一にしており、一方なしには他方も存在しえない。私がここで述べているのは、ある特定の個人が何をすることがありうるかではなく、社会が一般にどのような事情になければならないか、ということである。話しができるある個人がある特定の折に真実を語るべきか否かを思案する、ということは勿論ありうる。しかしこの場合、真実を語るとは何であるかを彼は既に学んでいるであろう。そして私が主張したいのは、真実を語るとは何かを学ぶことが話すことを学ぶ過程の一部をなしており、しかもこれは同時に、真実を語るのが規範であり偽りを語るのが逸脱である、と学ぶことを伴っている、ということである。手短かにではあるが、どのような「規範」や「逸脱」を私が考えているのかを、やや詳しく述べてみたい。

不合理な話であるが、「もう一方の選択肢」が採用された、と仮定しよう。即ち、我々が今日「真なる」言明と呼んでいるものが今日「偽なる」言明と呼んでいるものの代りに常に発言され、又その逆も成り立っている、という訳である。この結果生じることは、言明は、それが今日担っている意味とは反対の意味で解されるようになる、ということに尽きるであろう。即ち、目下の状況では真なる（偽なる）言明を表現している発言が、その場合には偽なる（真なる）言明を表現することになるであろう。それ故、虚偽を語ることが規範であり真実を語ることが規範からの逸脱である、ということも可能である、とする想定は自己矛盾的なのである。さらに又、これも不合理な話であるが、仮に「真なる」言明と「偽なる」言明との頻度が統計的にランダムである、と想定しよう。この場合真偽の区別は全くありえず、従ってコミュニケーションも不可能となるであろう。というのも、コミュニケーションのためには、人々の発言が他の人々によって或る特定の仕方で解されることが可能でなければならないからである。

ところで、真実を語るという規範を「社会的規範」と呼ぶことは、もしこれによって当の規範が一般に遵守されている訳ではないような人間の社会も可能である、という意味あいが生じるとすれば、ナンセンスであろう。もとよりこの規範の存在は、或る種の（言語的、及びそれ以外の）規約も又存在している社会においてはじめて可能である。しかしこのことと、当の規範自身が規約的であると語ることとは、全く別である。むしろ、この規範の一般的な遵守は、規約が存在するいかなる社会にとってもその特徴をなしており、即ち、全ての社会というものの特徴なのである。

4

これまで述べたことの多くに同意する人でも、真実を語るという規範の存在が言語にとっての道徳的条件である、という私の説を認めるのは躊躇するかもしれない。単に事実問題として人々が真なる言明をなす場合が偽なる言明をなす場合より多い、ということにとどまらず、ある特定の社会で真実を語ることが道徳的美点とみなされている、と言えるためには、共通な言語をもった社会が存在する最低の条件に対して、この条件と論理的な結びつきは持たず偶然に結びついているにすぎない事柄が更に付加されねばならない、――こう考えられるかもしれない。例えば、当の規範を遵守する人々を特に道徳的に承認し、その規範に違反する人々を特に道徳的に否認する、といったことが付加されるべきだ、と考えられるかもしれない。私は以下手短かにこの種の反対のいくつかの形式を反駁しようと努める(10)が、それに先立ちまず次のことを指摘したい。即ち、たとえこの種の反対が認められるとしても、私がこれまで述べたことが正しいとすれば、私の見解は、真実を語ることが道徳的な悪であると一般にみなされる社会が可能である、とする見解を十分に論駁するものである。というのもこうした社会が可能だとすれば、そこでは人々は真実を語ることを概して避けようと努める、ということが確かに含意されることになるが、これは不合理だからである。

　更に指摘しておきたいのは、これまで述べたことによって、真実を語るということに関する問題を単に真なる言明がなされる場合の問題と同一視するという明らかな誤りを私が犯している訳ではないことである。真実を語るという徳を、真なることを語るたびごとに私が例示している訳ではない。これまで私が述べたことはといえば、真実を語るという徳に対するある気づかいが、誰もが真な言明をなすことが可能な全ての社会において背景としての必要条件になっている、ということなのである。

　ところで、真実を語ることに対して道徳的意義を賦与しようとするこれまでの議論で、私は「正しい」(right)といった語の二つの全く異なった意味、即ち(a)道徳的に正しいという意味と、(b)正確に(correctly)用いられるという意味、を混同している、と言われるかもしれない。即ち、言語を不正確に用いる人はその故に道徳的過失を犯すのではない、そして言語の存在にとって必要なことは言語の正確な用法に関する一致に尽きる、という訳である。しかしながらこの主張の前半は真だが、後半は偽なのである。嘘をつくことは言語を不正確に用いることではない。真実を語る言明であれ虚偽の言明であれおよそ言明をなすためには、人は言語を（少なくとも文法的な誤りの或る限界内で）正確に使用せねばならない。さらに、他人の嘘を信じこむ人は話し手が語ったことを理解しそこねているのではない。というのも彼が話を理解しているからこそ嘘を信じこめるのである。他方、状況に関して聞き手に理解できないことがある場合もあり、このことは、彼は話し手が何をなしているのかを、あるいは話し手がいる立場を、理解できていない、という意味で、彼は話し手を理解できていない、と言って表現してよいかもしれない。従って、ある発言の話し手が果す役割を理解するということのことは、言語の不可欠な部分をなしているのである。コミュニケーションとは単に言葉を理解し用いることにすぎないのではないのである。

マイケル・ポラニー(11)は、言語が何であるかの理解にとって「コミットメント」「信頼」といった観念が不可欠なことを非常に強調している。このことは正しいのだが、彼は私が今述べた区別をなしえていないので、私のものと似た趣旨を持つ問題を擁護する彼の論述には欠陥が現われてくる。難点は、主張という行為の「暗黙の構成要素」としての「コミットメント」、「発見へと導く情熱」、「信用を与える行為」について、それらがまるである種の感情であるかのように、しばしば彼が語ることにある。「事実の主張に何らかの発見的ないし説得的感情が伴っていないなら、それは何も語らない単なる語のならびにすぎない。」(12) この主張はポラニーを「お手盛の基準というパラドクス」へ導く。

即ち、「私は私なりの理路分別という基準に従って自分の信念を抱いているが、その基準が究極的にはそれに対する私の確信によって支持されているのなら、これらの信念を正当化する過程全体が、私自身の権威の権威づけという不毛さにすぎないと見えるかもしれない」(13)というパラドクスである。ポラニーは「だがそれでよいのだ」という言葉でこのパラドクスを受け容れており、この逆説性を減じることには実際全く成功していない。

しかしながら、「ある言明が何を意味するか」と「人が当の言明をなすことによって何を意味するか」との間の重大な相違に気づきさえすれば、このパラドクスは回避できたであろう。「意味を持っているのは語ではなく、語によって何事かを意味する話し手や聞き手である」(14)とポラニーは言う。これに対する正しい答は、語は意味を持つことができる、そしてこれと関係はあるが異なった意味で、話し手は彼が用いる語によって何事かを意味することができる、というものである。しかし第二の種類の意味は、用いられる語が第一の意味で何事かを――話し手が自分でそれらの語をして意味せしめる訳ではない何事かを――既に意味している場合に限って可能である。ハンプティ－ダンプティ(五)のようなやり方は馬鹿げている。ある特別の目的のために語を任意に定義することはもとより可能であるが、しかしこれは共通の意味が確立されている他の語を介するか、直示的定義のような共通に理解される手法を介する場合にのみ可能である。自分の語がこの意味を持つように、と意志するだけで語に何事かを意味させることは不可能であるし、語を発する折にある感情を抱くことによってそうすることなどまして不可能なのである。

ポラニーはこの点について混乱しているので、嘘が持つ意義をとりちがえている(15)。

事実に関するありとあらゆる主張は、それを誠実になすことも、嘘としてなすことも可能である。二つの場合で言明自身は同じであるが、その暗黙の構成要素は異なっている。真実を語る言明は、話し手を自分の主張を信じることにコミットさせる。真実を語る言明によって、彼は続々と限りなくつながる諸関係からなる公海へと船出するのである。真実を語らない言明はこの信念をさし控え、水もれのする船を進水させ、他人を乗船させ沈めてしまうのである。

私がこれを誤解と呼ぶのは、自分が語ることを信じることにコミットすることに関しては、嘘つきも真実を語る人も同じだからである。自分の言葉や行為によって人はコミットするのであり、このことが満たされていれば、それに加えて或る仕方でコミットしよう、コミットしまいと意志することは不可能である。嘘つきの問題は、彼が自分自身と共にコミットさせた人々を見捨てるところにあるのである。

コミットメントという観念は、語が意味することという概念と語によって人々が意味することという概念との相違と連関をはっきりさせる。何事かを意味する語を使用する場合に限って、人々は何事かを語り何事かを意味することが可能である。しかも、人々が何事かを意味する言明の中で人々が語を使用できるということが、語が意味を持つ、ということの一部をなしている。しかるに、これらのことが可能なのは、ある人があることを語るならば他人と共に自分自身をもコミットさせるようになる、という仕方で人々が相互に関係している社会においてのみである。しかも、真実を語ることに対する尊敬が共通に存在せねばならない、ということはこのような関係の重要な構成要素なのである。

今度はもう一つの反論を検討しよう(16)。あることがある社会で道徳的な美点であるとみなされている、と語ることは、それに従わない場合を人々がある特定の種類の非難の眼でみる、と語ることである。ところで、人が「規範」に従わなかったということが事実としてこれまで一例もない社会、そんなことをする可能性など誰の頭にも浮んだことのない社会、はありえないであろうか。そのような社会では規範への違反という概念は存在せず、従って規範への「違反」や「遵守」に対する道徳的と称しうるような態度を認めることも不可能であろう。つまりそこでは我々が理解するような規範は存在しないであろう。人々はまさに自然本性に従って真実を語り、友人や隣人に親切であり、等々、という様子であろう。スウィフトのフウイヌムの社会に似た社会である。

これはある仮想社会の記述と思われるかもしれないが、実は見かけほど納得のいくものではない。このことを私は示したい。はじめに「自然本性に従った親切」の場合を検討しよう。これはウィズダムが特に強調した例である。このような社会の人々は不親切という考えを持たないことになろう。しかしこの場合に、彼等は「親切に行為する」と語るとすれば、この表現が我々自身の社会における人々の行動に適用された場合と完全に同じ意味を持つことは不可能である。我々にとっては当の表現は、不親切に行為する可能性を前提した上の記述だからである。そこでウィズダムはこう言うかもしれない。「結構だとも。我々はそのような行動を『親切』と呼ばないことにしよう。何故なら『親切』は道徳の用語であり、道徳的な美点は選択肢の間での選択の可能性を要求するが、しかるに私が仮定した社会にはそのような可能性は欠けているからである。しかし私の主張の要点は、そのような社会、即ち我々が『道徳的価値』と呼ぶものが欠けている社会、がありうる、ということだったのだ」と。

親切が例として採られている限り、この議論に対して答えるのは難しい。しかしここでより一層根本的な、真実を語る場合を検討しよう(17)。スウィフトのフウイヌムは次のように論じている。

言葉の用は、我々がたがいに理解しあい、事実に関する情報を受け取ることにある。だから誰かがありもしないことを語ったら、こうした目的は破壊されてしまう。何故なら、私は彼を理解する、と正当には言えないし、又私は情報を受け取るどころか、彼のために無知よりも一層悪い状態に陥るからである。というのも私は白いものを黒いと信じこまされたり、長いものを短いと信じこまされたりするからである。

ポラニーの場合とよく似た混乱がここでもひきおこされている。ある人が彼の嘘を私に信じさせる時、「私は彼を理解する、と正当には言えない」というのはある意味で正しい。というのも実際にはそうではないのに、彼は自分が語ることを意味しているものとして、私は彼を理解するからである。しかしこれによって、私は彼が語ることを理解しない、ということになる訳ではない。というのも彼が語ることを理解せずには、右のような具合に彼を誤って理解することすら不可能だからである(六)。更に、およそ「コミュニケーション」と呼べるものが生じうるためには、今述べた種類の誤解が可能でなければならない。というのも語り手は彼が語ることを意味することが可能でなければならず、聞き手は語り手を彼が語ることを意味しているものとして理解することが可能でなければならないからである。しかもこのことは、話し手が自分の語ることを意味しないことがありうる場合にのみ可能である、というのも、何かを意味するというのは、語る折に丁度生起しているような出来事ではないからである。あるいはまた、聞き手が話し手に、彼が語ることを意味しているのか否かを尋ねるのが有意義な場合にのみ可能なのである。ところでウィズダムの「社会」ではこのような問は全く生じえない。それ故そこでの成員間の「コミュニケーション」も話になりえない。従ってその「社会」は、実は社会ではありえないのである。

さて、次のように言われるかもしれない(18)。たとえ上述のことが全て正しいとしても、それでも真実を語ることが道徳的意義を持たねばならない、ということが帰結する訳ではない。なるほど、(言語及びそれ以外の)確立された基準を保持することは、反応における一致を含んでおり、またそこには基準からの逸脱にいかに反応するかの一致も含まれている。しかしこれによって、道徳的反応における一致が存在せねばならない、ということになるのだろうか。相手がいかさま師だと互いに承知している者同士のトランプ賭博を考えてみよう(19)。明らかに、彼等が遵守することを期待されている規則が存在せねばならない。しかしどのような意味で「期待されて」いるのか。「各人が自分で獲得しうるものだけが各人のものであり、しかもそれは、これを保持していることができる間だけである」というホッブズの記述があてはまるのではないか。彼等は自分の相手が、もしうまくやれると思ったら規則を破るだろうと期待するのではないか、にも拘らずそのことの故には相手を悪くとらず、単にテーブルの上のピストルの威力で、うまくやることなんか出来ない相談だぞ、と相手を納得させようとするのではないか。こう言われるかもしれない。

この種の状況は明らかに可能である。しかしそのことから、これが社会全体の縮図としても可能だ、ということになりはしない。仮に可能とすれば、他人が一般に真実を語るだろうという期待は、自分が真実を語るか嘘をつくかを選択する場合の態度と同種のものとならざるをえないであろう。話すことは、他人の反応を望ましい具合に操作して何らかの利益を得るための一つの手段としかみなせなくなるであろう。即ち、プラトンの『ゴルギアス』でソクラテスの相手のソフィスト達が彼に提起した弁論術としての言語観になることであろう。ある個人が彼の発言を少なくとも時折このように解することはもとより可能ではあるが、ある社会での言語の全用法を、否、大部分の用法でさえ、総じてこのように解することは不可能である。というのも人が言葉を使用して他人の反応を操作できるのは、話し手が語っていることを自分達は理解しているのだと聞き手達が少なくとも思う限りのことだからである。従って理解という概念が反応をこのように操作できるための前提となっているのであり、操作が可能だということに基いて理解の概念が解明される訳ではないのである。

リチャード・ロービアは、反動を極めて巧みに操作したあのジョー・マッカーシー上院議員について次のように記している(20)。即ち

彼は自分自身の言動を本当は決して深刻に受けとめていなかった。彼は狂信的な運動のリーダーとなり、狂信的原理にその名を冠するようになったけれども、彼自身は決して狂信者ではなかった。……我々の憎悪の使徒の中でも最も大きな成功を収め、最も恐るべき人物であったマッカーシーは本当の怨恨、悪意、敵意というものを持ち得ない人間だった、宦官に結婚能力がないのと同じように。……もちろん基本的には、マッカーシーは人間関係の機微に通じた人物だった。煽動政治家と

いうものはみなそうなのだ。彼は人々の恐怖や不安をよく知っており、それを巧みに手玉に取った。しかし、自身は他人に与える感覚に無感覚だった。かれは真の憤激、真の怒り、真の何ものも理解し得なかった。

マッカーシーの作戦は、本当の狂信者である人々、真の憤激や怒りを体験できたりする人々の存在を前提していた。同様に、ふくらんだ書類カバンや著書のもっともらしい脚註等々の「合理的行動を装う小道具」を、他人の心を動かすためにマッカーシーが使用できたのは、実物の存在を前提した上での話であった。即ち、自分が望む或ることを他人に行なわせ、信じこませるために有用である、という点からは説明できず、或る価値がそれ自身の故に尊敬されるということを含むような、そんな実物を前提してのことであったのである。

ウィトゲンシュタインは次のように書いている(21)。即ち

> 規則は、規則として切離され、いわばおのれの栄光の中にある。尤も、それに重要性を与えるのは、日々の経験の諸事実なのだが。
>
> 私のしなければならないことは、いってみれば王様の職務を記述するようなことである。——そのとき私は、王の尊厳を王の有用性から説明するような誤謬に陥ってはならない。とはいうものの、有用性も尊厳も無視してはならない。

理性的な話や理解が存在するが故に、自分の思うがままに他人を説き勧めることがしばしば可能である。しかしこれが可能である、という事実から、理性的な話や理解の本性が説明される訳ではないのである。

5

真実を語ることが一般に道徳的な美点とみなされていないような人間の社会はありえない、と私は述べてきた。これは、嘘をつくことは誰についてもいかなる場合でも正当化されえない、ということではない。しかし、嘘が非難を免れるためにはそれなりの正当化を常に必要とする、ということを含んでいる。何がそのような正当化とみなされるかは、当の社会に特有な制度に依存するであろう。私は、真実を語ることはあらゆる人間の社会で全く同じ道徳的意義を持つに相違ない、と述べることにコミットする訳ではない。例えば真実を語ることが我々の生活で果している特有な役割は、我々にとって重要な商業が契約の履行や商品の正確な指定への信頼を必然的に要求することに関係がある。更にまた、我々にとって重要な科学研究がそれに付随して実験報告の信頼性や論証の誠実性を要求することにも関係している。真実を語るという徳がいかなる社会生活でも何らかの役割を果すに相違ない、と述べることは、個々の社会生活でそれが果しているそれぞれ特有な役割を記述するものではないのである。

もっと一般的な概念で、しかも私の議論があてはまるようなものが存在する。誠実さ(七)がそれであり、真実を語ることが言語という制度に対して持つ関係を、誠実さは人間の制度一般に対して持っている。言語とそれ以外の社会制度との間には重要な形式的類似が存在する。というのも、ある社会制度の文脈の中で行為することは常に何らかの仕方で未来に対してコミットすることであり、この未来へのコミットという観念に対しては、語る内容によるコミットという観念が言語の側で重要な平行関係をなしているからである。しかるに誠実さという概念はコミットメントという概念から分離できない。誠実さを欠くということは、ある役割を満たしているように見えながらその役割が人をコミットさせる責任を負うつもりなしに行為するということである。不合理ではあるが、仮にこのようなことが規則となったとすれば、社会的役割という概念全体がこれによって崩壊することであろう。

もとより、誠実さがどのような個別的形態をとるか、何が「誠実さ」とみなされ何が「誠実さの欠如」とみなされるかは、この問が提起される文脈の内部にある個々の制度に依存する問題である。しかも、例えば「ロマン主義」と称される文化の一風潮におけるように(22)、誠実さという概念が常にきわ立たされ、とりたてて明白に強調される必要はない。この概念にまつわる完全なエートスを必ずしも築き上げずとも、人々は誠実さの個々の現われに対して尊敬を示せるのである。

これらの徳についての一般的な観念とその個々の社会での現われとの関係について私が述べていることとは、ヴィーコの次の言明に表明されている。彼の「諸氏族の自然法」という考え方と私のテーゼとには或る類似があるのである。即ち(23)

人間的な事柄の本性の中には、あらゆる民族に共通する一つの精神言語が存在するに相違ない。

この言語は人間の社会生活のなかで起こりうる事象の本質を一様なものとして理解しつつ、他方これらの事象がさまざまの様相を呈するのとまさに同じだけのさまざまな変様形態を通して、この本質を表現してくれるはずである。この証拠は諺、即ち世俗的知恵の格言によって与えられている。諺のなかには、本質的に同一の意味が、古代・近代のありとあらゆる民族によって国の数だけ異なった表現で見出されるのである。

人間の歴史の種々の時期に見出される生活や思想の特性が極めて多様であることに、衆に抜きん出て敏感であったにも拘らず、ヴィーコはこのことを言い得たのである。

誠実さが人間の制度に対しているあり方は、フェアプレーがゲームに対しているあり方と、大よそいくつかの点で同じである。個々の例で何がフェアプレーとなるかは、当のゲームに固有な規則との関係で定まる問題である。サッカーでボールに手で触れることは反則だが、ラグビーでは反則ではない。そして、トランプの一人占いでのごまかしが何であるかを取り上げる場面では、ボールに触れることなどは、もとより無関係である。なるほど、我々は人に「フェアプレー」の意味をこのような数多くの異なった例を示すことによって教えるかもしれない。しかしその場合でも彼がこの概念を把握したということは、彼がこれらの習得した例だけを思い出し、それと認めることができることに示されるのではなく、この概念の訓練には登場しなかった他のゲームに関して彼がこの概念を使えることに示されるのである。フェアプレーという観念は、それが個々のゲームの規則におけるフェアプレーの個々の現われに対してよりも、むしろゲームという一般的観念に対して重要性を持つことにその意義がある。同じく、誠実さという概念は、それが社会制度という一般的観念に対して重要性を持つことにその意義があるのである。

人は誠実さのあらゆる個別的な現われを賛美する義務があるなどと、勿論私は主張していない。このような主張は私の論理的・哲学的なテーゼを極めて馬鹿げた道徳的な教えと混同するものである。アーウィン・ショーの『若き獅子達』の終り近くで収容所の司令官は、西洋のリベラルな道徳観からすればとりわけ胸のむかつくような類の誠実さを示している。彼が果している言葉にするのもいやな役割の故に、彼は道徳的に胸をむかつかせる存在である。彼は自らの役割を誠実に果している、と述べても、我々の大多数にとっては、それは彼を更に非難する理由にはなっても彼を弁護する論点にはならないであろう。にも拘らず人々がこのように行為する傾向を持つことが、そのような制度が存在し続けるために不可欠な条件だったのである。そのような態度を一般に採るべきではない、という趣旨の規約など不可能なのである。

(1)　『開かれた社会とその敵』(*The Open Society and Its Enemies*, London: Routledge & Kegan Paul, 3rd edition) 第一巻第五章を見られたい。

(2)　ロバート・オッペンハイマー「伝統と発見」(Robert Oppenheimer, 'Tradition and Discovery', *American Council of Learned Societies Newsletter*) 一九五九年一〇月、第一〇巻第八号に所収。五頁。傍点は引用者。

(3)　同論文、一三頁。

(4)　前掲書、六二頁。(未来社版、内田・小河原訳『開かれた社会とその敵』第一部七五頁。世界思想社版、武田弘道訳『自由社会の哲学とその論敵』五四―五頁。)

(5)　アンスコム『インテンション』菅豊彦訳、産業図書、一二九―三〇頁。(G. E. M. Anscombe, *Intention*, p. 68)

(6)『リヴァイアサン』第二部第一七章。

(7) 同書、第一部第四章。

(8)『社会科学の理念』を見よ。

(9)『哲学探究』。原著の文脈は別として、私は次の二つの節の順序を、思考のつながりをより明瞭にするために、入れかえてみた。

(10) 現在の論文のより以前の草稿を私はケンブリッジのモラル・サイエンス・クラブ、及びウェールズ大学スワンジー校の哲学会で読んだが、その折になされた批判に以下の論述は特に多くを負っている。

(11) 彼の著書『個人的知識』(長尾史郎訳、ハーベスト社)(*Personal Knowledge*, London: Routledge & Kegan Paul, 1962)、特にその二、三章。

(12) 同書、二五四頁。(邦訳二三八頁)

(13) 同書、二五六頁。(邦訳二四〇—一頁)

(14) 同書、二五二頁。(邦訳二三六頁)

(15) 同書、二五三頁。(邦訳二三八頁)

(16) ジョン・ウィズダム教授が討論の中で提起したもの。

(17) 真実を語ることと親切とには当然関連がある。このような関連についてはアリストテレスも『ニコマコス倫理学』の第八巻で、社会的な徳のうちの最も基本的なものの一つである「友愛」について述べた折に明らかにしている。尤も、彼は友愛という観念をかなり拡張して使用している。とりわけ「小売商人同士の紐帯」である「有用さ故の友愛」や契約上の債務の「履行の請求を猶予するのが友愛のあかしとなっている」ような「法的な友愛」について語る折がそうである。しかしながら彼は、ホッブズのような著述家達が見逃した重要な事柄について、確かに語っているのである。

(18) 以下のような議論の運びは、ラッシュ・リースと討論した折に示唆された。尤も、これの結論とみえるものまで議論を押しすすめることができると彼が考えた、と私は思わない。

(19) リースの例。

(20)　『マッカーシー上院議員』(*Senator Joe McCarthy*, New York: Harcourt Brace Jovanovich, 1959)（宮地健次郎訳『マッカーシズム』、岩波文庫）私の引用は一九六〇年一月一〇日付の『オブザーバー』誌上の抜粋による。

(21)　『数学の基礎』第五部（新版第七部）三節。

(22)　アイザイア・バーリン卿が私にこのことを指摘してくれた。

(23)　『新しい学』一六一節。

訳注

（一）　原題は 'Nature and Convention'。ギリシア語の「ピュシス」と「ノモス」以来の対概念で、それぞれ「本性」「自然」、「規約」「慣習」「約束」などとも訳される含みの多い言葉であるが、ここでは地味で無難な訳語を採ることにした。なお、すぐ引き合いに出されるポパーの『開かれた社会とその敵』第一巻第五章の題もこれと同じである。

（二）　著者はアリストテレスからかなり自由な形で引用しているが、英語原文の最後の文章に誤記がある。そこで著者の了解をえて誤記を修正し、なお著者の自由な形の引用のふんい気の残る翻訳を試みた。

（三）　チャールズ・スノー。一九〇五―八〇年。イギリスの著述家。科学行政に参加した。『二つの文化と科学革命』は大きな反響をよんだ。

（四）　「I緒言」の訳注（一）を参照。

（五）　ルイス・キャロルの『鏡の中の世界』の第六章を参照のこと。

（六）　原書六七頁一三行目の 'not' を削除して読む。なお、この 'not' は「自然と規約」論文の『倫理と行為』への再録に際して著者が文章の手直しをした折に誤って挿入されたものである。

（七）　「I緒言」の訳注（一）を参照。

Ⅳ　人間の本性

人間の本性という概念は、通常は何らかの形の「相対主義」に関連して、社会諸科学の本性や射程をめぐる議論の中に登場する。時と場所が異なれば人間生活の諸現象には非常に多くの、しかも明らかに排他的な多様性がある、ということに直面すると、我々は、これらの諸現象に通底しそれらを統一するものなど存在するのだろうか、と問いたくなる。しかしこのように身もふたもない問い方をすれば、問は定めし曖昧で、無意味に近いものになるであろう。むしろ我々がそのつど念頭においている人間生活の諸現象それぞれの特殊性に応じて、問自身がそれぞれ異なった形式で提起されるべきであり、又おそらくそれぞれ異なった形で答えられるべきであろう。さてこの論文で私が注意を集中したいのは、倫理に関する我々の理解に社会学的研究が寄与するか、という問題と、社会学的研究の中で倫理がいかに扱われているか、という問題である。このような議論の中に人間の本性という概念がどのように登場するかが、とりわけ私の関心事である。そこでアラースデア・マッキンタイアー教授の近著『倫理学小史』(1)に多大の注意を払うことにしたい。道徳の本性についての一つの明瞭な哲学的かつ社会学的な立場を、倫理の歴史的解説の仕方に公然かつ敢然と関係づけたことは、同書の多大な功績である。マッキンタイアーのやり方には重大な混乱が含まれていると私は考えるものの、右の点を私は「功績」と呼び、このような性格づけを支持したい。本論文で私が果したい課題の大きな部分は、この混乱の本性と重大さを明らかにすることである。

社会学の立場から道徳を考察した人々が人間の本性という概念を重要なものと考えてきた方向は、少なくとも次の三つの、相互に関連はあるがしかし異なった方向として整理される。第一に、社会生活の諸特性の中で道徳という概念の下に何が包摂されるべきかを同定する問題との関係で。第二に、この分類で得られた特性を説明することとの関係で。そして第三に、個別的な道徳的選択を正当化する試みとの関連で。これら三つのタイプの問は相互に浸透しているので、それらを常に分離しつづけることは不可能ではあるけれども、これらのタイプの問を一つずつ検討することによって議論を展開するのが私には好都合である。同定をめぐる諸問題から始めることにする。

人間生活の諸現象は社会学の研究者に、予め区分けをして包装され「経済」「宗教」「美」「倫理」等のラベルを貼られた状態で与えられはしない。それぞれの現象がこのようなカテゴリーのどれに属すとみなすべきかは、研究者が決定せねばならず、しかも決定はしばしば相当困難である。時には、自分が直面する事実を手持ちのカテゴリーのいずれかにあてはめようとすると事実をゆがめてしまう、それ故新たなカテゴリーを作らざるをえない、と彼は感じるであろう。この種の問題が最も明瞭に現われるのは、研究者が——社会人類学者を例にとれば——これらのカテゴリーの適用をこれまで身につけた社会や文化（多分、彼が生れ育った社会や文化）とは非常に異なって見える社会や文化を研究する場合である。しかしこの場合だけの話ではない。かなり身近な場面でもこのようなカテゴリーの適用で問題が生じることに気づくのには、深遠な学識などほとんど不要である。ラッシュ・リースがこれの印象的な例を与えてくれる(2)。彼が言及しているのは、「道徳厚生協議会」の支部委員会の、ある未婚の妊婦に対する面接の報道である。委員長の話は「こんなことを続ければ最後は刑務所行きかもしれない、ということがわかっていますか。刑務所に入りたいのですか。」等々といったものであった。リースはここに表明された「道徳的」見解と、これに対して彼自身が言いたく感じること、即ち「このような道徳狂信者の活動は不潔で下劣だ」ということとを対比している。（リースの論文での彼の目的と同じく）私の目的からして対比の眼目は、これら二つの見解の中のいずれが「道徳的に正しい」かとか、二つから選ぶとすれば我々はいずれを是認すべきか、といった問の提起ではない。眼目は、これらの見解の二つ共「道徳的」見解の形をしているか、そうではないか、それを述べることの困難さを指摘することにある。リースは次のように述べている。

「彼等の活動は不潔で下劣だ」というのも一つの道徳判断である、という論評に私が反論するとしよう――これが道徳判断であると示すために、どんなことが言われるというのか。両者の類似に劣らず相違もまた顕著で重要なのだ、と私は思う。そこで、両者共に道徳判断の形をしている、と述べるのを支持する理由を君が示すなら、それと全く同様に強力な、そうではない、と述べることを支持する理由が存在する、と私は思う。

リースは彼が考えている相違を詳しく述べてはいない。しかし私の考えるところでは、一つの重要な相違は次の点にあるであろう。委員会の委員長は、自分に直面する悪（と彼女がみなしているもの）に対して何事かを行なうこと、つまりそれを除去するための介入、に自分はコミットしているのだ、と考えているであろう。これに対してリースは、私の想像では、協議会の活動について彼が考えてみたことを口に出している――あるいはそれについてただ考えてみている――だけであって、それ以上のコミットメントをしていない、と主張して差支えないであろう。

これがいずれであるにせよ、疑いもなくここには一つの難問が存在する。即ち、どのような事例を我々は「道徳的見解」の事例と呼ぶつもりなのか、また、そう呼ぶことによって何を引き受けることになるか、という問である。このような難問に対する一つの非常にありふれた接近法は――フィリッパ・フット女史のいくつかの論文が例になるが――人間の本性としていろいろ数え立てられる特性の中に道徳的な事柄を位置づけ、道徳性がどのような人間の要求に答えるものかを述べ、この要求を何が道徳的関心として認められ何が認められないかの基準として引き合いに出す、――このように努めることである。そして、これらの要求が「人間にとって善いものと害となるもの」という観念に内容を与えるために使用され、本当の道徳判断はいずれもこのような観念への言及を、それがはっきり表に出る度合いは時に応じて差があるものの、含んでいるのだ、と主張されるのである。しかし、この種の論の運びは疑いもなく魅力的ではあるが、「新自然主義的」な動きに対する批判者達が示唆した次の点に心を留めるなら、その魅力はかなり色あせてしまう。即ち、いずれにせよ重要な多くの事例で、上述の人間的要求の同定それ自身が議論の主題となりうるし、しかもこの種の議論自身を道徳の議論と呼んでもそんなにおかしくはない、という指摘である。これに対してアラースデア・マッキンタイアーの『小史』の一つの興味ある特色は、何が道徳的な事柄に属するかを決定する折に人間的要求に訴える上述の如き行き方と、我々が何を人間的要求として認める用意があるかは我々が何を道徳的見解として受け入れる用意があるかということとある程度歩調を合わせて変化するという認識、この両者を和解させる試みにある。私は、マッキンタイアーの試みは失敗であると思うし、しかもこの失敗は避けられないものと思う。そこで、こう考える理由を展開することにするが、そのために人間の社会生活の中に道徳のような特性が存在することの「説明」としてマッキンタイアーが記していることを検討してみたい。

マッキンタイアーがこの主題を展開している文脈の一つは、道徳をめぐる話に関するR・M・ヘア教授の叙述に対して彼が加えた重要な批判である。ヘアは、人々や行為についての我々の個人的な好き嫌いや私的感情、我々の個人的選択、我々が時折発する命令や指令、——これらの表現に用いられる言語と、我々の道徳的評価の表現に用いられる言語とを区別した。マッキンタイアーはこの一般的な区別を承認するが、しかしヘアの叙述では答えることが出来ない問が我々に残されたままになる、と不満をもらす。即ち、「感情、好み、選択、命令などの日常言語に加えて、評価的な言語が特に存在しているのは何故なのか」(3)という問である。マッキンタイアー自身、自分の問に対して解答を提出しているが、その解答は、そのままの形では、わかりにくいものである。即ち(4)

私の態度や命令は、まさにそれが私のものであるからこそ私にとって権威を持つ。しかし私がべきとかよいといった語を持ち出す時は、少なくとも私はそれ以上の別の権威を持つ基準に訴えようとしている。私が君に対してこれらの語を使用すれば、私が君に訴えようとするのは、この基準の名においてであって私自身の名においてではないのである。

ここでのマッキンタイアーの力点がどこにあるかを理解するには、人間の本性について彼がどう考えているかを、一層明瞭に示す必要がある。彼によれば、人間の本性は不変の所与ではなく、新たな社会的歴史的条件に応じて変化する。道徳諸概念は個別的な歴史的背景の下でのみ意味を持つことが可能であり、従って社会生活の諸形態の変化に応じて変化し、しかもまさに「社会生活の諸形態のうちに具現され、幾分かはその構成要素をなしている」(5)、というのが彼の著書全般にわたっての主旨である。このことから彼が導く結論は、異なった社会的背景の下では道徳諸概念が異なった役割を演じると予想しうる、ということであり、従って道徳哲学者達が「道徳性」について異なった叙述をしているのが見出された時に、彼等が同一の主題を論じているのだ、と想定するのは危険だ、ということである。社会現象のうちの何を「道徳的」と我々がみなそうとするかという同定に関する難問を私は先に提起したが、ここではこの難問と当の現象の「説明」をめぐる問題とが融合しているのが見てとれる。そして、ヘアは「説明」の問題を処理できない、とマッキンタイアーは主張しているのである。

ヘアの叙述に関してマッキンタイアーが認めた難点は、いまや次のように表現できる。道徳言語に関するヘアの形式主義的な叙述では、人々の道徳評価のそれぞれ特定の内容の起源に関する問題が残ってしまうように見える。この点を克服するためにヘアは（『自由と理性』で）行為者自身の関心、欲求、性向をまず所与とみなし、次に普遍化という手法を頼りにこれらを真の道徳判断へと質的に変化させようとする。しかし、マッキンタイアーが問うのは、この質的変化をめぐる他の難点はさておくとしても、一人の行為者の道徳評価が、自分自身の関心や性向の配慮にその内容の起源を持つ限り、彼とは性向や関心が全く異なるかもしれない他の行為者に対して権威を持つというのは一体何故なのか、という問題である。つまり、このようにして二人の行為者がたとえ大よそであれ同じ評価に達するということが叶えられたとしても、これは幸運な偶然にすぎないのではないか。更に、二人の一致が得られたとしても、各人の評価が自分自身の関心や性向によって支持されている限り、その評価は当人にとってしか権威を持たないのではないか。これに対するマッキンタイアーの方策は、個々の行為者の純粋に個人的な関心事から、行為者と彼のコミュニケーションの相手達とが同等に属している社会で一般に承認されている制度や価値へと重心を移動させることである。この社会には「承認された徳目表や一揃いの確立された道徳の規則があり、また規則への服従と徳の実践と目的の達成との間には制度化された結びつきがある。」(6) 従って私が他人に対して道徳判断を述べる時、私は私の権威ではない権威、私自身と同じく彼も承認すると期待できる権威に訴えているのである。

さてこの限りではヘアの叙述よりもマッキンタイアーの方が次の点で優れていると私には思われる。即ち、彼の叙述は、個々の時と場所における人々の道徳判断の個別的な内容の起源をどこに位置づけるべきかを、即ち歴史的伝統の個々の発展段階に位置づけるべきことを、示唆している。これとの関連でヘアとカントを比較してみれば、問題の焦点はあるいはよりはっきりするかもしれない。カントは『人倫の形而上学』の「徳論」で、道徳性の一般的形式についての彼の叙述から個々の義務の導出を試みているが、この試みはヘアの場合とよく似た困難に陥っている。しかも多くの慣習についての我々の見解がカントの時代以降大幅に変化しているので、それぞれ特定の義務についてのカントの主張が——もとより彼自身の主張とは正反対に——彼の時代の生活においてたまたま通用していた観念からどれほど多く引き出されているかは、ヘアの場合よりも一層容易に見てとれるであろう。

しかしながらマッキンタイアーは、ヘアに対する彼の批判が、私が今明らかに示そうと努めた以上のことを果しているつもりになっている、と思われる。彼は、ヘアの叙述とは異なり自分の叙述は「評価的な言語が特に存在しているのは何故なのか」の説明を与えているのだ、と我々に示唆している。しかし私は、この主張は支持しえないと思うし、マッキンタイアーがこう主張するのも、人間の本性という概念について彼自身が述べていることの射程を十分に理解していないからに他ならない、と私は考える。確かに彼は、言語の評価的使用はこれこれの社会的制度や慣習の文脈の中に存在しているのだ、という注意を我々に与えており、これはそれ自身としては十分価値あるものである。というのも「承認された」徳目表や一揃いの「確立された」道徳の規則について話すということは、道徳的評価を行なう折に私が訴える基準は他の人々に対しても権威を持つと主張することに他ならないからである。ここまではその通りではあるが、しかしながらこのことが未だ「説明」されていないことも確かである。しかも、人間の本性が少なくとも相対的には永遠不変なものである、とはもはや考えられていないのだから、マッキンタイアーが求めていると思われる類の道徳性の説明を与えることがいかにして可能かは、理解し難いのである。もしも、人間の本性には多少なりとも固定した要求や願望が属している、という見解を採るならば、これらの要求が種々の社会的文脈で満たされうる種々の様式としてそれぞれの道徳律を「説明」できると思われるかもしれない。しかし固定レートを持たない通貨のように、変化する道徳律と相並んで人間の要求も自由に変動するという考え方を認めてしまえば、説明を必要とする（しない）点では、この要求は道徳律自身と同様となるであろう。

　しかしながら、ある道徳の遵守と「目的の達成」との間にどのような種類の結びつきが存在するとマッキンタイアーが考えているのかについては、私はまだ十分には述べていない。これを論じるためには、この講義の冒頭で私が区別した第三の問、即ち、道徳的選択の正当化についての問、をここで取り上げるのが最良であろう。

　様々な道徳や種々の基準についての話は、人々にしばしば不快の念を生じるが、デブリン卿(二)が好んで「合理主義哲学者」と呼ぶ人々の間では少なからずそうである。彼等はこう反論したがる。即ち、人々の道徳的信念が様々だ、というのは本当かもしれない、しかしそれらの信念の中のどれかが正しいのなら、どの信念が正しいかを問うのが哲学者の重要な務めなのだ、と。さて、人間の本性が或る要求や願望を含むという考えは、この種の問への解答にも非常によく活用されてきている。次のように考えられてきているのだ。即ち、人間の諸要求を満足する事柄と今問題の信念との関係の有無を尋ねれば、何を「道徳的」信念とみなすべきかが決定される、またこのような信念の存在は、人間がこれらの要求を非常に強く満足させようとする事実の指摘によって説明される、しかも道徳判断の正誤の区別は、それらが最も重要な人間の要求を満足させる事柄を正当に含意するか否かを問うことによって可能である、と。

　この一番最後の見解の扱い方に、人間の本性に関するマッキンタイアーの考え方の不整合性が最も明白にあらわれてくる。そこで、私が彼の見解とみなすことを簡潔に述べることを試み、次にそれを批判し、最後に、マッキンタイアーの立場の難点と関連した非常に哲学的に重大な問題と私がみなすことについて若干の一般的な考察を行なって、結びとすることにしたい。

マッキンタイアーは「諸道徳に関する理論」の目標を「道徳諸規則にとって論理的に適切であるような裏付けの種類」(7)を明らかにすることとみなし、そしてこの「裏付け」は「人間の本性に関する理論」によって説明されねばならない、と考える。しかし彼は、それぞれの道徳は単にその内容に関して種々であるだけでなく、道徳判断の論理形式に関してすら種々である、と主張しようとするので、諸道徳の「規則」の体系はそれぞれ人間の本性についての異なった考え方による裏付けが必要となる、と彼は考えている。そして彼がここで人間の本性についての様々な考え方の話をする時、人間が持つ個々の特定の要求についての様々な考え方にはとどまらず、どのような意味で人間がそもそも要求を持つといえるのか、これらの要求に関して何がどの程度不変なのか、これらの要求が人間生活でどんな種類の重要性を持つか、という点についての様々な見解のことをも、マッキンタイアーは意味しているのだ、と私は思う。そこで人が(自分自身の生活に関する限りにおいて)複数の道徳体系の間で選択せねばならないとすれば、彼は同時に、しかも同じ言葉で、人間の本性についての相互に競合する考え方の間で決定する必要があるであろう。というのも様々な道徳の間での理性による筋の通った選択は、その理由づけを表現する語彙を必要とするし、しかもこの語彙を供給するのは彼の「社会的過去」、即ち、歴史的に条件づけられた「社会的道徳的慣習の形式」の文脈の下で道徳に関する考え方を育み発展させた様式、だからである。このような慣習の形式はそれぞれ「それ自身の人間の本性のイメージを保持している。生活形式の選択と人間の本性に関する見解の選択は相伴うのである。」(8) それ故人間の本性という考えは、それに訴えれば問題の選択を導くことができるような「中立の基準」を我々に与えるものではない。そしてこの結論と一致してマッキンタイアーは(原書一四八頁、邦訳下巻四七頁で)、様々な道徳の論理構造を吟味するにあたって、それらの中のどれか一つの道徳の内部での議論に特有な形式をこれこそ道徳の議論の本来の論理形式である、と定めることは、「恣意的で不当」である、と主張している。

以上がマッキンタイアーが言わんとすることの全てであったなら、私は、人間の本性という考え方の導入がこの場合果して議論の助けになるのか、という疑念の表明に留めて、正面切って反論する気にはそれほどならなかったであろう。しかしマッキンタイアーが言わんとしたことは上述のことに決して尽きる訳ではないことが明らかになる。道徳の議論のいずれかの特定の形式が道徳の議論としての本来の論理形式をなしている、と述べるのは不当である、という議論の後に、人間の本性とその道徳への関係とについてのアリストテレス的な考え方は、キリスト教、ソフィスト達、ホッブズなどに見出されるものと比較すれば「より優れて」いることを示そうと意図した論述が続くからである。そこでこの点に関して、この見解をマッキンタイアー自身の「選択」——つまり、反対の選択と比較してこちらの方が論理的により秀れている、と述べるとすれば不当であるような選択——の表明と解すべきか、それともむしろ彼はこのような選択の本性について一般的に言えることに関してある論理的な見解を述べていると解すべきか、そのいずれであるかを声を大にして問わねばならない。後者の解釈を私がこれまで言及したマッキンタイアーの主張と調和させるのは困難であるが、しかしながら彼の著書全体にわたる議論のより大きな文脈からみれば、これこそ彼の意図に沿った解釈に他ならないことは明らかである、と私には思われる。

マッキンタイアーにとってアリストテレス的な見解は次の二点に長所がある。一方では、その見解は人間の諸要求や欲求を固定した所与とはみなさず、むしろ批判の対象、批判によって修正される対象とみなしている。他方では――こちらの方が我々の当面の論点にとってはより重要だが――、義務を特定の社会的役割と正面切って結合し、更に、自らの社会生活でこの役割を立派に果した人々に与えられる社会的報酬や満足とも結合している。社会がその成員にある程度明白に規定された役割を課し、この役割が適切に満たされた後には一定の満足が与えられる、という文脈に道徳的義務の観念は元来の故郷を持ち、又この文脈の下でのみ十分に理解される、というのがマッキンタイアーの著書全体にわたっての主たる論点の一つである。従ってカントの定言命法は、この種の結びつきが崩壊した社会の産物と解釈される。そこでは「べき」という語がなお使用されてはいるが、その語を理解可能にする唯一のものである社会的背景が――即ち、自分の義務を果すなら自分が理解し目標となしうる種類の社会的満足で報いられるだろうと合理的に期待させるような背景が――欠けているのである。これと関連してマッキンタイアーは、「もし実際に義務が終極において幸福によって報いられないとしたら、それは耐えがたいことであろう」(9)という考えを神学の文脈へと移していくカントの見解に言及している。彼の論評によれば、幸福の観念は「社会的に確立された目的」から切り離されれば無限定となり、それによって右のカントの見解は「何かそうした観念なくしては、道徳性そのものではなく、道徳性についてのカント的解釈がほとんど意味がない、ということの暗黙の承認」になってしまうのである。

しかし論評の最後の部分で話を道徳性そのものではなく、そのカント的解釈に限定したのは、実は幾分かは逃げである。何故なら、カントが暗黙に前提している社会において「べき」という語が実際に使用されている使用法に関しては、カントの解釈はあてはまるのだ、ということこそマッキンタイアーの述べたいことだからである。従って彼は、「べき」のこの用法が表現している道徳それ自身が「ほとんど意味がない」、と明らかに考えねばならない。この私の解釈は、我々の現代の状況とそれに対するヘアの道徳理論の適切さに関するマッキンタイアーの扱い方によって支持される。ヘアは、「[伝統的道徳の]内部から語る者を、自分の好みや私的な選択を表現する命令を発しているにすぎない、と思って」(10)伝統的道徳を遵守しないような現代人の大多数の代弁者である、という趣旨の主張をマッキンタイアーは行なっているのである(例えば原書二六六頁、邦訳下巻二四三頁で)。これらの人々が事態をそのようにみる理由は、道徳言語を使用する折に彼等自身が自らの好み等に従って実際に使用していることにある、と私は思う。加えて、マッキンタイアーが道徳言語のこの使用法を、個人的な好き嫌いの表現以外の使用法としてみれば大した意味がない、とみなしていることも明らかと思われる。例えばヘアに対する彼の扱い方に関して私がこの論文で既に述べたことから明らかなように、彼は言語のこのような使用を、人が他人から自分の「道徳的」見解を変えるように理性的に説得される場合に働くような権威となる基準に訴えているものとしては、決して認めないであろう。

従ってマッキンタイアーの見解からすれば、道徳言語に関する指令主義的な叙述は事態の誤った記述どころか、実に多くの人々が道徳言語を実際に使用している仕方の、即ちマッキンタイアーがほとんど無意味とみなす仕方の、極めて正確な描写なのである。彼が思うには、この用法が無意味となるのは、限定された役割と、行為者が目的を達成すればある満足を合理的に期待できるような限定された目的、この両者の間の社会的連関がそこでは欠如しているからである。道徳性の中に何を受け容れることができ、何を受け容れることができないかに関して、マッキンタイアーは先程リベラルに見えたよりは、はるかにリベラルではないように見えてくる。義務の履行と関連した社会的に善いことや個人的満足についてなら、彼はさまざまの変化を進んで承認するが、そのような善いことや満足と全く関連のない義務を承認しようとしない。しかも私はくりかえして強調せざるをえないが、これは彼自身の道徳的立場の問題としてではなく、およそ意味を持ちうる道徳的立場として何が我々の理解の中に含まれるかという論理的な要点に関わるものとして、解すべきなのである。

　この点に関して我々が提起すべき問は、マッキンタイアーのこの一般的な要求が、我々にとってどんな根拠を持つとみなせるか、である。上述の文脈以外での「義務」という表現はともかく不備で不整合であると、彼はどうして知っているのか。彼の著書の冒頭で彼自身が述べたことがまさにここで効いてくる。彼が語るには、倫理諸概念の歴史的研究は「これまで考えられ、語られ、行なわれたことの記録を前にすれば、……何を考え、語り、行なうことが可能であり何が不可能かについての我々の余りにも狭量な見解を……破壊する」[11] ことがあってよいのである。私が思うに、このような当惑する立場に彼自身が陥ったのは、しかしながら単なる不注意からではない。むしろ我々全員が直面しているある非常に根本的な哲学的難問によるのであり、いまや私はこの難問について語るべく努めねばならない。

『これまで考えられ、語られ、行なわれたことの記録』とはいっても、単に誰であれ人がかつて口に出し、彼の念頭にのぼり、振舞った全ての古いことの記録を意味するものとみなすことはできない。というのも人は時に無意味なことを語り、何の意味もないような仕方で振舞うからである。意味と無意味のこの区別こそ、まさに哲学者としての我々の主たる関心の一つである。ここで我々は、この区別に何が関わっているか、また区別を成功裡になしえた時我々はいかに語りうるか、を問わねばならない。哲学者達が人間の本性という概念を従来使用してきた主たる場面の一つが、この問に答える試みであった。どのような仕方の思考や行為が意味を持ち、又は意味を持たないかは、人間の本性に対するそれらの関係の有無によって決定される、と彼等は考えたのである。マッキンタイアーの著書の最も興味深いところは、このような考え方は人間生活や人間の思想に関する我々の解釈を不当に狭量にする効果があることを、ある程度彼が認識しているにも拘らず、この考え方では問題全体がさかさまに提示されている、という認識には至っていないことである。ここで問題を簡潔に、従って極めて荒削りな形で述べるなら、私の言いたいのは次のことである。即ち、何を我々が人間の本性に帰属させうるかが、何に我々が意味を見出せ、何に見出せないかを決定するのではない、その反対であって、何に我々が意味を見出せ何に見出せないかが、何を我々が人間の本性に帰属させうるかを決定するのである。実のところまさにこの理由によって、人間の本性という概念は固定した所与についての概念ではないのである。従ってこの理由も哲学的なものであって、社会学的なものではないのである。

子供は特定の人間社会の中に生まれ、その社会生活の中へと成長する。他の人々との関係の内で、彼は話すことや種々の活動を営むことを学ぶ。これらの活動の過程の中で彼は極めて様々な問題に出会い、しかも問題は彼の成長につれてその性格を変え、また問題が彼を他人との新たな種類の関係に移し入れる。この発達と共に、何が他人にとって問題であり困難であるかについての彼の理解にも成長が現われる。この理解の成長は、日常生活の過程で彼が他人をいかに扱うようになるかに示されるし、又そこには他人の扱いで何が許され何が許されないかについての彼の考えの発展も含まれるであろう。他人との関係を通じての他人についての彼の理解のこの成長は、同時に自分自身についての彼の理解の成長であり、しかもこれはこれで彼がどのような種類の人格であるかの発達なのである。これらの側面での人格発達がいかになされるかは、彼自身が自分の生活の過程でどのような種類の人々や状況や問題に直面するかによって影響されるであろう。他方、直面する状況に彼自身の側から何を持ちこむかに、彼の成長はかかっている、ということも勿論真実である。我々の問題はこれら二つの「要素」の関係を理解することである。

ところで今のような問題の定式化には誤解を招きやすいところがある。人間は煉瓦の壁に「直面」するように状況や問題に「直面」するのではない。煉瓦の壁は人間がそれを認識していようといまいと、彼に直面している。しかし今の事例についてはこのことは無条件に正しい訳ではない(12)。R・G・コリングウッドの『自伝』からの次の一節(13)は、私が言わんとすることをはっきりさせる助けとなるであろう。

父は沢山の書物をもっていて、好きなように読ませてくれました。なかでも、オックスフォードで使っていた古典文学や古代史、哲学の書物を保存していました。私はこうした書物には手をふれないことにしていました。けれども、八歳だったある日、好奇心に誘われて『カントの倫理学説』という背文字のある小さな黒っぽい書物をとり降ろしたのです。それはアボット訳の『人倫の形而上学の基礎づけ』でした。ところで自分の小さな身体を書棚とテーブルの間に割りこませてそれを読み始めたとき、私はある奇妙な一連の情緒に襲われたのです。最初に激しい興奮がやってきました。私はこの上なく切迫した問題について、もっとも重要な事柄が、どんなことをしても理解せねばならない事柄が語られようとしていると感じたのです。次いでうねりのような憤りと共に、それらが理解できないことに気づいたのです。恥をさらけ出しますけれども、英語で書かれていて文法的にも正しい文章なのに、その意味が私を困惑させるような書物がここにあったのです。やがて三番目にして最後に、あらゆる情緒のうちで最も奇妙なものがやってきました。理解できないとはいえ、どういうわけかこの書物の内容こそ自分の仕事だと思えたのです。私個人の、というよりもむしろ、いつの日かの私個人の問題だと。それは「大きくなったら機関士になろう」というような、ありきたりの子供っぽい考えとは似ていないものでした。どんな欲求も含まれてなかったのですから。「したい」という言葉のどんな自然な意味においても、十分年をとったら、カント倫理学を習得「したい」とは思わなかったのです。とはいえ、幕があき、自分の運命が露わにされたような気がしました。

この一節に対する我々の最初の反応は、多分、コリングウッド少年は非常に変った子供だったに違いない、というものであろう。この反応は、その年頃の大抵の子供は——それどころか年齢を問わず大抵の人は――カントの『基礎づけ』に出会っても全く問題を感じず、さっさとその本を片付け、もっと面白いものを探し求めることにしかならないであろう、という我々の直感の現われである。天職は呼びかけのみならず聞く耳を持った人間を必要とする。勿論呼びかけも必要であり、従ってその必要条件が何かを問わねばならない。コリングウッドの場合の必要条件は、未だ答えられていない或る生きた問題や疑問を含む思想の伝統の存在であった。自分自身がこのような疑問を問わねばならないと感じる人、より一般的に言えば、自らの状況が自分自身を問題に直面させていることを見出す人は、まさにこの事実によって自分自身について何事かを発見するのである。コリングウッド少年がカントが問うた問の迫力をおぼろげに感じることで、彼自身について何事かを発見したように。しかし、自分自身が直面していることに気づいた問題の本性に触れずには、そのような状況で自分自身について何を発見したのかを、我々は述べることが出来ないであろう。というのも、彼が発見した、ということはこれらの問題への彼の反応にあるからである。しかも我々がこれらの問題が何であるかを理解するのは、専ら問題が生じてくる思想や活動の伝統の文脈の中でのことである。ある人々は問題を認めるのに他の人々は問題に気づこうともしない、という事実から、理解する能力は当人の「内部に」はじめから存在するに相違ない、と我々は言いたくなるかもしれない。しかしこう述べるのが全くの誤りではないにせよ、こう考えると我々は、いわば「そのような能力の存在がそこで可能となる空間」とでも言うべき当の能力の可能性が外部から来る、という事実を見過ごしがちになるのである。ある特定の個人が或る能力――例えば高等数学を理解する能力――を持っているか否か、という問は高等数学に関する問題の文脈の中でのみ問うことが可能である。数学的伝統が全く存在しない文化に出自を持つ人間について、彼は事情が異なれば数学者になりえたような人間か、と問うことは——この問自身がかなり心許ないものではあるが——可能かもしれない。しかしこの問を問う我々は数学的伝統とある関係を持たねばならない。そのような伝統なくしては、今のような問を問うことが全く不可能であろう。

問題のこのような見方に対しては、「人間の本性」に訴える点で軌を一にする二つの反論が存在する。まず第一に、人間の様々な種類の能力の存在がそこで可能となる「空間」と私が呼ぶものが、あらゆる特定の個人の本性の外部に由来するものであるとしても、しかしながら個人の諸能力が育まれ展開することがそこで可能となる観念や営みの体系は人間の観念や営みの体系であり、従って人間が何に意味を賦与できるかによって限界づけられている、という点で、その「空間」はやはり人間の本性によって条件づけられている——、こう言われるかもしれない。第二の反論は今の反論を強めたものである。即ち、私は一個人として、他の人間が、自分は何が出来る、何が考えられる等々と種々の主張をするのを眼にして、これを評価せねばならない。つまり、これらの主張が理解可能か否かは私が決定せねばならないのである。これらがあてはまることが可能な空間が存在するか否かにその理解可能性は依存する、と語るのは無益である。何故なら他人たちの主張が私にとって理解可能かどうかという問こそまさに、そのような空間の存在についての問に他ならないからである。

この論点は、「人間の諸能力の存在がそこで可能となる空間」という概念が意味と無意味を区別する基準を与える、という考え方への反論としてなら、極めて妥当である。しかし私が先程この概念を導入したのは、まさにそのような一般的な基準など全く存在しないと述べる議論の文脈でのことだったのである。他方この反論は実は、「人間の本性」がそのような基準を与える、という考え方に対しても全く同様に根本的な批判となる。人間の本性という考えが個々の歴史的伝統や時代に対して相対的である、というマッキンタイアーの議論が実際このことを示している。彼は自分自身の議論から十全の帰結を引き出すのを避けようとして、次の趣旨のことを述べている。即ち、人々の個別的な要求は社会の形態の変化に応じて変化し、社会の道徳の形態は同時に当の社会の成員の要求の規定因子であるが、しかしながら、理解可能な道徳はそれを実践する人々が彼等に道徳的に命じられたことを行なう限り彼等の要求が満足されるようにするものでなければならない、という点は不変である、とされる。多くの哲学的立場と同様に、この立場もそれを最後の砦として維持することが可能となるのは、それから内容を欠落させる覚悟をした上でのことである。例えば、自分にあることが命じられたと感じる限りにおいて自分に命じられたことを行なう要求を感じる、そして自分がこれを行なう時その要求は満足される、――と述べることは可能である。しかし、これが「要求」「満足」という言葉による手品の類に他ならないことはかなり明らかである。これは道徳的命令の形式について何一つ教えないし、何が意味を持ちうるかについて何の制限も課していないのである。というのも哲学者は、自分にあることが命じられたのがわかる、と述べる人の主張を、どの条件の下で受け容れることができ、又どの条件の下で拒否すべきかについて、なおも問い続けねばならないだろうからである。さて、この深刻な問について何が言えるだろうか。

　自分自身には完全に理解可能で容認できると思えた話し方や考え方を他の人々が理解できないような場面、そして又当然その逆の場面は、哲学の議論では非常によく見かけられる。このような場合、自分が言わんとすることが本当に意味をなすのか否かを、人は問わねばならなくなる。彼がこの問に決着をつけようとする試みにおいて、他人との議論はしばしば非常に重要なものとなるであろう。つまり、(常にそうである必要はないが)疑いを初めて抱かせたのは、信じられない、理解できない、といった他人の反応だったのである。議論は、難問の提起、およびその難問を切り抜けようとする彼の試み、という形をとるであろう。ある時は彼は難問を満足のいくように片づけたと思うであろうし、又ある時は批判されている見解は克服できない難問に出会い、その結果本当に理解不可能となるかもしれない。しかし、話したことを自分は理解していた、話されたことが理解不可能なことを自分は示したのだ、というそれぞれの当初の思いが誤りである可能性が認められるのであれば、他方議論の後で、議論の過程で登場した難問を自分は過大(過小)評価していたかもしれない、と認めることも同様にありうる話である。だがしかしこのことは、彼の見解はある究極的な基準、人間の本性に何が属し何が属さないかという基準によるテストを必要とする、という意味ではない。新たな難問が、そしておそらく難問を迎えうつ新たな方法も、常に地平線下にひそんでおり、議論は続くであろう、というだけのことである。時に幸運に恵まれれば、議論は人間にとって何が可能かについての彼の考えを明晰にし、拡張するであろう。しかし、このことは人間にとって何が可能であり何が可能でないかに依存している、と述べるのは無意味である。というのも我々がこの問題についてある見解に達する唯一の方法は、議論の過程で現われる難点を処理しようと努力し続けることに他ならないからである。

(1) *A Short History of Ethics* (New York: Macmillan, 1966). 邦訳、『西洋倫理思想史(上・下)』菅豊彦、井上義彦他訳、九州大学出版会、一九八五、一九八六年。

（２）『答のないままに』（*Without Answers*, London: Routledge & Kegan Paul, 1969）九七―八頁。
（３）前掲書、二六四頁。（邦訳、下巻二四〇頁）
（４）同書、二六五頁。（邦訳、下巻二四一頁）
（５）同書、一頁。（邦訳、上巻二頁）
（６）同書、二六五頁。（邦訳、下巻二四一頁）傍点は私のもの。
（７）同書、一四八頁。（邦訳、下巻四六頁）
（８）同書、二六八頁。（邦訳、下巻二四六頁）
（９）同書、一九六頁。（邦訳、下巻一二九頁）
（10）同書、二六六頁。（邦訳、下巻二四三頁）
（11）同書、四頁。（邦訳、上巻六頁）
（12）第Ⅸ章「道徳からみた行為者とその行為」を参照されたい。
（13）*An Autobiography*, Oxford University Press, 1939, pp. 3-4. 邦訳、『思索への旅――自伝――』玉井治訳、未来社、一九八一年、一一―一二頁。

訳注

（一）イギリスの裁判官。『道徳の強制』（*The Enforcement of Morals*）などの著書がある。

V　ホッブズとルソーにおける人間と社会

世界がいまの状態とさほど変らないとすれば、諸々の人間的な要求に適う生活は国家という文脈のなかでのみ可能である、そして国家の存在は、考えうる限りの絶対性を備えるような主権の下でのみ可能となる――ホッブズもルソーもこのように考えた。さらには、そうした絶対主権が行使される社会は自然のなりゆきに任せるままでは維持されない、とする点でも二人の考えは一致している。人間の努力と工夫を要する、というのである。とりわけ、人間生活の種々の条件からして絶対主権の受容が必要なことを理解するには、人々は教育されねばならない、とされる。ホッブズの『ビヒモス』全体が、長期議会議員、長老教会派、非国教会派、国王顧問官といった面々の愚行を実例として、ホッブズに言わせれば人々が(『リヴァイアサン』で詳述されているような)真の政治学の諸原理を知らなければ必ずそうなってしまうという事態を暴露した書となっているのも、このためである[1]。

自分が統治者に対して負っている義務を知り、さらに、統治者はいかなる権利をもって自分に命令しているのかを知るためには、その人に天賦の健全な知恵さえあれば十分である、このように君は考えているかもしれない。しかしそうではないのだ。確実で明晰な諸原理の上に築かれた一つの学が必要なのであり、しかもこの学は奥深く入念な研究によるか、あるいはその深奥を究めた先達を通して、はじめて学びうるものだからである。ところで、そうした明白な諸原理を発見し、そこから正義に関する必然的な規則、さらには正義と平和との必然的な結びつきを導き出すことのできたものが、これまで議会に、いや国家にさえも一体いたであろうか。

この一節を『政治経済論』のルソーと比較してみよう。

公経済に関するこの部分を、はじめに私が論じるべきであった点で締めくくりたい。祖国は自由なくして、自由は徳なくして、徳は市民なくして存続できない。市民を創り出せば、諸君はすべてを手に入れるだろう。市民なくしては、諸君には、国家の首長をはじめとして下等な奴隷しか手に入るまい。ところで、市民の形成は一日にして成る業ではない。したがって一人前の人間を手に入れるためには、子供のときからの教育が必要なのである。

もとより、教育と政治との関係に関する発言では、ルソーとホッブズのあいだには類似よりも相違のほうが際立っている。一つに、ルソーの推奨する教育は、その内容と一般的傾向に関して、ホッブズが是認したと思われるものと正反対である。しかしこれに劣らず重要な相違がほかにもある。ホッブズが、彼の言うところの市民に理論すなわち「学」を教えこむという見地から物事を考えているのに対し、ルソーの関心は幼児期以降の訓練の全過程にある、という点である。教育が頂点に達した時期には、なるほど『社会契約論』の理論がエミールに教えられてはいるけれども、明らかにルソーとしては、その素地があらかじめ入念に準備されていなかったとすればこの教授も実を結ばない、と考えていたはずなのである。

教育はいかなる意味で政治と関係しているのか。この問題をめぐるこのような理解の相違は、ホッブズとルソーの二人の哲学のあいだの深刻な不一致の現われと言えよう。彼の言う市民にホッブズが教えを受けさせたであろう「学」とは、人間の本性が何であるかという理論に基づくものである。そしてこの理論はまたこの理論で、精緻な一元論的唯物論的形而上学に基づいている。すなわち、理解可能なかたちで語りうる事柄はすべて物体運動に関する言明に還元可能でなければならないことを示している、こう主張する形而上学である。この形而上学的支柱を頼みに強調されるのは、人間というものは必然的にそうである姿のままで受け容れられなければならず、人間のあいだに成立しうる社会的関係に関するいかなる陳述もこうした基礎的な人間の本性を所与としなければならない、ということである。実際、政治学はこの種の存在者のあいだに成立しうる関係を論証してみせることから成っており、その関係は万人の万人に対する戦いか、絶対的主権者に忠誠を抱く臣民からなるコモンウェルスか、このいずれかなのである。

ジャンバティスタ・ヴィーコは『新しい学』でホッブズを鋭く批判しているが、そのなかで最も手厳しいのは、ホッブズの言うような信約を結んで主権者を擁立しうる人間がいるとすれば、彼はもう既に哲学者でなければならない、という批判である。『ビヒモス』から引用した先の一節にも、確かにそうならざるをえないことが示唆されていよう。要するにヴィーコは、自分たちの自由を信約によって主権者に委ねる理由を理解できる人間というのは、社会が相当に発展して極めて高度化した所産としてしか考えられない、と言っているのである。

ルソーもこれと密接に関連する論点を提出している。言語の起源に関して、簡潔ではあるが極めて興味深い議論を示した『人間不平等起源論』のなかの一節がそうである。この一節でのルソーの強調は、ホッブズの言語論には何が抜け落ちているか、という点にある。すなわち、(ホッブズの言語論の基礎をなす）名と対象とのあいだの一見単純そうに見える関係も、いざこれを理解するとなると途方もなく複雑な文法を前提としなければならない、というのである。ルソーは「考えることを学ぶために人間は言葉を必要としたというのであれば、言葉の技術を発明するためにはなおいっそうのこと、人間は考えるすべを心得ている必要があったことになる」(2)と結論する。もとよりホッブズは、彼の言う個人には話す能力に先立って考える能力が備わっていると見なそうとしていたのであるが、ここでルソーはそんなことを言おうとしているのではない。「生まれつきのままでは人間はほとんどまったくと言ってよいほど考えない。考えるというのは、他のすべての技術と同様に人間が学ぶ技術であり、しかも学ぶのがずっと困難とさえ言える技術なのだ。」(3)こうしてルソーはコンディヤックに対して異を唱えている。「彼は私が疑問視していること、すなわち、言語の創始者たちのあいだには既に一種の社会が確立していたということを、仮定している」(4)、と。これはホッブズに向けられた異議としてもおかしくないだろう。ルソーの見解では、言語の発達についての問と人間社会の発達についての問は軌を一にするのである。

考えるということが学ばれなければならないとすると、人間がどのように考えるようになるかは、この学習が営まれた際の諸条件、すなわちその教育の本性、に依存することになる。政治および政治と教育との関係に関するルソーの見解でも、ホッブズの場合と同様に、人間の本性という概念が大きな役割を果たしているが、しかしその果たす役割となると全く違う。人間の本性が不変的に何であるかが市民に教えられなければならないとホッブズが考えるところで、ルソーは、人間の本性は教育を通して創り出される、という見解をとるのである。もっとも、そうした教育の基礎となりうるような原理が存在しない、というのではない。人間には、自分の真の要求が何であり、その要求を充足させうる条件が何であるかが教えられなければならない。その場合、確かに人間の要求は不変ではないし、変転する社会環境によって姿を変える(5)とはいえ、やはり幼児は特定の社会環境のなかに産みおとされるのであるから、彼の要求の何たるかは、その環境に照らして理解できるのである。しかし社会生活は、たんに正真正銘の要求を創り出すだけではない。ともすれば要求の本当の姿を人間から覆い隠し、実は正真正銘ならざる別の要求をもっているかのような錯覚に人間を陥れる、数々の勢力を生み出す。教育が必要だというのもまさにこの理由によるのである。

ルソーの『エミール』の大部分は、社会生活におけるそうした反啓蒙的勢力の分析であり、これらは「臆見」という一般的用語で一括されている。この分析は、『エミール』のなかの「サヴォワの助任司祭の信仰告白」およびその他の箇所で略述されている認識論上の諸観念と密接に関連しているので、それらの観念についてここで少しばかり触れておかなければならない。ルソーは感覚と判断とを区別する。感覚において、人間は自分の外部にある事物によって受動的に触発される。この理由により、感覚にはそれとしてはっきりした自己意識は全く含まれない。ヒュームを連想させる口調でルソーが論じるには、「というのも絶えず感覚によって触発されている以上、私という意識がこれら同じ感覚の外にあるものなのか、これらの感覚とは独立に存在できるのか、私はどうやって知ることができよう。」(6)他方、判断は能動であり、感覚どうしの比較や、諸感覚のあいだに成立している関係の知覚を本領とする。幼児が諸対象についての観念を形成し、種々の思考を抱いてこれを真偽いずれかに認識できるようになるのも、これらの関係についてのそうした知覚を通してなのである。「私の考えでは、能動的存在ないし知的存在の弁別能力とは、この『である』という語に意味を与えることができる、ということである。」(7)ルソーの主張によれば、判断能力をもったものが判断の主体である自分自身と、判断の対象である世界とを弁別できるようになるということが、判断能力には本質的に伴っている(8)。

私の感覚を比較対照する私の精神のこの力に、どんな名称を与えてもよい。「注意」「省察」「反省」、その他好きなように呼んでよい。いずれにしても真実なのは、そうした力は私のうちにあって事物のうちにはないということ、たとえ対象が私に与える印象をきっかけとしてしか私はその力を生み出さないとしても、これを生み出すのは私だけだということ、である。感じる感じないは私の意のままにはならないけれども、私の感じるものをよく検討するかよく検討しないかは私の意によるのである。

真理とは、諸対象のあいだに現実に存立している関係のうちに見出されうるものであり、しかも、私とは独立に存在しているそれらの関係に注意をよく払うことによって到達されうるものである。これに対して誤謬は、判断する側自身の能動による所産である。それ故、「私が事物について下す判断のうちに、私のものを入れることが少なければ少ないほど、私は真理に近づいていることを確信する。」しかしながら、判断から自我をこのように排除するのは容易なことではない。判断は関係の知覚を本領とするが、いつも居あわせている——しかも、私にとって特別の関心がある——関係項候補の一つは、この私だからである。こうして、まさに判断の構造そのものからして、事物についての評価や理解は事物相互の関係に従うよりも、むしろ事物と私との関係に従う、という傾向をもつようになる。さらには、私は一人で世界のなかで生きているわけではなく、これまた自分自身を依り所とした判断に執着する他の人間たちに囲まれている、という事情がある。そのため自分自身についての私の意識には、他の人間たちの意識にとって私は対象だ、という意識が含まれ、その結果虚栄心とか自尊心が頭をもたげる可能性が生まれてくる。いや、可能性というよりは蓋然性と言ったほうがよいかもしれない。こうなると臆見の専制である。極端な場合、判断は、対象が直示可能であってもそれらのあいだの関係には従わず、私自身と他の人間たちとの関係に従ってしまう。私が口にするのは、十分な理由があって私が真と信じていることではなく、他の人間たちが私に寄せる期待を満足させるようなこととなる。臆見のこのような専制は、『人間不平等起源論』で分析されている社会発展の機構によってますます増幅される。分業が進むにつれて、地位財産の不平等が増大する。地位財産に恵まれた人々には私を害する力があり、よく思われたいという私の自然な欲望にこの力が作用する。そこで私は、強者が私に言わせたい信じさせたいと望むことを口にするようになり、さらにはそれを信じこみさえしかねなくなるのである。

他の判断と全く同様に、いやむしろそれ以上に、自分自身の要求や利害について私が下す判断は、こうした勢力のために容易に曇らされやすい。ルソーは自尊心と自己愛とを区別している。自尊心が、いま右で触れた意味での他人との関係を必然的に含むのに対して、自己愛は私自身の真実の利害に対する関心にあり、ルソーによれば完全に自然に根ざした、異を唱えようのないものである。自己愛は、私の利害の真実の姿についての明晰な判断を促進する傾向をもつ。そしてそうした判断を下すためには、世界における私の位置と、他の人間たちに対する私の立場についての明晰な理解が求められる。しかしながらこのような理解に到達できるのは、私が事態の真実の姿に関心をもっている場合に限られる。或る種の信仰告白のときのように、人間たちの眼——私自身の眼を含めて——に自分がどのように映るかということに関心があってはならないのである。

人間が世界のうちにあるとは、ルソーにとって、基本的に、事物どうしの関係を判断する知性があるということであるとすれば、ホッブズにとってはどうなのだろうか。答はこうである。人間は或る仕方で運動する物体であり、その点では世界のうちにある他のいかなるものとも変らない。他の物体から区別されるとすれば、それは人間に特徴的な運動様態によるにすぎない。感覚とは、外的物体の衝撃によって惹きおこされる内部での物体運動である。この内部運動が消え去らずに、心象という形態で残存すると、やがて心象は相互に繋がれて「思考の連続もしくは連鎖」(9)となる。こうして見ると、感覚と判断とのあいだには、ルソーが設けたような根本的な種別は何もない。さらに、心象の無意味な繋がりと、構造を備えた思考とを区別するのに文法が重要な意味をもつことをホッブズが既にこの段階で見落している点にも、注目しておきたい。ルソーにはこの区別を設けることができた。感覚が観念となって判断の構成要素となりうるのは、感覚が一定の相互関係をもつと見なされる限りにおいてのみである、ルソーはこう主張しているからである。

ホッブズによれば、人間の身体は、外的物体の衝撃に触発されて特徴的な運動を示すという右の能力に加えて、それ自身として自発的に外的物体に接近したり離反したりする運動も行なう。ホッブズはこれらの運動を、それぞれ「欲望」「嫌悪」と名づけている。この欲望と嫌悪は、外的物体の衝撃によって我々のうちに生じた思考の連鎖を触発する傾向をともにもっている(10)。

というのも、我々が欲したり恐れたりする事物によって作られる印象は強力にして永続的であり、仮に一時的に消滅しても、すぐに戻ってくるからである。強力なあまり、眠りを妨げこれを破るということもある。欲望からは、何らかの手段についての思考が生まれる。それは、我々がいま目指しているのと同様のものをもたらすのを、以前に我々が目にしたことのある手段だ。そして手段についてのこの思考からは、その手段に至る別の手段についての思考がさらに生まれる。それは以下連続的に続いてゆき、最終的には我々の力が及ぶ何らかの端緒に達する。

実践推理――熟慮――とは、こうした欲望や嫌悪が行きつ戻りつ継起して、思考の連鎖に伴うことに他ならない。そして意志は、この系列の最終項以外の何ものでもないのである。

人間の行為――要するに、人間の身体が示す運動――が、善悪に関する判断によって「導かれる」などと語ることは不可能、というのが、ホッブズの一般的な形而上学的認識論的立場の帰結である。善悪の概念は、むしろ反対に、随伴現象として身体運動に関係づけられている(11)。

しかしいかなる人間の場合にも、その欲求や欲望の対象が何であれ、その対象となっているのが、彼が自分の立場から善と呼んでいるものなのである。そして、彼の憎悪や嫌悪の対象を悪と呼び、彼の軽蔑の対象をつまらないとか取るに足りないとか呼ぶのである。というのも、「善」「悪」「軽蔑に値する」といった語は、これを用いる人間との関係でいつも用いられるからである。端的に絶対的にそうであるようなものは存在しないし、対象それ自身の本性から引き出される、善悪の一般的規則というものもまた存在しない……。

実際、このような脈絡で「判断」という言い方をするならば、おかしな話となってしまう。善悪はたんに「感じられる」ものなのだ。「それ故、快楽とか歓喜は善の現象ないし感覚なのであり、邪魔とか不快は悪の現象ないし感覚なのである。」(12)

こうして以上のどこにも、「文法」についてはいかなるたぐいの問題も提起されていない。人間が他の人間たちとともに営んでいる生活の本性に根をもち、そうした生活のなりゆきのなかで起こる種々の困難を人が明確に捉え、その克服に努める際の指針となる、あの文法である。私がこのように言うのも、『エミール』におけるルソーの手法との著しい違いを指摘したいからだ。ルソーは、善悪に関する教え子の判断能力を養うために、子供の注意が実践的な道徳問題にいやでも向かうようなやり方で、子供を他の人間たちとの関係のなかに連れ出している。ここで私の念頭にあるのは、たとえば、エミールと庭師との衝突に組み込まれた所有の観念の教授（第二編）や、市場での事件を通した虚栄心の弊害の教訓（第三編）である。これらの実地教育の眼目は、ルソーの判断論の見地から言えば次の点にある。すなわち、自分の行為の何たるかをその行為とそれが他の人々の生活に与える衝撃との関係から自分で理解できる立場にエミールを置き、その上で、自分自身の欲望や嫌悪にたんに直接的に反応することがないように彼を励ましてやる、という点である。

このような観点もありうることをホッブズは認識していないが故に、世界は端的に個人と対立し、ただ個人に作用を及ぼし個人から作用を受けるもの、とされざるをえない。つまり世界は、そのなかに身をひたすことによって人間の理解力が刺激を受け成長してゆく叡知界ではないのである。ホッブズにとって、世界――他の人間たちの世界を含めて――と私との関係から生じる実践的な問題はすべて次の形式をとる。すなわち、私の欲望を妨げている障害は何か、どうすればこの障害を除去し、私の都合にあった道具を利用することができるか。

> 人間の有する力とは、これを一般的に捉えれば、将来における善と覚しきものを獲得するための、人間が有する現在の手段である……[13]。

したがって、ある一人の人間において、自分に必要なものを満足させる能力のなかで最も重要なものの一つは、自分を取りまく世界で生起している諸々の因果的過程を理解し、さらに自分がどの程度それらの過程の操作に介入して、自分の必要を満足するように転換させうるかを理解する能力、となる。これに応じて、他の人間たちの存在が人間の環境の最も重要な特徴の一つである以上、彼にとって理解するのが賢明な最も重要な因果的過程には、他の人間たちの行為傾向が則る原理が含まれる。彼はこの原理を理解しようと、他の人間たちがどう行動するかを入念に観察し、彼らをその行動にもたらしていると思われる動機に注意を向ける。それとともに、自分自身の行為が則る原理にも注意を向けて、他人の行為の説明にそれをあてはめてみる。このようなホッブズ的個人にとって、他の人間たちは世界のなかの他のあらゆるものと同じく、自分の欲望や嫌悪に関する障害ないし道具にすぎない。さらに、他の人間たちの眼からすれば自分自身も同じくそうした道具ないし障害であることを彼は理解する。こうして彼は、他の人間たちの行為を自分自身の利害に合致させる重要な手段は、彼らに対する自分自身の道具的立場や反道具的立場を取引き台に利用することだ、と察知するのである。「同様に、人間を多数の人々から愛されたり恐れられたりさせるいかなる性質も、またそういう性質をもっているという評判も、力である。何故なら、それは多数の人々の援助や奉仕を獲得する手段だからである。」(14)信約を可能とするのは、人間関係に見出されるまさにこうした特徴なのである。

一人の人間が他の人間たちに対している関係についてルソーが説いていることを、ホッブズのそれと比較してみれば、両者の根本的な相違はいまや一目瞭然となる。ホッブズにとって、他の人間たちの信念がどういうものかを知るのが重要なのは、これを知ることによって、彼らがどのように行動しそうか予測できるからにすぎない。これに対するルソーの言葉は辛辣だ。「人々の考えていることが真なのか偽なのか知らないとすれば、人々の考えていることを知るのは悪である。」(15) ここでルソーが警告している悪とは、他の人間たちの信念や期待が正当化されるものであるかどうかを何も考えず、それにへつらって行為するということの悪に他ならない。ルソーは、まさしくホッブズ的な機構に他ならないものを手段として他の人間たちの支持に依存するような力は、どんな力であれ幻想だ、と主張しているのである(16)。

支配でさえ、臆見に基づいているなら奴隷的だ。君は、君が偏見によって支配している人々の偏見に依存しているのだから。君の気に入るように人々を導くためには、君は人々の気に入るように自分を導かなければならない。……

他人の眼で見なければならなくなるやいなや、他人の意志どおりに意志しなければならない。

ルソーの論点は、こうした姿勢は真に自律した批判的な観点とは両立しない、という点にある。どのような生き方が本当に最良の生き方なのか、と配慮するいかなる可能性も、油断のならない衆目にあふれた世界のなかで事無きを得るというだけの配慮の下にもみ消されてしまうからである。さてホッブズの議論の全眼目と言えば、もとより、このような自律した批判的観点の可能性の抹消にある。人間が下す判断——それも、善悪の概念を含んだ判断——の真偽についてルソーが行なっているような探究は、ホッブズにしてみれば、およそ問題とはなりえないものの探究なのである。実際ホッブズは、「対象それ自身の本性から引き出される、善悪の一般的規則」は存在しないという主張から、直ちに次の結論に移行している——この場合は二者択一しか存在しない、個々人の対立しあう判断からなる無政府状態か、「意見を異にする人々が同意によって設立し、その判定を当該問題の規則とすることにした仲裁者ないし裁定者」の下に立つコモンウェルスか、このいずれかである。すなわち、いかなるたぐいであれ、いやしくも秩序だった社会生活が存在すべきだとすれば、その社会の生活を左右する政策の提案に対して自律的な批判をなしうる資格はすべて全能の主権者に委ねられなければならない、というのである。ルソーにとって、権力の真実の本性に関する自分の見解をこれほど見事に代弁してくれる者となると、まず他には見出すことができなかったのではないだろうか。ただし彼は、ホッブズの言うような主権者が有する所謂「権力」とは、実のところ一つの奴隷形態である、と付け加えたことだろう。

ホッブズとルソーとの不一致は、ルソーが提起せんとしている種類の問題提起がはたして本当に意味をなすのか、という点にかかっている。ルソーの支持する政治的観点を攻撃するホッブズ的論法は、結局はそれが擬似問題にすぎない問題を提起せんとする試みだ、というものである。この論争が哲学的であるのもまさにこの点にある。判断というものを我々はどのようにして説明することができるか、より特定して言えば、善悪に関する判断を我々はどのようにして説明することができるか、論争はこの問題にかかっているからである。しかしこうした問題になると、ここではもちろんこれ以上追究することができない。そこでその代りに、ホッブズとルソーの二人の議論の展開をさらにたどって、より政治的色彩の濃い問題領域へ進むことにしたいと思う。そしてルソーを頼みに、人間の本性に関するホッブズ哲学がいかにしてその矛盾した政治哲学へ至っているかを指摘したい。

政治哲学の中心問題と言えば、国家の権威の本性である。国家の権威といった概念にはあるパラドクスが内蔵されているように思われ、それ故にとりわけ哲学的な困惑がここから生じるからである。すなわち国家の権威は、一方において個々の市民の意志を無視する力を含んでいるように思われるが、他方においてその存在は、或る意味で——国家権威を正統と承認するか否かを決定しうるのは諸個人であるという意味で——これに服する諸個人の意志に依存するように思われるのである。正統性のこのような承認・認知が存在しない（たとえ不十分なかたちですら存在しない）という場合には、いやしくも「政治的」権威のことを扱っていると言うのに人は抵抗を覚えるだろう。さて、対処の仕方には大きな違いがあるとはいえ、ホッブズもルソーもともにこのパラドクスに直面している。したがって彼らの語っているところを理解するには、政治的文脈における権力と意志との関係について二人がどういう説明を与えているか、それをはっきりさせておかなければならない。

ルソーは『社会契約論』の第一編第三章で、このパラドクスを次のように表現している。

> 最強者といえども、自らの強さを権利に、服従を義務に変えない限り、決していつまでも主人たりうるほど強くはない。最強者の権利はここから生まれる。一見すると皮肉にとれるが、実は原理的に確立した権利として。しかし、この語が我々に説明されることは決してないのではないか。この強さとは物理的な力であり、その効果からいかなる道徳性が結果しうるのか、私には少しもわからない。強さに屈するのは必然による行為であって、意志による行為ではない。せいぜいのところ、慎重さによる行為である。いかなる意味でそれは義務になりうるのだろうか。

もちろんこの一節では、実に様々な種類の問題が提起されている。たとえば、ある人物が社会に対して自らの権力を維持しうるのはいかなる条件の下なのか、という「社会学的」な問題がある。我々はいかなる種類の国家を正統と認めるべきか、という問題もある。しかし問題はこれらにとどまらず、——ここで私が注目したいことであるが——国家を正統と認めるとはどういうことなのか、という問題もあるのである。この問題に関してルソーが述べているのは、これに対する答として受け容れうるいかなる答も、そうした認知が「意志による行為」であって、必然による行為でも慎重さによる行為でもない、とするものでなければならない、ということである。では、主権者の権威に関するホッブズの説明は、ルソーのこの要求に関してどのような立場にあるのだろうか。いまやこの問題を取り上げたい。

『リヴァイアサン』第二部第二五章で、ホッブズは、彼が「命令」および「忠告」と呼ぶものをそれぞれ明確に区別することに注意を払っている。この区別は、主権とは何かを説明し、これを曖昧さを残さず一つの意志のうちに位置づけようとするホッブズの試みの中核をなす。ホッブズがこの区別に注意した理由の一つは、主権者の行為と、主権者に助言を与えるとともに主権者の意志を行使する代行者の行為との区別が、彼には必要だったからである。しかしながらこの区別は、主権者と臣民との関係に関する彼の説明にとっても重要な意味をもっている。主権者はその地位を臣民たちの意志に負っており、主権者がその地位に続いて留まることができるのも、臣民の期待（すなわち、主権者をその地位におくことによって臣民が確保した安全の維持）を多かれ少なかれ充足する、という限りにおいてのみだからである(17)。

命令とは、人が「これをせよ」とか「これをするな」とか言うとき、そのように言う自分の意志以外に、別の理由を予想していない場合のものである。ここから明白に帰結するのは、命令を発している人物は、そのことによって自分自身の便益を言い立てているということである。というのも彼の命令の理由といえば、彼自身の意志のみであり、あらゆる人間において当人の意志の本来的対象とは、自分自身にとっての何らかの善であるからだ。

忠告とは、人が「これをせよ」とか「これをするな」とか言うとき、彼がそのように言う相手に対してそれによってもたらされる便益から、自分の理由を引き出している場合のものである。ここから明らかなのは、忠告を与えている人物は、彼が何を意図していようとも、忠告を与えている相手の善だけを言い立てているということである。

さて、「あらゆる人間において当人の意志の本来的対象とは、自分自身にとっての何らかの善である」とすれば、命令に従う者の意志の本来的対象も（命令を発する者と同様に）、自分自身にとっての何らかの善でなければならない。しかしそうすると、命令された者が命令どおりのことを行なう理由について、命令を与える自分自身の意志以外に「別の理由を予想していない」として命令を与える者は、確実に妄想に陥っていることになる。命令される者も、他のあらゆる者と同様に、命令された行為のうちに自分自身にとっての何らかの善が認められる、あるいは認められるように考えられるという場合に限り、行為するものだからである。したがって、Xが自分に行なえと言っていることを彼が実際に行なうとすれば、その理由は、たんにXが彼にそれを行なえと言ったからなのではない。Xが自分に行なえと言ったことを行なうことに、自分自身にとっての何らかの善（もしくは、何らかの悪の回避）が予想されるからなのである。「言葉による束縛は、人間の野心、貪欲、怒り、その他の情念を拘束するには、余りにも弱い」とホッブズは語っている。いかにもそうかもしれない。しかしこの言葉は、それが言及している信約の際の人間の意志を表現したものとして妥当するなら、命令の際の人間の意志を表現したものとしても同じく妥当するのである。しかも命令の場合には、命令が表現しているのは他の人間の意志である、という困難がさらに付け加わる。命令する者の意志を表現したものは、命令される者にとっては言葉にすぎない。命令される者が、その言葉に目を向けるべき何らかの理由を背後に見出すことができない限り、彼の意志を動かすに足るほどの現実味をもたない言葉なのである。この状況は、ルソーの「せいぜいのところ、慎重さによる行為である」という言葉が的確に特徴づけているように思われる。

　ここには一般的な難しい問題があるが、それは現在の脈絡で「正統性」「義務」「権利」について我我が語りうるとすれば絶対に不可欠な、政治的関係における臣民の意志という観念にどれほどの余地が与えられうるのか、これを理解することの難しさである。ホッブズも「正統性」「義務」「権利」という言い方ができるようにと願っている。しかしそれは、人間の意志の対象は常に自分自身にとっての何らかの善でなければならないという説を彼が採るが故に、人並以上に難しくなっている（そしてこの説はこの説で、彼の哲学のその他の多くの要素と不可分である）。しかしホッブズのように面倒にしなくても、臣民の意志というのは解明するのが極めて困難な観念である。政治的権威の意志に服従することが、どうやって「慎重さ」や「必然」による行為以上のものでありうるのだろうか。もしも必然によるとすれば、私の意志は全く問題とはならず、権威の正統性を私が認知するという問題も起こりようがない。もしも慎重さによるとすれば、私の行為は確かに私の意志から発しているとは言えようが、この場合の権威の存在は、私にとって、私が考慮に入れなければならない自分の環境という外的事実の一つにすぎなくなってしまう――私は、権威からの指図に従った行為が自分にとって価値があるように思われる限りにおいてのみ、その指図に従って行為を続けるだけだろう。そうするとこの場合にもまた、正統性や義務の認知ということは全く抜け落ちてしまうように思われるのである。では、これらとは違う意味で私が他人の意志に従うということは、いかにして可能なのだろうか。それはただ、当該意志を私の意志と認知することが何らかの意味で私に可能である、という場合に限ると思われる。実際ホッブズもルソーもともに、全く異なるやり方ではあるが、この可能性の樹立に努力しているのである。

主権は委譲しえないという主張を確立せんとする議論のなかで、ルソーはこれと密接に関係する論点を提起している(18)。

だから私は言おう。主権とは一般意志の行使に他ならないのであるから、これを譲渡することは決してできないし、また主権者とは集合的存在に他ならないのであるから、集合的存在それ自身によってしか代表することができないのである。いかにも権力は譲渡できよう、しかし意志はできない。……

> だから、もし人民があっさりと服従に同意するならば、この行為によって人民は解体し、人民としてのその資格を失ってしまう。支配者が出現するや、もはや主権者はなく、そのときから政治体は破壊されてしまう。

この一節は、命令と忠告との区別に際してホッブズが提出していた論点と比較してみるに値する。「いかにも権力は譲渡できよう、しかし意志はできない」という論点をホッブズ流に言えば、次のようになろう――支配者も自らの権力を代行者に委譲することがある、つまり、法令の遂行に必要な手続きが、これを遂行するという現実の決定さえも含めて専ら代行者の手による、という意味においてである。しかし代行者の行為や決定は、それが国家権威の正統な行使と見なされる限り、代行者の意志の表現ではなく、国家の（すなわち主権者の）意志の表現と見なされる。これをしも委譲されると考えようとするならば、法令が主権の実行であるという考え方を我々は全く取り逃がしてしまうことになる。

ホッブズは、この論点を、主権者と臣民との関係に関する自説の礎石と捉えていた。ところがルソーは、まさに同じ論点を、ホッブズ説に対する反駁として提出しているように思われる。この場合、理はどちらにあるのか。

ルソーの主張は、「あっさりと服従に同意する」という観念はいずれにしても矛盾をはらむ観念であり、仮にこの観念に一般的な意味をもたせることができたとしても、政治的関係とは正反対の関係が生まれるにすぎない、というものである。というのも、国家の布告に私がおとなしく従うのは、その布告が私が正統と認める権力の行使であるから、というのでなければならないからだ。すなわち、布告されたことを私が受け容れるのは、ただひとえに、それを布告したのが（私が正統と認める）国家である、という理由によるのである。さて難しいのは、この文に含まれている「……という理由による」という語の力をどう理解するか、である。ホッブズに対してルソーが唱える異議は、あっさりと服従に同意するというのでは、当該布告が本当に正統な国家権威の行使であるという私自身の判断を引き続き行使しうる自由な余地がなくなってしまう、という点にある。ホッブズでは、正統性の問題は当初の信約においてすべて一挙に片がついている、とされようとした。すなわち、主権者は正統性の唯一の裁定者でなければならない――さもなければ主権者とはいえない、というのである。ルソーはこの最後の論点については同意しながらも、結果的には反ホッブズの立場に立つ。このホッブズの論点が理解しうるのは、市民自身が何らかの意味で国家の正統性の源泉であり続けると考えられる限りにおいてである、すなわち、主権が市民に帰属すると考えられる限りにおいてである、ルソーはこう論じるのである。

「いかにも権力は譲渡できよう、しかし意志はできない」というルソーの言葉に照らしながら、ホッブズの主権観をもう少し詳しく見てみよう。ホッブズは、主権の基礎である信約を、臣民たるべき人民の側の「権利の放棄」というかたちで考えている。さて、権利の放棄とは意志の譲渡に似たものと理解できるのではないか、と人は思うかもしれない。実際ホッブズも、ある文脈ではこうした扱い方をしているように思われる。「人格、本人、および人格化されたものについて」の彼の議論がそうである(19)。

人格とは、その言葉や行為が彼自身のものと見なされるか、あるいは、その言葉や行為を元来なしたのが別の人間であれ人間以外のいかなるものであれ、それを真実に、ないしは擬制によって代表していると見なされるか、このいずれかの人のことである。その言葉や行為が彼自身のものと見なされる場合には、自然人格と呼ばれ、彼以外のものの言葉や行為を代表していると見なされる場合には、仮構人格ないし人為人格と呼ばれる。

信約が創り出すのは、明らかに、このような「人為」ないし「仮構」の人格である。すなわち、その行為が、代表されている人格の行為と「見なされる」ところの人格である。しかし最高に重要なのは、この代表が「擬制による」ことを忘れてはならない、という点だ。「擬制による」とは、「意志」が本当は譲渡できない、と語ることに等しいのである。

信約に際して主催者に本当の意味で譲渡されるとホッブズが考えているのは、力に他ならない。というのも「自然の権利」とは、「自分自身の自然本性を維持するために、自分自身の力を自分が意志するとおりに用いるという、各人がもつ自由」のことであり、そしてこの自由は、専ら「外的障害の欠如」にあるからである(20)。権利の「放棄」――(たとえば、主権者に対する)権利の移転はその一事例となるが――とは、「自由の放擲、すなわち、当該の件に対する自分自身の権利を他人が享受するのを妨げる自由の放擲」なのであり、「したがって、他の人間の権利が損われることによって一人の人間にもたらされる効果とは、彼自身の当初の権利に対する障害がその分だけ減少するということにすぎないのである。」

他方、主権者と臣民との関係についてホッブズが法律至上主義的な語り方ができたのは、明らかに彼の「代表」論のおかげであり、彼にとってこの点は実に本質的な意味をもっている。たとえば、政治体はいかなる意味で統一を形成するのかを説明しようとした試み、そしてこれを踏まえて、正確に言って誰に対して主権は行使されているのかを決定する基準を提供しようとした試みにとって、彼が主権者と臣民との関係について法律至上主義的に語ることができたことが本質的な意味をもっている。しかしまた、もっと広い文脈においてもこれは重要である。すべての政治哲学者の認めるところ、政体と当の特定社会に特有な性格との関係が政体の正統性の決め手となる面があるが、次の一節を見ると、ホッブズはこの点に関して一点の曖昧さもない説明を与えているように思われる(21)。

群衆が、一人の人間ないし一個の人格によって代表され、しかもその代表が群衆の各人すべての同意によってなされている場合には、群衆は一個の人格となる。というのも人格を一個のものとするのは、代表するものの統一であって、代表されるものの統一ではないからだ。そして人格を担うのは、しかもただ一個の人格を担うのは、代表するものなのである。これ以外のかたちでは、群衆のうちに統一を理解することはできない。

ホッブズの最も重要な主張のなかには、この論点に依拠したものがいくつかある。たとえば、主権者と臣民とのあいだにはいかなる信約の存在も想定不可能である、という主張がそうだ。第一に、主権者と社会全体とのあいだには信約というものがありえない。主権者なくしては統一した社会が存在しないからである。さらに、主権者と個々の臣民とのあいだの信約というのもうまくいかない。「主権者と臣民」とは信約によって創り出されるカテゴリーであり、一人の個人とそれ以外の諸個人の群衆とのあいだに相互に無関係な信約がいくら個々に重ねられたところで、その一人の個人が主権者になるわけではない。主権は本質的に政治体に対して行使されるのであり、統一意志が存在しなければ肝心の政治体が存在しないからである。言い換えれば、主権者を擁立する信約は相互に関係づけられていなければならないのである。自らの言う信約に対してホッブズが与えている独特の形態は、もとより、こうした困難を解決しようとする試みの重要な一部である。

あたかも、各人が各人に向かってこう言うかのようだ、「私は、自分自身を統治する私の権利を、この人間ないし複数の人間からなるこの合議体の権限として認め、これを放棄するが、それは、君も同じようにして君の権利を彼に放棄して、彼のすべての行為の権限を認める、という条件においてである。」

この定式が重要なのは、これによって、普遍的な相互性とその焦点とが同時に提供されているように思われるからである。それは、この定式を用いてホッブズが「コモンウェルス」を次のように定義している点を見ても、明らかである。

「コモンウェルスとは」一個の人格であり、極めて多くの群衆が一人一人との相互信約によって、

——この人格が、彼らの平和と共同防衛にとって好都合だと考えるところに従って、彼ら全員のもつ強さと手段を利用できることを目的として——自分たち各人をその行為の本人であるとした、一個の人格である。

しかしホッブズは自然状態の「各人」を想定しているのだから、こうした相互性がいかにして可能かを見てとるのは難しい。この場合、「各人」から「全員」への移行はいかにして可能なのか。

ここで我々は、ホッブズが自然状態と信約に関してそれぞれ発言している内容の両立可能性に関する周知の困難と隣あわせの地点に立っている。この困難について一般的な議論を開始したいところだが、ここではその誘惑に逆らい、ホッブズの議論のなかで私が本論で提起してきた主要な問題と特に関わる一側面を強調するだけにとどめたい。私がこれまで注目してきたのは、法律至上主義的な語り方（「権限賦与」「権利の移転」「代表」に関する発言がそうだ）と、「社会学的」とでも呼べそうな語り方とのあいだでホッブズの議論が分裂しているということに他ならない。「社会学的」な語り方ということで私が言っているのは、「剣」に触れたホッブズの言葉である。この語のもつ武力的な比喩を利用して、彼は、政治的統一の結合力を維持するかたちで行為するよう人々を強制する社会的諸勢力に言及している。しかしこの場合、彼が何を十分に認識していないかと言えば、「仮構」ないし「擬制」（あるいは、「仮託」と言ってもよいかもしれない）といった彼の代表論に不可欠の諸概念は、確立した法体系の枠内でのみ本来の所を得るにもかかわらず、そのような確立した法体系を可能にする諸条件の分析においてこれらの概念を使用できるということが彼の目的にとっては是非とも欠かせない、ということなのである。

二つの異なったタイプの問題を融合させるという同様の誤りは、合法性の問題と正義の問題とのあいだにホッブズがいかなる区別も認めようとはしない点にも現われている。これに対して、市民と主権との関係をめぐるルソーの発言の中心をなす論点は、この関係が正義という観念によらなければ理解不可能であり、そして正義という観念は合法性という観念には還元できない、というものである。この区別は、一九三九年戦争の直前から戦争のあいだの時期のフランス政府の正統性に関する、ルソーを彷彿とさせる論文のなかで、シモーヌ・ヴェイユが明確に提出している(22)。

一九三七年以降、政府は事実として合法性の形態を棄て去ったというだけではない――これはそう大したことではない。イギリス政府も同じことをやったが、ウィンストン・チャーチル以上の正統性を備えたイギリス首相は他に誰もいなかったのだから――、正統性に対する感覚が次第に消滅していったのだ。実情として、フランス人はダラディエの略奪を認めはしなかった。しかしフランス人がこれに憤激しなかったのも実情だった。人をして略奪に憤激せしめるものは、正統性に対する感覚である。

法を超越する正義というこの概念は、市民が政体の正統性の源泉であり続けると考える理由を説明するなかで、ルソーが用いている概念である。ホッブズが主張していたのは、正統性に関する話が意味をなしうるのは、主権者の意志に基づく指図によって提供される枠組の内部に限る、ということだった。この主張の系として、ホッブズは、主権者が一旦擁立されたならば、彼の正統性についてさらに問題が提起されることはありえない、とした。ここで我々として問わなければならないのは、もしも主権者の擁立という行為が、人々の将来の行動を或る方向に拘束する規則の確立ではないとすれば、主権者のこの「擁立」ということについて我々は一体どのように語ることができるか、ということである(23)。主権者の権力という観念は、我々がこの言葉を用いることができるためには十分でない。まさに目下の問題は、主権者であり続けている者について、彼にはそうした権力を行使する資格があると見なしうる、と語るのを保証してくれるものは何か、という問題だからである。ルソーはこの困難を免れている。正統性に関する話がいやしくも理解可能であるためには、主権者の意志という観念が必要だ、というホッブズの論点(これはルソーも受け容れる)に加えて、主権者の意志(万人の意志とは区別される、一般意志)に関する話が理解可能なのは、「正統性に対する感覚」とシモーヌ・ヴェイユが呼んでいるものを市民が備えている場合に限る、という論点をルソーはさらに提出しているからである。

ルソーのこの論点は、市民と主権者との関係はたんに量的な術語(たとえば、ホッブズの「統一された強さ」)では理解できず、市民の共有する生活がもつ或る種の質を要求する、と語るのに等しい。市民と主権者との関係は、市民が判断を行使することができ、その判断を社会秩序の正義に関する問題に実際に適用しているような生活を要求するのである。この論文の最初のほうで、私はルソーの思想の様々な要素を選り分けようと努めてきたが、それらはまさにこの論点で一体化する。ルソーが『人間不平等起源論』でも『エミール』でも強調しているように、人間は様々な種類にわたる不正義だらけの社会に生まれおち、そしてそのなかで育っていく。この事実こそ、正義についての諸々の考え方を体現し、市民と国家との関係のうちに自由を許容し、そしてそうすることによって国家を正統と考える道を開くような政治的秩序はどうやって可能か、という問題を論じる場合には常に所与とされなければならないのである。このことはすなわち、正義についての配慮が全く意味をなさない自然の状態から、事実的な諸々の政治的秩序からなる具体的装置にすべての正義が組み込まれた市民社会へと直接移行するホッブズのやり方には、我々として意味をもたせることができない、ということである。正義についての諸々の考え方は、様々な不正義について議論していくなかではじめて展開を見せる。そうである以上、やがて市民となりうる人間は、そうした不正義の何たるかを理解できるようにしてくれる教育を受けなければならないのである。すなわち、人間関係が必然的に何であるかというう「学」をたんに教えこむというのではなく、むしろ、人間関係の様々なタイプのあいだの質的な区別を識別する能力をもち、したがってそうした関係のなかに自ら参与する能力をもつ人間を創り出す、そういった教育である。

(1)　『ビヒモス』第四対話。
(2)　『人間不平等起源論』。
(3)　『エミール』第五編。
(4)　『人間不平等起源論』。
(5)　『エミール』第三編を参照。「ところで、人間の状況に応じて要求は変化する。自然状態で生きている自然人と、社会状態で生きている自然人とのあいだには、大きな違いがある。」
(6)　『エミール』第四編。

(7) 同。
(8) 同。
(9) 『リヴァイアサン』第一部第三章。
(10) 同。
(11) 同書第一部第六章。
(12) 同。
(13) 同書第一部第一〇章。
(14) 同。
(15) 『エミール』第三編。
(16) 同書第二編。
(17) ルソーの言うように、「君の気に入るように人々を導くためには、君は人々の気に入るように自分を導かなければならない」(『エミール』第二編)。
(18) 『社会契約論』第二編第一章。
(19) 『リヴァイアサン』第一部第一六章。
(20) 同書第一部第一四章。
(21) 同書第一部第一六章。
(22) 「臨時政府の正統性」、『ロンドン論集』に所収（'La légitimité du gouvernment provisoire' in *Écrits de Londres*, Paris: Gallimard, 1957)。
(23) H・L・A・ハート『法の概念』(H. L. A. Hart, *The Concept of Law*, Oxford: Clarendon Press, 1961) 第四章。矢崎光圀監訳（みすず書房）、一九七六年。

VI ウィトゲンシュタインの意志論

この論文の狙いは解釈にある。ウィトゲンシュタインは『哲学探究』の「序文」で、自分の「新しい考え」が「正しい解明を獲得しうるのは、私の古い考えとの対決を通してのみであり、その背景の下でのみである」と述べた。我々は必ずしもこの主張を受け容れる必要はない、とある人々は論じている。ウィトゲンシュタインがこの点で誤っており、『論考』の背景の下で理解しようとすれば『哲学探究』の思想が却ってぼやけてしまう、ということも勿論ありうる話である。

しかし私はそのようには考えない。この論文で私は、『探究』における意志についての論述に関する限りにおいて『論考』がどのような背景となっているか、を理解しようと努めたい。このことは、我々によるウィトゲンシュタインの思想の理解のみならず、哲学のあらゆる種類の問題の理解においても、十分資するところがある、と私は信じている。

『論考』での意志に関する議論は六・三七三節、即ち世界は私の意志から独立である。

で始まる。

この議論は科学における因果性や「自然法則」の本性についての長い論述のすぐ後に位置し、また倫理と価値に関する若干の考察へと移行する前段階をなす。そしてこの考察は考察で、「神秘的なもの」に関して一番最後に述べられていることと関連がある。『論考』でウィトゲンシュタインが意志について述べていることは氷山の一角にすぎないのであり、そして水面下にあるものの一部は『草稿一九一四―一六』のさまざまな箇所に姿を現わしている。これらの箇所は意志という概念がウィトゲンシュタインに与えた非常な難問をあらわにし、又、それ以外の極めて注目に値する事柄をもあらわにしているのである。一九一六年一一月四日付の長い書き込みのところで、ウィトゲンシュタインは明らかに大躍進を遂げている。同じ主題についてのより以前の箇所と比較すれば全く新しいいくつかの考え方をここで彼は突然導入しているし、また(アンスコム女史が『ウィトゲンシュタインの〝論考〟入門』で述べているように(一))『哲学探究』で展開される見解の多くの要点を含むように見える話を略述してもいる。しかしながら、これらの新たな考え方は何一つ『論考』には登場しない。そこで、私の関心を引き、私がこの論文で提起したい問は次の二つである。即ち

(1) この新たなアプローチとそれ以前のアプローチとの関係。

(2) 新たなアプローチが『論考』における意志論に何故とりいれられなかったのか。

これらの問への解答は、ウィトゲンシュタイン哲学全体に関するいくつかのかなり大きな問題にも密接に関連してくる、と私は思う。しかしこのことを明らかにするためにも、まず多くのことをなさ

ねばならない。

はじめに、『論考』でウィトゲンシュタインが意志について述べている様々の事柄の間に見うけられる矛盾と思われるものに注意を払ってみたい。私の思うにそれらの多くは本当に矛盾であるが、しかし矛盾の原因となる難点は表面には現われておらず、また矛盾の実態も一見した外観とはかなり異なっているのである。

五・六三一　思考し表象する主体は存在しない。

もし私が『私が見出した世界』という本を書くとすれば、そこでは私の身体についても報告がなされ、またどの部分が私の意志に従いどの部分が従わないか、等が語られねばならないであろう。即ちこれが主体を孤立させる方法であり、むしろある重要な意味で主体は存在しないことを示す方法なのである。というのもこの本では主体だけが論じることのできないものとなるであろうからである。

ところで、この節を理解しようとすると早くもこの節自身に含まれている困難にまきこまれてしまう。『私が見出した世界』という私の本では、世界の様々な種類の出来事が、その生起が私の意志に依存するか否かに応じて区別されねばならない、という見解と、私、即ち主体――疑いもなく意志する主体であるが――が何の論及もされえない、という見解とは、どのようにして結び合わせることが可能なのか。そこで、出来事の様々な種類の間での今問題となっている区別はどのように表現されうるのか、と人は問うであろう。「ある重要な意味で主体は存在しない」ことを示すような事柄の全てが、ここで述べられている区別が思い違いであることもまた示しているように見えるのである。

この困難は誤った解釈、即ちここで言及されている「主体」を意志する主体と同一視する解釈、によるものにすぎない、という議論がなされるかもしれない。というのもウィトゲンシュタインは『草稿』(一六年八月五日)で意志する主体と表象する主体とを区別して、「表象する主体は恐らく空虚な妄想であろう。しかし意志する主体は存在する。」と述べているからである。さてこの見解と今問題にしている見解、即ち、私の身体の各部分をそれが私の意志に従うか否かに応じて区別することによって、「主体を孤立させ」しかも主体が存在しないことを示そうとする見解とを調和させるのは容易ではない。更に、『草稿』の他の箇所は、考えること自身が意志の行為であるので、表象することは可能だが意志することは不可能な存在など考えられない、とする考え方にウィトゲンシュタイン自身が魅せられていたことを示している。つまりこの場面では私の思うに、真の意志する主体と妄想である表象する主体との区別は全く失敗してしまうのである。面白いことには彼は『草稿』(一六年七月二一日)で、考えることを意志の行為とみなすこの考え方こそまさに自分を困難にまきこんだ誤りではあるまいか、とも思いめぐらしている。しかしこの問題はさしあたり棚上げせざるをえない。

『論考』五・六三一節は、「私の意志に従う」私の身体の部分と従わない部分とに区別がある、と明白に述べているように思われる。なるほど、このことの否定などどうして可能だろうか。私は意志に従って私の腕を上げることが可能だが、私の肝臓の働きを変えることは不可能である。もとより食べ物の量や種類などを変えることは可能であり、その結果私の肝臓の働きに変化が生じるということはあるが、少なくとも直接的に肝臓の働きを変えることは不可能であろう。このような明白な事実を哲学が無視するとすれば、人々の心服を得ることなどほとんどおぼつかないと思われる。

ところが『論考』の今問題にしている引用箇所とかなり近い箇所で、ウィトゲンシュタインはこの点の承認と両立させ難いことを述べている。即ち

六・三七三　世界は私の意志から独立である。

更にまた、

五・一三六二　意志の自由は、未来の行為を今知ることができない点に存する。因果性が、例えば論理的推論の必然性のように、内的な必然性である場合にのみ、我々は未来の行為を知ることができるであろう。――知る行為と知られたこととの連関は、論理的必然性を持った連関なのである。

後者のより詳細な検討にはほどなくとりかかることにして、まずこれらの二つの節から、ウィトゲンシュタインが人間の行為を他の出来事と同列におこうとしたことは、明らかと思われる。しかもこうすることが重要である、と彼が考えていたことも実際明らかで、そのことは『草稿』の極めて啓発的な箇所（一六年一一月四日）にも現われている。又、この箇所は後に私が述べようとすることに非常に重要な意義を持っている。即ち

意志作用を考察すると、世界のある部分は他の部分より私により近いと思われるのである。(この通りとすれば、耐え難いことなのだが。)

しかし通俗的な意味で私が或ることを行なうものの、他のことは行なわない、というのも無論否定しえないことである。

従って意志はこのような具合に世界に対しその等価物として、向い立つのではないであろう、これは不可能なことに相違ない。

さて、この箇所から今の段階で以下の論点が明らかになる。第一に、私が或ることを行なうものの他のことは行なわない、と私について語られる「通俗的な意味」の考察が含意すると思われることを、ウィトゲンシュタインは一般的な哲学的考察の故に拒否している。第二に、まだ今のところ説明されてはいないが、通俗的な語り方にもある意味がある。第三に、この説明がなされた場合でも、この「通俗的な意味」を超えて意志について語るべきことがなお残されているのである。

第一の論点、即ち難問の背後にある一般的な哲学的考察、に関する詳細な検討は、『論考』の哲学と『哲学探究』の哲学との間の一般的関係に対してこの主題がいかに効いてくるかを後に考察できるようになるまで、棚上げにするのが最良であろう。しかし後の二つの論点については今述べるべきことがある。即ち、重要ではあるがこれまで言及されなかったウィトゲンシュタインによる区別を、ここで引き合いに出さねばならない。『論考』(六・四二三)で彼は「現象としての意志」(これについて彼は「心理学の関心をひくにすぎない」と述べている)と、「倫理的なものの担い手としての意志」

（これについて彼は「話をすることができない」と述べている）とを区別している。さて、「現象としての意志」という観念は通俗的な意味での行為、即ち「私の意志に従う」私の身体の部分と従わない部分との相違、に関するウィトゲンシュタインの叙述に関係がある。例えば『論考』の五・一三六一五・一三六二節からみれば、ウィトゲンシュタインはこの区別を因果性によって解明しようとしたように見うけられる。しかしこの論点のこのような読み方は次の事実により困難となる。即ち、「因果連鎖」を信じることは総じて「迷信」である、という理由から、因果関係に依拠して正当化される予言は決して知識とはなりえない、と主張され、「かかる推論を正当化するような因果連鎖は存在しない」ので「未来の出来事を我々は現在の出来事から推論できない」と述べられているからである。しかし私は、因果性についてのこの説を現在の論点にからませる必要がある、とは思わない。意志の自由は「未来の行為を今知ることができない」点に存する、とウィトゲンシュタインが述べる時の彼の論点は、自分自身の未来の行為についての我々の予言がそれ以外の事柄についての我々の予言とは異なった根拠を持つ訳ではない、ということである。現象としての意志と、意志された行為という現象との関係は、原因対結果の関係の対をなす他の全ての現象同士の関係と同様なのである。このことを支持するのが『草稿』のある覚え書き（一六年七月二九日）であり、これはウィトゲンシュタインが意志と願望とをなお一緒にして考えていた時期のものである。（後に彼は両者を根本的に異なるものと考えるようになった。）即ち「願望とその成就との間には何の論理的連関もない、ということは論理的な事柄である。」いいかえれば、願望されたことが実際に生じるか否かは、それが単に願望されたという条件以外の条件に依存している。それ故（意志することを願望の一つの形式と解するならば）、どの出来事が私の意志と因果的に結合し、どの出来事が結合しないかを、私は経験によって発見せねばならない。何事であれそれが私の意志と結合するように、と私は意志できない。そしてこの意味で「世界は私の意志から独立である。」このことは『論考』六・三七四節で詳しく説かれている。即ち

仮に我々の願望する全てのことが生起したとしても、このことはやはり、いわば運命の恩寵にすぎないであろう。何故なら意志と世界との間には、このことを保証するような論理的な連関は存在しないからである。そして物理的な連関が想定されるとしても、この連関自身を意志することはやはり不可能だからである。

しかしながら全く同じ理由で、現象としての私の意志はそれ自身が私の支配外の条件、他の現象、に依存している。ウィトゲンシュタインはこの論点を『哲学探究』(第一部六一一節)で、明らかに『論考』での彼の見解を批判するために言いかえながら、強調している。彼はこう述べている。

「意志することもまた経験にすぎない」と人は言いたがるかもしれない。(「意志」もまた「表象」にすぎない、と。)即ち、意志は生じる時に生じるのであって、私が意志を生ぜしめることはできないという訳だ。

世界が私の意志から独立であるとしても、これは私が世界から独立していることを意味する訳では

ない。それどころか、私が単に現象的な意志によってのみ考察されうる限り、私は世界に完全に依存するのである。

世界の出来事を私の意志によって左右するのは不可能であり、私は完全に無力である。(『草稿』一六年六月一一日)

世界は私に与えられている。即ち私の意志は完成したものとしての世界に、全く外側から近づくのである。……従って我々は、ある見知らぬ意志に依存している、という感情を抱くのである。このことがどうあるにせよ、いずれにしても我々は或る意味で依存している。そして我々が依存するものを、神と称することができる。神はこの意味では運命そのものであるか、あるいは――同じことになるが――私の意志から独立な世界である。(『草稿』一六年七月八日)

それ故、私が私の意志――現象的な意志――を働かせ、そうすることにより出来事の経過から自分自身を相対的にであれ独立なものとなしうる、と考えるとすれば、それは幻想である。さて厳密にはこれだけが語られるべくしてあることの全てである。というのも、我々が世界に従属していないとすることに何らかの意味があることを示す試みにおいて、我々に残されているのは「倫理的なものの担い手としての意志」だけであり、この意志についてウィトゲンシュタインは「何事も語られえない」と述べているからである。ところで倫理的なものの担い手としての意志を私はこれから時に「超越論的な意志」と呼ぶことにする。この方が短いからでもあり、又ここでの話とカントとの類推に注意を向けるためでもある。超越論的な意志について語ることが何故不可能かという理由は、現象的な意志という考えでは何故必要な課題が果せないかという理由と密接な関係があり、更にはこれを介して、これら全ての難問が生じる源である言語哲学全般とも密接に関係するのである。超越論的な意志が我我を個々の現象との関係にまきこむことはありえない。仮にそんなことがあるとすれば、その意志それ自身が直ちに現象となってしまうからである。従って超越論的な意志がいやしくも我々を世界と何らかの関係にもたらすとすれば、全体としての世界以外にはありえない。そしてこれについては「何事も語られえない」のである。

善なる意志、又は邪悪なる意志が世界を変えるならば、その意志は世界の限界のみを変えうるのであって、事実、即ち言語によって表現されうること、を変えることはできないのである。

つまり、この場合世界はこれによって総じて別の世界となるのでなければならない。世界はいわば全体として縮小もしくは増大せねばならない。幸福な人の世界は不幸な人の世界とは別の世界である。(『論考』六・四三節)

さて、これが意味することが正確には何であるにせよ、それは「超越論的」なものとしての倫理というウィトゲンシュタインの見解と明らかに関係がある。この見解は『論考』と『草稿』で手短かに述べられ、後に『倫理学講話』でより詳細に展開されている。倫理に関するこの見解は、現象としての意志の存在は世界の中のあるものが私の支配下にあることを実際に意味する訳ではない、とする彼の主張、つまり、私の身体の「意志された」運動は他の全ての出来事と正に同じ身分のものである、とする彼の主張とも、もとより関係している。彼は（『草稿』一六年一〇月一二日で）こう述べている。

> 岩石、動物の肉体、人間の肉体、私の肉体、これらは皆同じ段階にある。
> 従ってあることが岩石から生じようと私の肉体から生じようと、生じることは、善でも悪でもない。

しかし超越論的意志に関する限り、彼の立場は次のようなものと思われる。即ち、価値は世界の中には見出されない、価値は世界の限界をなす、あるいはこうも言えようが、価値は私が世界をいかに観るかの主眼点である、そしてこの「私が世界をいかに観るか」という観念は、意志——超越論的な意味での——の働きという観念を伴うものである、と。私が今問おうとする問題は、この「意志の働き」という観念に我々はどのような意味を与えうるかという問と、この観念が現象としての意志という観念にいかに関係しているかという問である。（カントが自由を現象的な自我ではなく可想的な自我に属するものと説明し、同一の行為が自由でありかつ決定されていると矛盾なく考えられうることを示そうと試みた折に、彼が関わっていた問と、現在の問との間には、もとより密接な類比関係が存在する。）

私が見るところ、『草稿』においてウィトゲンシュタインは、このような意志の働きが関与しうる事柄について二通りの全く異なった説明を示唆している。それらは彼の思想に内在している相反する力にそれぞれ応えるものである。第一の説明は、ある仕方でスピノザを強く思い出させるものであり、『草稿』一六年八月一三日付の箇所に現われる。即ち

人間は自分の意志を働かすことはできないのに、他方この世界のあらゆる苦難をこうむらねばならない、と想定した場合、何が彼を幸福にしうるのであろうか。

この世界の苦難を避けることができないというのに、そもそもいかにして人間は幸福でありうるのか。

まさに認識に生きることによって。

良心とは認識の生が保証する幸福のことである。

認識の生とは、世界の苦難をものともせぬ幸福な生である。

世界の楽しみを断念しうる生のみが、幸福である。

この生にとっては、世界の楽しみはたかだか運命の恩寵にすぎない。

この箇所のはじめでウィトゲンシュタインが「人間は自分の意志を働かすことができない、と想定した場合」と語る時に、彼は明らかに現象としての意志について話している。他の人間の経験には「意志するという現象」が含まれていると想定されているのにこの人間の経験の内にはこれが含まれていないような人間を想定しろ、と彼は我々に求めている。しかしもとより現象的意志に関するウィ

トゲンシュタインの議論から明らかなように、人がそのような経験を持つか否かが世界の苦難を逃れる彼の力に相違を生じる訳ではない。我々は皆「無力」である。ここでの想定は、出来事の経過に対して我々がある力を及ぼしうるのではないか、という幻想に陥らないように保証するための修辞上の方策なのである。

にも拘らずウィトゲンシュタインは、このような人間がいかにして幸福でありうるか、と——まるで当人に選択が残されているかのように——問うている。私の思うには、明らかにこの選択は、現象ではない倫理的な（超越論的な）意志の働きである、とみなされねばならない。しかもこの働きは世界に対して或る態度決定をすることに存している。後に、『草稿』の一六年一一月四日付の箇所でウィトゲンシュタインは、意志は「世界に対する主体の態度決定」である、とはっきり述べている。幸福な人間の態度は、現象としての意志の存在が生み出す力という外観は幻想であるという認識にもとづくものであろう。この態度は、キルケゴールが『心の純潔』で「善を意志する」人間の精神状態として述べている「忍耐」に非常に近いものに相違ない、と私には思われる。この考え方について私は論文「善人に災いはありうるか」(1)で論じている。

倫理的意志についての右の説明で強調すべき点は、その説明が、人があれではなくこれを行なおうと決定するという見地からなされているのではなく、彼がおよそ物事を行ない、又物事をこうむる際の「精神」とでも称すべきものの見地からなされている点である。行為者の外的な行為ではなく、彼の「内面性」と時折称されてきたものに強調がおかれている。ところでこうなると、人間の行為とは出来事に対して人間が力を及ぼすことであるという考え方に何らかの意味があるとすることに伴う諸諸の困難、即ちウィトゲンシュタインの場合には現象としての意志という概念によってこの考え方を取扱おうと試みることから生じる困難、——このような困難に陥らずに倫理的意志の働きについて話すことがまるで可能であるかのように見えるかもしれない。

これが可能であるとする考え方がどんなに魅力的であるとしても、残念ながら、全くその通りである、とはいいえない。というのも、(キルケゴールの言葉を用いれば)「善を意志する」人とそれ以外の「心の定まらない人々」との区別はそれ自身としてはこの行為をする人々とあの行為をする人々との区別ではないものの、しかしながら善を意志する人々が心の定まらない人々とは異なった仕方で行為することを、時には意志するということは事実だからである。あるいは、仮にこれが否定されたとしても、善人と心の定まらない人との態度の相違を説明する、という問題が我々にはやはり残されるし、そしてこの問題は——キルケゴールの場合と同じく——同一の行為が異なった人々によってなされる、なされ方の相違についての言及を必ず伴わざるをえないからである。しかもこの相違は、行為それ自身の間の相違と同じく「現象的」であるから、現象的意志によって行為を説明することが生じる難点を免れはしないのである(2)。いいかえれば、倫理的意志は結局は現象的意志に関係せざるをえないかのように思われる。そしてこの関係について何らかの説明が要求されるのである。

この問題は『草稿』で次のように現われてくる。一六年七月八日付でこう書かれている。

幸福に生きるためには、私は世界と一致せねばならない。そしてこのことが「幸福である」と言われることなのだ。

この時私は、自分がそれに依存していると思われる、あの見知らぬ意志と、いわば一致している。これが「私は神の意志を行なう」と言われることである。

死を前にした恐れは、誤った、即ち悪しき生の最良のしるしである。

さて「世界と一致している」ということは世界の中で人が行なう個々の事柄それ自身の問題というよりは、世界に対する彼の態度の問題である。にも拘らず、このような態度の可能性と、人が現に何を行なっており、又これまで何を行なったかということとの間には、内的な結びつきが存在する。このことは、私が引用をはじめた箇所を更に続ければ、明らかとなる。即ち

私の良心が平衡を失うとき、私はあるものと不一致である。しかしそれは何なのか。世界なのか。

良心は神の声である、と語ることは確かに正しい。

例えば、私はこれこれの人を侮辱した、と考えることは、私を不幸にする。これは私の良心なのか。

「いかなるものであれ、汝の良心に従って行動せよ」と語ることは可能か。

幸福に生きよ！

もし「汝の良心に従って行動せよ」と語ることが可能であり、しかもこのことが、幸福な人の世界と不幸な人の世界を記述する見地である倫理的意志と結びついているのであれば、その場合幸福な人

の態度を持つための条件の一つは、或る事柄を行なうがそれ以外の事柄を行なわないと決定することにある、と思われる。しかも行為について他の説明の仕方が存在しないので、まさにこのことが現象としての意志を再び導入すると思われるのである。

ウィトゲンシュタインは『草稿』一六年七月二一日の箇所でこの問題に直面している。

人間の意志については一体どんな事情なのか。私は何よりもまず善悪の担い手を「意志」と名付けよう。

自分の肢体を使用することができず、従って日常の意味では自分の意志を働かせるのが不可能な人間を、表象してみよう。しかし彼は考えることも、願望することも、他人に自分の思想を伝達することも可能、としよう。従ってまた他人を通して善いことや悪いことをなしうるとしよう。この場合明らかに、倫理学は彼に対しても妥当し、彼は倫理的な意味で意志の担い手である。

さてこの意志と、人間の身体を動かす意志との間に原則的な相違はあるか。

それともこの場合、願望すること（及び考えること）が既にやはり意志の行為である、とする点に誤りが存するのか。（そしてもとよりこの意味での意志なしでは人間は生きていないであろう。）

しかし表象すること（例えば見ること）のみが可能で、意志することは全く不可能な存在を考えることができるのか。ある意味ではこれは不可能と思われる。しかし仮に可能とすれば、倫理学なしの世界もまた存在可能であろう。

この例によってウィトゲンシュタインが関わろうとしている問題は、おそらく、ある人について、彼は日常の意味での意志を持たないが倫理的意志を持っている、といえるような状況を思いつくことであろう。しかしながらこの例でもまた、善いことや悪いことを行なう、おそらくそれ故、あのことではなくこのことを行なうことについて言及がなされている点に注目すべきである。そして「日常の意味での」意志という観念が結局のところその人の決定に、例えば自分の考えを他人に伝達するかしないかの決定に、関与してくるように思われる。当の「伝達」がどのような種類のものであるかは説明されていない。もし語ることによるのであれば、これは少なくとも身体のある運動を含むと思われる。他方ある種の直接的な思想移動――テレパシー――と考えられたとしても、原則的には何も変りがないと思われる。というのもその人が自分の考えをこのようにして移動させるかさせないかを選択することが可能である、とみなされることは明らかだからである。そしてこの決定の結果が、何が生起するかに影響を及ぼすものと解されているのである。

『草稿』に基いて述べるならば、『論考』の立場の内から考える限り、以上がウィトゲンシュタインが問題を追求しえた極点である、と私には思われる。しかもこれでは明らかに問題が若干の混乱のままに残されている。さて『草稿』の終り近くに（一九一六年一一月四日付の）長い箇所が現われるが、それは明らかに大きな進展を表わしている。ここで展開された意志についての考え方はウィトゲンシュタインが『哲学探究』六一一節以下で主張したような見解の要点の多くを含んでいる。ここでウィトゲンシュタインは「意志に対する世界の中での手がかり」は何か、という問を提起する。彼は、この手がかりは「私に意志行為という出来事を確信させる感情」にある、という（「現象としての」意志

について の彼のそれ以前の話に含意されてきた）考え方を拒否する。何故ならこの感情は「他の諸表象から区別される何か特殊な性質」を持っていないからである。（『哲学探究』第二部ⅷの運動感覚についての議論を意志に対する関係で参照せよ。）彼は、意志が行為の原因である、とする考え方を捨て、それに代えて、意志は「行為そのもの」である、とする考え方を採用する。そしてこの考え方からの直接的な帰結として、彼ははじめて願望することと意志することを明瞭に区別するのである。

意志された肉体の運動の生じ方は世界の中の意志されないことのいずれの生じ方とも全く同様であるが、ただそれが意志によって伴われている点だけが異なっている、というのではないであろうか。しかし運動は単に願望に伴われているだけではない！　意志によって伴われているのだ。我々は運動にいわば責任を感じるのである。

…………

願望することは行なうことではない。しかし意志することは行なうことである。

…………

私がある出来事を意志するとは、私がそれを行なう点に存するのであって、その出来事の原因となる他のことを行なう点に存するのではない。

…………

願望は出来事に先行し、意志は出来事を伴う。

ある出来事が私の願望を伴ったと想定しよう。この場合私はその出来事を意志したのか。

この伴い方は、意志の場合が強制的であるのに対して、偶然とは思われないか。

私は私自身の未来の行為を知ることが出来ない、という『論考』に現われる見解と明白に矛盾することをもウィトゲンシュタインは述べていると思われる。彼はこう述べているのである。

従って私は自分の行為に対し自分の意志を伴わせる、という事情なのか。

しかしそうすると今度は、私は五分以内に私の腕を上げるだろうと、いかにして予言できるか。

――尤も或る意味ではこれは可能なのだが。――私はこのことを意志するだろうと、いかにして予言できるか。

さてこれらの考え方のどれ一つとして『論考』に登場しないことは、一見して非常に当惑させる。そこで私はどうしてこうなのかを問うてみたい。私の思うに、この新たな説明は、『論考』に表明されている言語・思想・世界の関係についての考え方全体と極めて明白かつ根本的に不一致である、という事実がその理由である。しかもウィトゲンシュタインがこの点をよく承知していたことは、私が以前に言及したものの説明しないままにしておいた覚え書きに示されている。即ち

というのも意志作用を考察すると、世界のある部分は他の部分より私により近いと思われるのである。（この通りとすれば、耐え難いことなのだが。）

しかし通俗的な意味で私が或ることを行なうものの、他のことは行なわない、というのも無論否定しえないことである。

従って意志はこのような具合に世界に対しその等価物として、向い立つのではないであろう、これは不可能なことに相違ない。(『草稿』一六年一一月四日)

何故これらは「耐え難く」、「不可能」なのか。

その理由は、確かに次のことにある。『論考』では世界に対する私の関係は命題によって、しかも専ら命題によって、媒介されている。命題は事態の像であり、命題と事態との関係は常に同じ種類のものである。私は命題が真か否かを命題と事態を比較することによって——命題がそうであると語っている通りに物事が現実にそうなっているかを見ることによって——発見する。しかし意志作用の検討は、私と現実との関係はこれとは全く異なった仕方でも可能であることを含意すると思われる。即ち、私が命題を形成し、次いで、それを事実と比較して命題の真偽を発見するのではなく、事実に手を加えることによって命題を真となすことが可能と思われる。この論点はG・E・M・アンスコム女史とA・J・ケニー氏がそれぞれ「実践的知識」という言葉を用いて指摘した論点であり、実践的知識と理論的知識との差異は、命題と事実が不一致の場合に責められるべきものが事実であるか命題であるかの差異に応じたものである。例えばケニーは、同一の図面が(1)ガイドブックに現われると考えられた場合(理論的知識)と、(2)建築家の青写真として現われると考えられた場合(実践的知識)とを比較している(3)。しかしおよそこの種のことを認めるのは、『論考』の一般的な立場の内部で調整可能なものとは全く異なった役割を命題に対して認めることである。あるいは同じことの違った言い方をすれば、このことは「世界」についての非常に異なった考え方を前提しているのである。

さて私は、人間と世界との関係に言語が入りこむやり方についての『論考』から『哲学探究』への叙述の変化の本質は、意志に関しては何であったのか、という問を提起したい。この点で重要な二つの論点が『論考』における意志論に関してこれまで現われてきている。(1)「日常の意味での」「現象としての」意志、即ち世界には私が支配できる出来事とできない出来事とがある、という考え方を伴うような意志は、『論考』にとってはうまく説明して片付けるべき変則例である。(2)しかしながら、意志することとは不可能だが表象することは可能な存在、という考えは不可能である、と述べようとする強い傾向がウィトゲンシュタインにはあった。(2)の文脈での「意志」を「日常の意味で」解すべきか「倫理的なものの担い手として」解すべきかについては、私がこれまで論じた『草稿』からの箇所のいくつかは後者を示唆するものの、完全には明瞭ではない。私の思うに実はここでの眼目は、今の区別に従って意志について考える限りこの考え方について考え抜くことは出来ない、という点にある。(2)を支持する理由は完全には明らかにされてはいないが、表象作用自身が何らかの仕方で意志の働きであるとする考え方に依拠していると思われる。このことと、『論考』で想定されたような、言語にとって必然的な名と対象との相関が意志の働きを含む、という考え方とには、関係があるかもしれない。この点を考えてみれば、これも又、今問題となりうるのは現象的な意志ではない、と述べることに有利に働く。何故なら名と対象の相関は世界の限界に位置するのであって、世界の中での事実ではないからである。

さて、『論考』と『哲学探究』との間の大きな相違を見てとる一つのいき方は次の点にある。即ち、語と対象との相関は世界の限界に位置するのでそれについては何一つ明確なことを語りえない、と解することは『哲学探究』ではもはや必要ではない、ということである。代って（「対象」それ自身及びそれの名との相関ではなく）「生活形式」が「所与」とみなされる。実際、ある特定のカテゴリーに属する諸対象が存在するという観念が我々にとって意味を持つのは専ら生活形式という文脈でのことであり、しかもこの観念に意味が与えられる場面において、諸対象の観念に呼応した「名」との「相関」がどのような種類のものであるかをもまた我々は把握するのだ、——こう主張される。ところで生活形式は人間の活動、人間が行なう物事であり、あるいはそれらを含んだものである。あるいはむしろ生活形式は、人間の選択がそれに依拠して行なわれ又理解される基準、即ち人が選択肢に直面し別のことではなくこのことを行なうというのがどういうことであるかを我々がそれに依拠して理解しうる基準、このような基準について我々が話すことを可能にする、という点において、生活形式は人々が物事を行なうという観念について我々が意味を与えうる文脈を供するのである。従って人間の意志は、『論考』における人間の行為に関する「通俗的」な観念に含まれていた意味での「人間の意志」よりも一層確固として明瞭に、思想と世界との関係についての説明全体の中心に位置している、と言えるのである。いまや（『論考』が試みて失敗したような）意志という概念をより先なるものとみなしそれから人間の行為の概念を構成することはもはや問題とはならない。逆に、人間の行為という概念がより先なるものとみなされ、意志の観念はこれによって説明されるのである。

人々が行ない又行なうことを控える現実的な物事に対して、我々が生活形式という概念を用いることによって関わる限りにおいて、我々は現象としての意志という『論考』の概念がそれの説明のために導入された事柄に関わっている。しかし新たな重心は、現象としての意志と倫理的なものの担い手としての意志との区別といった類の、初期の立場に特徴的だった区別を設けることを不可能としている。というのもいまやウィトゲンシュタインにとって、「事実の総計」としての世界やこの総計に対する「限界」について以前のように話すことはもはや不可能だからである。『哲学探究』での議論が示しているのは、何が現象であり何が現象でないかの区別は専ら所与の生活形式の内部から与えられうるということである。我々の種々の生活形式で行為という概念が果している役割を考えれば、現象としての意志という概念が考慮される余地はない。しかし「意志することは現象ではない」と語ることは、意志することが現象界の外に位置するとかそれの限界に位置するとか語ることではない。「現象界」など存在しないからである。従って、現象としての意志という考え方を拒否するからといって、倫理的なものの担い手としての超越論的な意志、という考え方に立ち戻るのを強いられる訳ではない。もし人間生活の倫理的な次元が行為の日常的な概念に含まれているものとは異なった意志についての考え方を含むものとするならば、これもまた或る生活形式・言語ゲームに固有な特徴に基いて説明されるべきであって、世界内の事柄と世界の限界に位置する事柄との間の、全般にわたる区別に基いて説明されるべきではないのである。或る言語ゲーム（例えば或る宗教の言語ゲーム）が世界と世界を超えた事柄との間にある一つの区別を行なう、というのは確かにありうる話である。しかしその場合でも当の区別はそのような言語ゲームで実際になされているように理解されるべきであって、言語の可能性全体の基礎をなす区別として理解されるべきではないのである。とはいえ残念なことには、この方向での思索は『哲学探究』で十分に辿られることがなかった。私がこの論文で言及してきた問題領域、『草稿』でウィトゲンシュタインを動かした問題領域はそれ以上論じられなかった。にも拘らず私の思うには、これらの問題の多くは依然残されたままであって、現象としての意志と倫理的なものの担い手としての意志との間の初期になされた区別の解消に伴って自動的に解消した訳ではない、ということは十分確かである。

若干後もどりをして私が強調した論点をここで詳説させて頂きたい。即ち、人間の意志は『論考』では一般的な見通しの主たる概要が描かれた後に扱われるべき変則例とみなされたと思われるのに対し、『哲学探究』では言語の本性や言語と現実の関係についての議論で中心的な位置が与えられたが、問題はその与えられ方である。『哲学探究』での意図的行為の説明と規則に従うことの説明、この両者の間には非常に強いアナロジーが存在する。もとより後者の観念は生活形式という考え方や言語の説明において支配的な要因となっている。ウィトゲンシュタイン自身このアナロジーに注意を払っている。即ち

「私はあの時……と言いたかった」という表現の文法は「私はあの時続けようとすれば続けることが可能だった」という表現の文法と近縁である。前者は意図の回想であり、後者は理解の回想である。(『哲学探究』第一部六六〇節)

そして意図することと規則に従うこととの両者の場合についてウィトゲンシュタインは次の論点を

強調した——尤も『論考』ではこれの否定を同様な力強さで強調したのであるが。即ち、私自身の行為が問題となる場合、私は何が生じるであろうかを（私が何を行なうであろうかを）知ることができ、しかも私の知識が帰納的証拠（ないしはおよそ何であれ証拠といったもの）に基いていることを含意しないような意味で知ることができる、ということである。

これとの関連で私が強調したい論点——尤も私の思うにウィトゲンシュタイン自身は強調しておらず、さらに『哲学探究』での彼の語り方の精神に反するとみなされるかもしれない論点——は、次のことである。即ち、『論考』では、他の未来の出来事については知りえないような仕方で私は自分自身の未来の行為について知りうるという考え方は変則例とみなされ、また私が予測——予測は決して知識の段階に至りえない——をなしうる唯一の仕方は帰納的方法である、とされるのに対して、『探究』では、私自身の未来の行為に関する知識は帰納的知識よりもある意味でより根本的である、とされる。何故なら、帰納的知識の可能性自身が、或る種の探究が遂行され或る種の推論がなされるための文脈を形づくる生活諸形式の存在に依存しているからであり、しかもこの諸形式は確立した規則や基準に一致して行為するという観念（ないし観念の如きもの）を含んでいるからである。さらにこのような規則や基準に一致して行為することに何が含まれるか、についての解明は常に、「今私は続けることができる」という考え、即ち私の行為が未来の或る状況下でいかなるものであるかをそれ自身は帰納的証拠によらない仕方で知っているという考え、を含んでいるからである。

しかしながら、あることが他のことより「より根本的」であると語るのは危険である。更に、一般的にいえば、他の全てがその見地から理解されるべきであるような何か一つの考えを発見しようと試みることは、『探究』の精神に全く反している。確かなことは、ウィトゲンシュタインの新たな観点からすれば「世界のある部分は他の部分より私により近い」という考えには何の面倒もない、ということである。実際彼は（第二部xで）「私自身の言葉に対する私の態度は、他人の態度とは全く異なっている」ことを力説している——、そして私の思うには、私自身の行為に対する私の関係がそれ以外のものに対する私の関係とは全く異なっている、ということはこれからの直接的帰結なのである。この「異なった関係」は、異なった言語ゲームないし生活形式によって説明されるべきであろう。そしてウィトゲンシュタインはまさにこのことを行なっているのである。（第一部六三〇—六三一節を参照）

ここでは、意志と行為の関係はもはや心的過程と身体的運動の関係とはみなされていない。代って行為の概念が、或る種の言語ゲームにおける行為の文脈の下で、第一のものと解される。そして次にウィトゲンシュタインは、行為の観念との関係で意志の観念が当の言語ゲームでいかなる役割を果すかを問うのである。

「意志するというのは願望するといった類のことであるはずがないとすれば、行為それ自身でなければならない。行為の手前で立ち止まっているものであってはならない。」意志するのが行為であるとすれば、行為という語の日常的な意味でそうなのである。つまり、語る、書く、歩く、物を持ち上げる、あることを表象する、といったことがそうだ。しかしまた同時に、語ろう、書こう、物を持ち上げよう、あることを表象しよう、等々と努める、企てる、頑張る、といったこともそうなのである。（『哲学探究』第一部六一五節）

行為についての我々の話には、あることを行なうこと以外に、あることを行なおうと努める、選択する、決定する、意図することなどへの言及も含まれているが故に、行為することと意志することの間にくさびを打ちこむことが可能なのである。あるいはより一般的に言えば、この可能性が生じるのは、行為の概念が、行為者が自分が何を行なっているかの概念を持つことや、彼の行為についての話や議論といった事柄の存在などを要求するからである。しかしある事例でこの種のくさびを打つことが可能であるということは、くさびを打つのが常に可能であることを意味する訳ではない。意志することと行為することの間に区別を設けるのが全く不可能な、数多くの標準的な事例が存在するのである。

私が自分の腕を上げる場合、私はふつうは腕を上げようと努めはしない。

「是非とも私はその家に到ろうと意志する。」しかしそれに何の困難もない場合——、是非ともその家に到ろう、と私は努めることが可能か。（同書第一部六二二—三節）

これら二種類の事例（行なうことと「意志すること」とが異なっている事例と異なっていない事例）が存在するという事実は、我々の言語のうちにある或るかなり一般的な傾向を強めることになる。そして、『論考』に非常に大きな面倒をもたらすことを我々が認めたような、世界の中に存在すると同時に世界の中には存在しないものとしての意志、という考え方は、これの結果なのである。

行なうことそれ自身には経験が持つ厚みを全く持たないような見かけがある。それは延長を欠く点、針の先のような見かけがある。この針の先こそ本来の行為者と見うけられる。そして生起する現象はこの行為の帰結にすぎないと見うけられる。「私は行なう」は、あらゆる経験から分離された、ある特定の意味を持つ、という見かけがあるのだ。(同書第一部六二〇節)

しかしこの見かけは勿論超越論的幻想なのである。*

(1) 第X章を見よ。

(2) あるいは私のこの考察は『論考』よりも『哲学探究』の精神に沿ったものである、というべきかもしれない。私の思うに、『論考』の見解の下では、今のような説明が可能であるという想定は誤解されるであろう。これは、人は倫理的意志について「語りえない」とする見解からの一つの帰結である。しかしもとよりこの倫理的意志という観念に何らかの意味を見出そうとすれば、人はそれについて語ろうと努めはじめざるをえない。そして『草稿』はウィトゲンシュタインの前提が不可能として排除したような仕方で彼が語ろうと努めている絵巻物をくりひろげるのである。

(3) ケニー「実践的推論」('Practical Inference', in *Analysis*, January 1966.) アンスコム『インテンション』をも参照のこと。

* 下書きに対して石黒英子女史から頂いたコメントのおかげで、この論文は当初のものより大幅に改善された。

訳注

(一) *An Introduction to Wittgenstein's Tractatus*, London: Hatchinson, 1959. 著者が言及しているのは一七二頁の記述である。

VII やろうと努めること（一）

「やろうと努めることと未遂に終ること」(1)と題する論文で、ピーター・ヒース教授は、やろうと努めるという概念について詳しく論じている。その内容は、やろうと努めることと実際に行為することとの関係をめぐってウィトゲンシュタインが『哲学探究』で述べている所見に多くを負ったものである。このウィトゲンシュタインの所見については、私も「ウィトゲンシュタインの意志論」(2)において既に論じたことがある。ヒースは自分の見解をかなり詳細に分類・整理しているが、最も重要な論点を次のように要約している(3)。

やろうと努める、という言い方をすることによって、何かが記述されているわけではない。この言い方は、行為を或る種の文脈のうちに置く、あるいは或る種の照明の下で見る、という一つの手だてにすぎない。その文脈とは、成功失敗の文脈、とりわけ行為者をまちうけている危険・障害・

難問の文脈である。これらは現実に存在している場合もあれば、たんに懸念されているにすぎない場合もある。そして行為者は、直面するこれらの困難を克服することもあろうし、困難の故に挫折することもあろう。失敗の折に失敗を宥め失敗の弁解となるのも、成功の折に成功をいっそうすばらしいものとするのも、これらの困難である。要するに、やろうと努めるという言い方は、行為をこのような危険・障害・難問の文脈にもたらす言い方なのである。

それ故、やろうと努めるというのは行為者が心のなかで行なうようなものではない。彼の行なうこと（行なう、と積極的には言えないような場合もあるが(二)）を、それの目標と見なされるものとの関係で性格づける、ということなのである。そうしたものとして、この性格づけは行為に先立ってなされてもよければ、行為と同時であってもよく、また事が終ってからでもかまわない。しかもそれは、行為者本人と他の人間のどちらによってなされるのでもかまわない。

ヒースは分析を始めるにあたって、特にH・A・プリチャード(4)を連想させる見解に触れている。すなわち、我々の義務は、何かを行なうことでは決してなく、ただ何かを行なおうと努めることだけである、何故なら(ヒースの言い方では)「必ず成功せよという命令はおよそ人間の能力を超えている」から——という見解である。ヒースの論文本体は道徳哲学上のこの問題に関わっているわけではない。彼自身もこのプリチャード的な見解に疑義を唱える意図はないと付け加えている。しかし、こう述べるからには彼はこの見解を是認していると見なすべきか、となると、私はそうは思わない。やろうと努めるという概念についてヒースが以下展開している議論を見てみれば、プリチャード派の人々が右の見解を主張するにあたって依拠している主要な論拠の一つが切り崩されるのは一目瞭然に思えるからである。したがって、――ヒース的路線で分析された――やろうと努めるという概念には、プリチャード的な見解を正当化するのになおも役立つ特徴が含まれていることが十分ありうるとしても、ヒースとプリチャードとの関係はさらに検討した上で決定されるべき問題であろう。

重要なのは、やろうと努めるという概念が道徳の次元で機能している点に注目することである。といっても私は、ある人が何を行なおうと努めたのか、また、その努めたことが現実に行なわれたことや行なわれなかったこととどう関係しているのか、こういった問題が生じる場合、それは常に道徳上の問題である、と言っているのではない。そう言うとすれば明白な誤りだろう。私の言っているのは、やろうと努めるということについて我々のもっている観念が数多くの道徳上の問題のまさに中心に位置する、ということがこの観念自身にとって極めて根本的であり、そしてこの事実が、やろうと努めるということに対する我々の理解に深く影響している、ということである。すなわち、やろうと努めるとはどういうことなのかを（恐らくは「心の哲学」の練習問題として）まず明確に把握し、続いて、道徳上の問題に関する我々の考え方にこの観念がどのように関与しているかを（興味深いが、最初の問題とは偶然に結びつくだけの応用問題として）考察する、というわけにはいかないのである。そうではなくて、やろうと努めるという観念が道徳上の問題についての我々の考え方にどう関与しているかを理解するということそれ自身が、やろうと努めるとはどういうことなのかを理解しようとする際には極めて重要な位置を占めなければならない。いま私が述べた観点は、ヒース自身も、彼の論文に見られるいくつかの論点、特に法律の文脈での未遂の観念について彼が述べていること(5)を見ても、実際に支持しているように思われる。明らかに法律の文脈では、何をもって未遂は成立するかという難問は、既遂犯罪とは区別される未遂犯罪に対して行為者はそもそもいかなる法的責任を負うか、という難問の中核をなしている。したがって、この後者の問題を背景として見なければ、最初の難問は現実的な難問とは言えなくなってしまうのである。これに適当な変更を施せば、やろうと努めるという常識的観念と行為者の道徳的責任に関する問題との関係についても同様のことがあてはまるに違いない、と私には思われる。

ある人について、彼は何かを行なおうと努めている、と述べるのが意味をなさない事例について、ヒースは具体例をいくつか挙げている。確かに彼の言う通り、「単純、容易、直接的に遂行できて、行為者に何の負担もかからない場合、——ウィトゲンシュタインが指摘したように——その行為者について、彼は行なおうと努めているとか、行なおうと努めたとか述べるのは、空転した言い方にすぎない。」しかしそうした場合でも、そのことを行なう義務がある、と行為者について述べるのは一向におかしくない、ということがあるのは確かであり、ヒースも疑いなくこれに同意するだろう。たとえば、勘定の支払いを考えてみよう。そしてその場合、勘定を支払うのにいかなる障害もないとする。つまり、懐中には現金があるし、それを他の用事に回さなければならない事情はない、受取り側は眼の前で支払いを請求している、二人とも金の計算くらいは十分できる、等々と想定する。私の思うに、これは支払い側について、彼は勘定を支払おうと「努めている」と述べるのが到底意味をなさない事例の一つだろう。そうだとすれば、彼の義務はただ勘定を支払うということだ、と言って差しつかえあるまい。そしてこうした状況では、彼について彼は「勘定を支払おうと努めている」と述べるのが意味をなさないとすれば、「勘定を支払おうと努める義務がある」と述べるのもこれまた意味をなさないのである。

しかしこの点を認めても、「必ず成功せよという命令はおよそ人間の能力を超えている」という原理に抵触するわけでは決してない、と私には思われる。右の例で、行為者について彼は「勘定の支払いに成功する」と述べるとすれば、「勘定を支払おうと努める」と述べるのと全く同様に意味をなさなくなるからである。もっとも私は、「やろうと努める」と「成功する」という二つの語が意味ある仕方で使えなくなる理由は常に全く同一である、と言っているのではない――その理由についてはここで論じるつもりはない。ただ、一方の語が使用できない場合には他方の語も使用できない事例が非常に多い、ということは少なくとも明らかと思われるのである。そしてもうこれだけで、「必ず成功せよという命令はおよそ人間の能力を超えている」というのは、たとえそれが事実であるにせよ、あることを行なうのは人の義務ではありえないとする説を支持するわけでは決してない、ということが十分に示されている。何かを行なうという事例のすべてが何かを行なうのに成功するという事例であるわけではないのである。

やろうと努めるという概念についてヒースが展開している議論を見てみれば、目下論じている道徳上の見解はその主要な論拠の一つを切り崩される、私は先にこう述べた。この点についてもう少しばかり述べたい。その主要な論拠とは、ヒースの記述によればこうである。「やろうと努めることは、能動的ではあるが動きのない局面をなしており、その後に変化が生じるとすれば、変化が続いて生じるのである。プリチャードが提出した溝を跳びこす手段の例も、この順序をなしているように思われる。まず、やろうと努める、そして次に、君は溝を跳びこえる、あるいは跳びこえていない。つまり、やろうと努めたことが跳びこえたことの原因となるのである。」しかしながら、義務に関して何故プリチャードは「義務と事実不知」に見られるような見解を採ったのだろうか。その十分な理由を明らかにするには、このヒースの記述に若干の補足をしなければならない。すなわち、やろうと努めたことが行なったことの原因であると語るということは、その行なったことが、やろうと努めたこととその際の周囲の諸条件とを併せたものによって惹きおこされた、と語ることなのである。私の補足したこの傍点部分がプリチャード的立場の議論構造で最高度の重要性をもつことは、言うまでもないだろう。たとえば溝を跳びこす例で言えば、溝の幅、地面の状態、地球の重力作用、大気の状態、当人の筋肉や神経系のぐあい、等々がそうした諸条件に含まれることになる。プリチャードの心を強く惹いたのは、どのような行為の事例にあっても、当の行為を行なう時点には当人に制御できないこうした数多くの条件が必然的に存在する、ということだった。ところが当人に行なう義務があるのは、当人の力が及ぶ事柄でしかない。そうすると行為に関する限り、行為が遂行されるか否かは当人のその場の力ではどうにも変更できない諸要因に依存する以上、当人の力が及ぶのは（日常的な意味での）行為ではなく、行為の必要条件の一つであるものを行なうことだけである――プリチャードの議論はこう示しているように思われる。

この議論をここで詳細に批判する必要はあるまい。議論がどこで誤っているかを指摘するだけにとどめたい。一方では、「当人の力が及ぶ」といった観念が本来どのように使われているかに関して誤解がある。他方では、形而上学的に言って根源的な意味で「当人の力が及ぶ」のは「取りかかる」（私はヒース同様に、「取りかかる」というプリチャードの表現は、目下の問題に関する限り「やろうと努める」という表現とほぼ同義である、と見なしている）ということに限られ、それ以外のことは同じ意味では当人の力が及ばない、つまり、「取りかかる」というのは、周囲に存在するいかなる条件にもそれ自身は依存せずに行なわれるようなことである、といった誤った考え方がある。もちろん、この考え方が誤りであるというのは私の独断である。この考え方について論じるためには、「条件」や「依存」といった諸観念についてさらに多くの考察が必要であるし、またこうした観念には数多くの様々な用法があり、それらのあいだの関係を適切に理解しなければプリチャード自身の立場に十分な評価を下すこともできないからである。しかし、ここではそうした問題を議論するつもりはない。

プリチャード的な立場と言っても、私にはプリチャード自身がこの立場を採っているとは思えないのだが、この立場を簡潔に述べるとすれば次のようになるだろう――行為者が本当に行なうのは、行なうと普通に言われるようなことでは決してなく、プリチャードが「取りかかる」と呼んでいることである。行なうというのは全面的に「能動的」でなければならず（「能動的ではあるが動きのない局面をなしており、その後に変化が生じる」というヒースの言い方を想起せよ）、行為者の能動性の表現とは言えない要因に依存して生じるものは何であれ、まさにその依存の程度だけ、全面的に能動的であるとは言えないのである。

かつてウィトゲンシュタインは、行なうというのを「経験がもつ厚味を全く持たず」「延長を欠く点」[6]のようなものと考えたくなる傾向について語ったことがあるが、このとき彼が述べていた傾向とは、まさに以上のような考え方から生まれるものであった。そしてこの傾向に対してウィトゲンシュタイン自身が採った方針は、「行なう」という概念を我々が実際に適用している場面にあくまでも立ち戻る、というものだった(7)。

「意志するというのは願望するといった類のことであるはずがないとすれば、行為それ自身でなければならない。行為の手前で立ち止まっているものであってはならない。」意志するのが行為であるとすれば、行為という語の日常的な意味でそうなのである。つまり、語る、書く、歩く、物を持ち上げる、あることを表象する、といったことがそうだ。しかしまた同時に、語ろう、書こう、物を持ち上げよう、あることを表象しよう、等々と努める、企てる、頑張る、といったこともそうなのである。

ヒースの採っている方針も本質的にはこれと同じである。そして私には、全くこれこそが我々の採るべき正しい方針であるように思われる。しかしこの方針を採ってしまえば、義務に関する話は当然違ってこなければならない(行為と人間に適用されるその他の多くの道徳的概念——たとえば、責任といった概念——についても話は違ってくる)。我々が本当に行なうのは「やろうと努める」とか「取りかかる」とかいうことだと考え、しかも、常に我々の義務はあることを行なう(あるいは、行なうのを控える)ということにあって、これこそ行なったときに我々に責任のあることだ、という見解に立つ限り、我々に行なう義務があり責任があるのはあることを行なおうと努めることに尽きる、という帰結が当然避けられない。しかしウィトゲンシュタイン／ヒースの方針を採ってしまえば、我々の義務はあることを日常的な意味で行なうということにあり、そうした日常的な意味での行為こそ我々に責任のあることなのだ、と再び語ることができるのである。

この最後の論点によって、これまで議論してきた道徳的諸問題の領域はもちろん拡がることになる。「人は何を行なう義務があるのか」という観念に加えて、「人は何に責任があるのか」という観念が導入されているからである。以下の議論は、前者の観念よりもむしろ後者の観念（および、これに関係する諸観念）のほうに重点をおくものとなろう。ただし、自分の行為それ自身のみならず、その「帰結」に対しても行為者には責任がある、とはどの程度言えるのか、というハートとオノレの『法における因果』[8]での興味深い問題には触れることができない。自分の行なった行為に対する行為者の責任、という観念に議論を限ることにしたい。

既に述べたように、プリチャード的な見解に立てば、行為者が最も厳密な意味で本当に行なったと言えるのは、あることを行なおうと取りかかったとか努めたとかいうことに限られる。しかもこの論点には、ヒースが述べている通り、行為者がやろうと努めたことを（日常的な意味で）彼が行なったと言われることとの一種の原因と見なす、という態度が含まれている。もっとも、次の点は我々として忘れてはならないだろう。すなわちプリチャード自身は、あることを行なうこと（つまり、行為）に取りかかることと当の行為との関係を、因果的関係と言い切るのに戸惑いを感じていたのであり、厳密な意味での因果的関係は、取りかかることとそこから結果する身体運動（出来事）とのあいだに成立する、彼としてはむしろこう言いたかったのだ、ということである。彼に続く論者たちは日常的な意味での行為に注意を戻して、やろうと努めることを日常的な意味での行為から理解しようとするようになった――やろうと努めることから行為を理解するのではなく――が、この動きには私の思うに、プリチャードにこうした戸惑いを起こした事柄が与っている。

やろうと努めることが右のように因果的観点から考えられたのは、責任という観念の複雑さと関連している。「Aは出来事Eに対して責任がある」と語る場合、時に我々はAをEの原因（もしくは、Eを惹きおこした主要な因果的要因）として考えている。この場合、Aは人間のこともあれば人間でないこともある。たとえば、路面に亀裂が生じたとき、長期間にわたって路面が凍っては融けるという事態を繰り返したことにその責任がある、とすることがあるし、花瓶にぶつかって地面に落して割ったのはジョンだという意味で、その貴重な花瓶が割れたのはジョンに責任がある、とすることもある。しかしこの種の問題は、――これも同じく「責任」という語を用いて表現されうる――非難に値するかどうかという問題とは違っている（もちろん無関係ではないが）。日常会話では、路面の亀裂に対しては凍っては解けるという繰り返しが「非難」を負うべきだ、という言い方もされようが、だからといって、人間を非難に値すると見なすことがあるのと同じ意味で、この事態を「非難に値する」、責めを受けて当然だ、と見なしているわけではない。また、花瓶が割れたのはジョンに責任がある（＝その直接原因である）ということには決着がついたとしても、彼にこの災難の責任がある（＝非難に値する）かどうかの問題は未決定のままである。たとえば、彼が花瓶にぶつかったのは躓いて倒れたためだが、それは彼の過失とは言えない、ということもあるのである。

しかしながら、行為をプリチャード的に考えると、責任という観念のこれら二つの側面は極めて直接的に融合してしまう。この立場では、やろうと努めることが行為者が本当に行なうことであり、彼の身体運動（が実際に生じた場合には、そ）の原因である、とされるが、この運動はこの運動で、たとえば花瓶が割れるというような他の物理的な出来事の原因となることがある。したがってこの見解に立てば、行為者がやろうと努めたことに後続のそうした出来事に対する（因果的な意味での）責任がある、と言えることになる。あるいは、やろうと努めた行為者に後続のそうした出来事に対する責任がある、と言い換えても極く自然に思われる。しかしながらプリチャード的な見解では、やろうと努めるのが行為者が最も厳密な意味で行なう（道徳的存在としての行為者から専ら発する）唯一のことなのだから、行為者には自分がやろうと努めたということに対して（「責任」という語の用法に含まれるもう一つの側面でも）責任があることになってしまう。すなわち、道徳的な非難ということがいやしくも問題となれば、非難されるべきなのは彼がやろうと努めたことなのである。そしてこの考え方からすると、行為者が道徳的に非難されるべきかどうかの決定は、（日常的な意味で）彼が実際に行なったのが何であるかには関係なく、彼が行なおうと努めたことに専ら依存する、という帰結もさらに導かれるように思われる。つまり、道徳的責任（＝非難に値する）という観点から言えば、殺人未遂犯であろうと既遂犯と全く同じ立場に置かれるのである。しかし、この考え方はそれ自身としてどこまで納得しうるものだろうか。これを、やろうと努めることと実際に行為することとの関係を誤解した議論の帰結にすぎないと見るならば、どうであろうか。以下、この問題について考えてみることにしたい。

もっとも、プリチャード的見解の帰結としていま述べたことには早速補足をしなければならない。

プリチャード派といえども、未遂犯と既遂犯のそれぞれの立場に道徳的に見て重要な相違は何もない、という見解に与しているわけではもちろんない。たとえば、殺人既遂犯には未亡人や父なし子となった被害者の妻子に対してできる限りの賠償をするという責務が生まれると考えられるのに対し、未遂犯の場合は未亡人や父なし子を突きつけられるわけはないから、同じ責務を彼に課すことはできない。逆に言えば、未遂犯には彼が亡き者にせんとした人物に対する責務が生まれると考えられるのに対し、既遂犯の場合はそのような生存者を突きつけられることはもはやないから、彼にこの責務を課すことはできないのである。ところでこの点はプリチャード派を公平に扱うためのものではあるが、それを別にしても、ここにはこれまでの私の議論には現われていない一つの非常に重要な事実が指摘されている。すなわち、人の行為を契機として下される道徳判断の種類は複雑であり、この問題が覆う領域全体をただ「非難に値する」という概念だけによって論じることは不可能だ、という事実である。さらに、非難に値するという観念それ自身の裏にも複雑な事情が潜んでいる。この複雑さこそ、我々の主題に密接に関わるものに他ならない。

主題をさらに進めるために、この段階で、極めて明白に形而上学的な性格の問題を提起しなければならない。すなわち、意志と(日常的な意味での)行為との関係をプリチャード的に見た場合、人間と世界との関係はどのようなものになるか、という問題である。この場合には、極めて徹底した二元論が含意されるように思われる。というのも、道徳的存在として見れば、人間は意識の能動的な中心とされているからである。そのような人間は実のところ、世界、すなわち日常的な意味での行為とそれらの帰結が生じる場所である世界、のうちには決して存在しない。世界は人間の観想の対象である。

人間は時に世界に対して因果的影響を及ぼしうるとしても、その影響の仕方はこの見解全体からすれば必ず謎のままに残るのである。

この因果関係の謎は、ウィトゲンシュタインが『論理哲学論考』および『草稿一九一四―一六』の意志概念に関して抱えた困難にはっきり現われている。それは「ウィトゲンシュタインの意志論」で私がもっと詳しく論じておいた、次のような困難である。ウィトゲンシュタインの自問自答によると、世界のうちに変化を惹きおこすものは何であろうとも、それ自身世界のうちにあるのでなければならない。したがって、我々がこの脈絡で意志について語るとすれば、我々が語っているのは現象でなければならない。しかし意志作用の生起が現象だとすれば、その生起は他のいかなる現象とも同じ種類の条件（世界のうちにある条件）に服すことになろう。ところが「意志する主体」は「世界のうちに」は存在しないのだから、この主体は意志作用の生起という（また他のあらゆる）現象の原因ではありえない。「私は完全に無力である。」(9) そうすると、意志する主体が何らかの仕方で倫理的責任を担いうる、と語ることができるとすれば、それは全く違った意味での「意志」に関してでなければならないことになる。すなわち、世界のうちで起こる個々の出来事とは特定の関係を一切もたず、「全体としての世界」とのみ関係をもつ、「倫理的なものの担い手としての意志」に関してでなければならない。しかしながら私が「ウィトゲンシュタインの意志論」で論じたように、意志する主体が世界のうちで起こる出来事に相違をきたしうるという（彼がその不可能性を示したと考えていた）ことを仮定せずに、この意味での意志に倫理的な事柄がどうやって帰属させられるのか、ウィトゲンシュタインは説明できなかったのである。

さてプリチャードは、ここに含まれるすべての困難をウィトゲンシュタインと同じようには捉えることができなかった。たとえば彼は、意志が因果的作因であり、また意識の中心に属するものでもある、という見解に与した。「取りかかる」ということは厳密に言って何の原因なのか(行為の原因なのか、それとも出来事の原因なのか)というプリチャード自身が提起した問題は、ウィトゲンシュタインが自分の立場に気づいていた不整合と同じ種類の不整合を指し示していたのに、彼はこの問題をそうした不整合を含むものとしては展開しなかった。それにもかかわらず、プリチャードは、いくつかの帰結、すなわち厳密に言って行為者は何に対して道徳的責任があると見なされうるのか、という問に対する帰結を自分自身で引き出してしまった恰好となった。プリチャードは、やろうと努めることと現象的な変化とのあいだに因果関係を認めたので、行為者がやろうと努めたことが因果的要因となって世界のうちに変化が惹きおこされた場合、行為者にはその変化に対して特定の責任がある、とすることができたのである。ただしその責任の程度は、やろうと努めたことが変化の因果的要因の一つである、という程度に限られる。プリチャードにとって、やろうと努めることは決して唯一の因果的要因ではないのだ。こうして彼は、行為者がやろうと努めることが変化のそうした因果的要因となっている程度に応じて、それらの変化は、行為者が自分は何を行なう(よう取りかかる)べきかと将来を思案する際に特定の意味をもつ、と見なしうることにもなるのである。しかし、そもそも自分が行なった行為に対しどこに責任の所在があるかと言えば、それは、やろうと努めたことにある。やろうと努めたことに責任があるということ自体は、それが成功に恵まれたかどうかには影響されない(成功不成功は、行為者には制御できない他の諸要因に依存するからである)。これはすなわち、プリチャードにとって成功失敗は行為者の将来の義務に相違をきたすことはあっても、そもそも自分が行なった行為に関して行為者がおかれる道徳的な立場には何の相違もきたさない、ということである。行為者がそもそも行なった行為とは、厳密に考えれば、やろうと努めたということに他ならず、道徳的評価の対象となるべきものはまさにここなのである。こうして、殺人既遂犯と未遂犯とのあいだには（将来の義務に関する以外）道徳上の違いは何らありえないことになる。いまや私が提起したいのは、これがそれ自身としてどの程度納得できる帰結か、という問である。

この問題を論じるにあたり、二つの単純な区別を援用したい。（一）行為について言えることと、行為者について言えることとの区別（たとえば、「罪を憎んで人を憎むな」という格言に含意されている区別）、（二）一人称的思考様式に属することと、三人称的思考様式に属することとの区別、である。これらの区別を個々の事例に適用するのは決して簡単ではないが、このような区別があることは確かである。

まず、殺人のような行為について道徳的観点から何が言えるかを考えてみよう。こうした行為は「恐ろしい」とか「忌わしい」とか記述できよう。もとよりこうした語は、たとえば死者を出した地震といった、行為とは呼べない出来事に対しても用いることができる。しかし我々が殺人に感じる恐ろしさは、地震を原因とする人間の死に感じる恐ろしさと同じではない。それは、恐ろしさの程度に差があるということではない。別種の恐ろしさなのである。この点は、「邪悪」というような語が一方には適用できても他方にはできない、という事実ともちろん関連している。しかしもっと興味深いと思われるのは、我々が「そんなことをやってしまったとは実に忌わしい」と語る場合、なされた行為が惹きおこした状況を我々がおぞましく感じるからそう判断しているとは限らない、ということである。その一つの理由は、なされた行為がおぞましい状況を惹きおこしているという必要は必ずしもないからである。たとえば、ある人が友人を裏切って友人を友人の敵の手に渡したけれども、敵が他の事情に妨げられたために裏切られた友人には実害がなかった、ということもある。しかしだからといって、裏切りをやってしまったとは実に忌わしい、という事実が変るわけではない。そして注意してほしいのは、この場合でも我々が話題としているのは実際に行なわれたことなのであり、未遂に終ったことだけではない、という点である。この人は現実に友人を裏切ったのだ。これに対して地震の場合は、私の思うに、恐ろしいという我々の感じは惹きおこされた状況のおぞましさに依存している。無人地帯で起こり何の被害も生まなかった地震は、我々に畏まった気持はひきおこしても、恐ろしくはない。もしここで、人間の死を「殺人」の記述には含ませながら「地震」の記述には含ませていない点で私の議論はごまかしだ、と反論する人がいるとすれば、この反論は私と同じ論点を別なかたちで提出したものではないか、と答えたい。人間の死がもたらされたこととその行為を「殺人」行為と記述すること、まさにこの二つが内的に結びついている点に殺人が人間的行為であるという事実の特徴がある。そしてこの特徴は、そうした行為に我々が感じる特有の恐ろしさと結びついているのである。

さて右の事例では、実は私は第三者的局外者が下す判断の観点から考察してきた。こんどは、こうした局外者的判断と行為者（殺人犯）が自分で下しうる判断にはいかなる違いがあるか、という問題を取り上げたい。もとより前段での考察からも明らかなように、その違いは、局外者にとって殺人はたんに出来事であるのに対し、行為者はこれを行為と考えているという点にあるにすぎない、と言うとすれば、間違いだろう。違いは、殺人犯はそれを自分自身の行為と考えている、という事実にある。人が自分自身の行為に対してもつ関係は、他人の行為に対してもつ関係とは全く違うのである。この違いの本性については、この論文で後述する論点においていくらかでも示されることを期待したい。この段階では具体例を一つ挙げれば十分だろう。飲酒運転に関する非常に啓発的な記事(10)のなかで、モリー・パーキンは以前に飲酒運転で若者を轢き殺した経験をもつ人物の言葉を引いている。「彼の人柄は劇的な変化をみせた」と評して彼女が引いている当人の言葉によると、「まるで生の大きな不思議の一つにまきこまれたみたいです。一体誰が生を授け、生をもち去るのでしょうか。他人の生を終らせるというのは実にショッキングなことです。誰にも起こりうることで、これほど深く心を揺がす経験はありません。」(11)もちろん他人の生が終るのを目撃するのも同様にショッキングであり、心の動揺を誘う。しかし繰り返せば、そのときのショックと動揺はモリー・パーキンの引く人物が語っているものとは種類が違うのである。

ではこれに対して、人が殺人を犯そうと努める（が失敗する）という事例についてはどんなことが言えるだろうか。もとよりヒースも明らかにしているように、失敗は人があることを行なおうと努めるための必要条件ではない。私が特にこの事例を取り上げるのは、達成された行為について言えることから区別された限りでの、やろうと努めることそのものについて言えること、この点だけに注目したいからである（しかも達成された行為には、やろうと努めることを要素として含むものもあれば含まないものもある）。さらにまた、企てている過程で行為者が現実に遂行した行為には、（たとえば、人を亡き者にしようと企てている過程で頭を殴って気絶させる、といったように）それだけとしても恐ろしいものがあるが、こうした行為の例も目下は除外されなければならない。やろうと努めるという限りでのやろうと努めること、これについて一体どう言えるか、私の関心はこの点だけにある。さて明らかに、たとえこのような限定を施してみても、我々は人を殺そうと努めるのは忌わしく、恐ろしく、邪悪なことだ、と言うことができよう。しかし、この場合にはこうした修飾語が派生的に適用されている、ということも同様に明らかである。本来こうした修飾語を用いて記述できるのは、企てられている当のこと――殺人――だからである。

ここで、当然次の中心的な問題を提起しなければならない。これらの様々な道徳的修飾語は、実行されたことに適用されるのと同じ仕方で、あるいは同じ程度に、やろうと努めることにも適用できるのだろうか。これは私には答えるのがかなり難しい問題である。殺人未遂犯は道徳的な点では既遂犯と同じ非難に値するか、こういきなり抽象的に問われるならば、人はきっと「そうだ」と答えたくなることだろう。しかしこうした傾向には用心してかからなければならない。別の脈絡でウィトゲンシュタインが語っている(三)ように、一般に人がこう答えたくなるというだけでは、それは哲学の素材としかならない。我々がこの傾向に疑念を感じるのは、一つには、「そうだ、彼は道徳的非難に値しなければならない」と答えようとする傾向がここには窺えるからである。すなわち我々は、やろうと努めることと実際に行為することとの関係について先入見をもっており、この傾向はそうした先入見に由来しているのである。私の思うに、それはプリチャード的な先入見である。こうした先入見なら、我々はもうきっぱりと棄て去っているかもしれないとしても、この先入見を棄てるということが先入見と関連した諸問題にどのように影響するかをよく反省していない限り、そうした問題について我々がつい言いたくなることにはなおも先入見の影響が残ってしまおう。もちろんだからといって、我々がまず口にしがちな答は正しい答ではない、とまで言っているのではない。そうした答が正しい答なのかどうかという問を私は提起しているのであり、そしてこの問は当の退けられた先入見と関連する事柄とは全く独立に決着がつけられなければならないのである。

しかし目下の場合には、事態を込み入らせている要因がさらにある。「道徳的非難に値する」という表現の十把一からげの性格がそうである。それは、この表現が幾世代もの道徳哲学者たちの手垢にまみれてきた事実ともあいまっている。そこで、より具体的な問題として、殺人の既遂事例とは区別される未遂事例に対して人が示してもおかしくない種類の反応について考えてみることにしよう。

これまでと同様に、行為それ自身に注目して、第三者がその行為についてどう言えるかという点から話を始めよう。ただしこの場合、何を「行為それ自身」と呼ぶべきか、という難問に我々は直ちに直面する。というのも、殺人を犯そうと努めて現実に様々なことを行なう、という場合がもちろんあるからである。しかし私としては、先に述べたように、そこで行なわれたことをそれだけとして切り離して考えた場合、つまり、それが誰かを殺そうという企てをなしていることから切り離して考えた場合に見出されるような特徴は、どれも除外することにする。さてそれでも我々は、人を殺そうと努めたことそれ自身が忌わしく、恐ろしく、邪悪なのだ、と言うことがもちろんできるだろう。しかしこのように言いうる可能性は、殺人という行為それ自身の性格についてこのように言いうるということから派生している。この場合の邪悪さは、言ってみれば、行なおうと企てていた当の事柄の邪悪さが、企てへと反映したものなのである。この反映ということを別にすれば、企ての過程で現実に行なわれたことには恐ろしかったり邪悪だったりするものは何もなかった、ということも十分ありうる。もとよりこの議論は、その企てが恐ろしく邪悪であったとは語ることができないとか、語るべきでないとか示すものではない。しかし、やはり何事かを示しているのではないだろうか。すなわち、未遂に関して第三者が下す判断では、行為に関する判断と行為者に関する判断とを区別するのがかなり困難だ、ということである。そこで、未遂の場合には判断の手掛りとなるものが結局は行為者だけであるから、この場合の道徳判断は既遂の場合よりも言わば屈折して、より直接的に行為者のほうに向かうのだ、と我々は言いたくなるかもしれない。あるいはまた、邪悪さの反映は本物の邪悪さとそっくり同じ性格はもたない、という可能性もあるかもしれない。しかしこうしたことについては、私としてはっきりしたことを言うことはできない。

キリストの言葉のなかから考えよう。

「あなたがたはみんな、わたしの言うことを聞いて悟るがよい。すべて外から人の中にはいって、人をけがしうるものはない。かえって、人の中から出てくるものが、人をけがすのである。」(「マルコ」七・一四—一五)

さらに言われた、「人から出て来るもの、それが人をけがすのである。すなわち内部から、人の心の中から、悪い思いが出て来る。不品行、盗み、殺人、姦淫、貪欲、邪悪、欺き、好色、妬み、誹り、

高慢、愚痴。これらの悪はすべて内部から出てきて、人をけがすのである。」(同、七・二〇—二三)

言うまでもなくここでの強調は、内部から、心の中から、出る、という点にある。そこで、悪事を行なおうと努めるだけでも悪事を行なうのと道徳的には何の違いもないとキリストは語っている、という議論がここからできるように思われるかもしれない。さらにこの方向の議論は、「マタイ」五・二七—二八からも補強されるように思えるだろう——『姦淫するな』と言われていたことは、あなたがたの聞いているところである。しかし、わたしはあなたがたに言う。だれでも、情欲をいだいて女を見る者は、心の中ですでに姦淫をしたのである。」しかしながら、こうした議論は間違っていると私は思う。このマタイの一節の真意は、別の箇所での「人をさばくな。そうすれば、自分もさばかれることがないであろう」(「ルカ」六・三七)というキリストの言葉の真意とほとんど等しい、と私は考える。すなわち、この「マタイ」の一節はパリサイ主義に対する警告であり、神の恩寵を失えば我々に一体何ができるというのかということを思い出させようとしているのである。さらに言えば、ここでキリストは「心の中での姦淫」が「姦淫」と全く同じものだという馬鹿げたことを語っているわけではない。両者に道徳上の有意な違いがないとキリストは考えている、と示唆するようなものは、彼の言葉にはない。そして最初のマルコの一節に戻れば、確かにキリストは「内部から出る」ということがいかに重要かを強調しているとはいえ、それは内部から出るものという文脈でのことであり、この出てくるものが人をけがすとキリストは語っているのである。

さて、殺人犯の内部から出るものといえば殺人であり、殺人を企てている人物の内部から出るものといえば殺人の企てである。――このような言葉使いをするからといって、私が行為や企てを行為者の「内」に宿り、何らかの擬似物理的な意味で姿を現わしてくるもの、と考えている、と受け取ってはもちろんならない。もしそう考えれば、企てだけが心の中にある人物は、企てられた当のことが本当に達成されてしまうと予想外のことで、むしろ失敗ということにさえなりかねない、という馬鹿げた帰結となってしまう。「内部から出る」ものをどう性格づけるかは、行為のレベルで現実に何が起こり何が起こらないかに依存するのである。

人は殺人を犯すことによっても犯そうと努めることによっても共にけがされる、という点は疑いえないとしても、同じ仕方でけがされると考える理由はこれまでのところまだ提出されてはいない。もう一度一人称的判断に移るとすれば、ここでモリー・パーキンが引用した人物の言葉に戻って、それに「やろうと努める」という語を次のように付加すればどうなるかを考えてみてもよいかもしれない。「他人の生を終らせ（ようと努め）るというのは実にショッキングなことです。誰にも起こりうることで、これほど深く心を揺がす経験はありません。」はじめの文で言われていることには以前と同じく同意を覚えるとしても、後の文に対しては我々はきっとこう言葉を返したくなるのではないだろうか。「誰にも起こりうることで、もっと深く心を揺がす経験が少なくとも一つはある。すなわち（元の言葉通り）他人の生を終らせるということである。」殺人を企てながらも失敗して改心した人物が、自分の失敗を後日神に感謝するというのはありうる話である。では、そういう人物は正確に言って何を神に感謝せざるをえないのだろうか。これは我々として是非とも問わなければならない問題である。しかしこうなると、行為ないし企てに関する判断から行為者に関する判断へはっきりと方向転換しなければ、私にはこの問題をさらに追究することができない。再び話を、あること（たとえば殺人）を現実に行なった人物の事例から始め、それから、こうしたことを行なおうと努めた人物の事例に進むことにしたい。一人称的判断と三人称的判断との区別はこれからも続けて守ることにする。

「人をさばくな。そうすれば、自分もさばかれることがないであろう」と語ったとき、もとよりキリストは悪事に対する無関心を推奨していたわけではない。そうではなくて、悪事を働いた人物に対して採ることの可能な、或る種の態度を推奨していたのである。以下での私の狙いは、そのような態度を採ることに対する推奨・反対のいずれかにあるのではもちろんない。むしろ私は、この態度の可能性を見究めようと努めたい。この場合、一人称／三人称の区別が決定的な意味をもつと私は考える。このキリストの言葉はそもそも何を命じているのだろうか。私の思うには、他人の犯した過ちを人は責めて当然であり、その際当人に懲罰を加えるということすらあるだろうが、いかなる叱責・懲罰も過ちを犯した当人に対する同情を伴っているべきだ、こう命じているのである[12]。ただし、その同情の対象は、犯した過ちが露見したために生じた因果的帰結によって当人が忌わしい境遇に陥ったということだけであってはならないし、またそれを中心としてもならない。そうではなくて、同情は、まさにその過ちを犯したことによって当人が何になってしまったか、という点に向けられなくてはならないのである。ここで私が考えているのは、過ちを犯すということとそれによって当人が何になるかということとの概念的な連関である（もっとも、私が「因果的帰結」と呼んだものの考察がこの連関に関係するかもしれないことは、私も否定しない）。「人が何になるか」というこの考え方は、これをいくらかでも満足のいくように説明するとなると私の力に余るが、本論の議論の主題にとって断然中心的な位置を占めると確信する。

いま私は、一人称／三人称の区別が目下の問題では決定的な意味をもっていると述べた。その理由は、他人に対する態度としてはいかに理解しうる態度であっても、自分自身の人生に対する関係を考察するとなると、もはや同じようには意味の与えられない態度があるからである。たとえば、「自己同情」とはナンセンスな表現でしかない(13)。自己憐憫といった万人周知の態度もあるけれども、これは自分の過ちに対する当人の自責や後悔と両立しないか、少なくともそれらを不純にしたりその価値を低めたりするような態度だと思われる。

殺人を犯すことによって人は何になるのだろうか。明らかに、殺人犯になるというのが最初に返ってくる答に違いない。しかしこれまた明らかに、こう語るだけでは何も言ったことにならない。重要なのは、自分が殺人を犯したという事実を反省している場合、この反省と自分が殺人犯であるという反省とのあいだに実質的な相違はありえない、ということではないだろうか。自分の犯した殺人に後悔を覚えているとすれば、彼は自分を殺人犯として責めていることになるのである。そして先に示唆したように、このことと自己憐憫とは少なくとも何らかの論理的な矛盾関係にある。これに対して、殺人を犯したとして他人を非難するとともに、その人が殺人のおかげで何になってしまったかに同情を覚えるということには、(心理的な困難はあっても)これと同じ矛盾関係はないのである。

後悔は犯してしまった過ちに関しては後向きだが、同時に前向きの側面ももっている。最も重要な点ではないにせよ、前向きということで私が言いたいことの一つは、どんな賠償が自分にできるかという当人の反省である。もっとも賠償は相手側との協議をまつ問題ともなりえ、その限りでは一人称的判断と三人称的判断との区別は特に重要とは言えないかもしれない。しかしいずれにしても、賠償の中身とか適切さが問題外の過ち（たとえば、殺人）がある。特にこうした場合には、人が抱く後悔には次のような反省が含まれるのではないだろうか――「あんな行為をやったがために自分が何になってしまったかを考えると、これから私はどうやって自分自身とつきあっていくことができるだろうか。」この自問は賠償問題と同じように公共の議論にのるものではありえない。一つには、これが処世術の問題ではないからである。この問を真剣に提起している人に向かって、「まあ、せいぜい忘れるように努めなさい」と言うとすれば、何と無神経なことだろう。この問は人が他人に代って発しうるような問ではない。もとより他人でも「私はどうやって彼とつきあっていくことができるだろうか。彼があんなことをやってしまった以上」と自問することがあるだろうが、しかしこれは全く別の問である。どちらの場合にも嫌悪が含まれている（自分自身に対する嫌悪と、相手に対する嫌悪）とはいえ、その含まれ方が違う。他人であれば、自分の嫌悪を克服し、過ちを犯した人物を同情をもって遇するように努めるべきだ、という感情を抱いてもおかしくはない。しかし、過ちを犯した当人がこのように考えようとするならば、彼の後悔はその分だけ本物ではなくなってしまうように私は思う。さらに言えば、他人の場合には講じうる術が明らかにある。他人ならば、過ちを犯した人物とこれからもつきあう必要はない――つまり、関係を絶つということができる。しかし当人となると、これと同じようにして自分自身と「関係を絶つ」ことはできないのである。もちろん、或る種の身の引き方はあろう。我々が「彼は死人も同然だ。彼にとって人生はもはや終りだ」と言いたくなる場合がそうである。あるいは、自殺という手もある。しかし、こうしたことが対人関係で生じうる問題と全く別であることは、ほとんど明白であるに違いない。

では、過ちを犯そうと努めただけ（で失敗した）という人物の場合には、こうした問題についてどのように言うことができるのだろうか。殺人を犯した人物は、それによって殺人犯になる。殺人を企てた人物は何になるのか。取るに足りない自明の答は、殺人未遂犯になるというものだろう。しかし我々に必要なのは、先の場合と目下の場合とで道徳の点から語りうることにどういう違いがあるのか、それをはっきりさせてくれる性格づけである。（両者に違いがあることは、殺人未遂犯と既遂犯を法的に同じように処置すべし、というかなる提案にも道徳的な反論が完全に可能である、という事実から明らかだ。）こうした性格づけを行なうためには、或る種の事柄を行なうことによって「人は何になるのか」という厄介な観念に関して、さらに立ち入った説明が必要となる。また、もっと早く触れるべきだったのかもしれないが、「いま私は何であるか」という観念が「私の住んでいる世界に対する私の関係」という観念と内的に関連している点についても考えてみなければならない。この二つの観念の内的な関連は、「自分自身とつきあっていくことができる」という観念をさらに考察することによって明らかとなるだろう。「自分自身とつきあっていくことができる」というのは、「他人とつきあっていくことができる」というのと別種の観念であるとはいえ、私が自分自身とつきあっていけるかどうかは、私と他人との関係において私に開かれている可能性と決して無関係ではないからである。

いま私は「私に開かれている可能性」と言ったが、たんに事実問題として私に何が開かれているかということを言っているのではない。私はある枠組のことを言いたいのである。すなわち、その枠組の内部では、或る選択肢は可能な選択肢として意味をなしうるが、その他の選択肢は考察の対象としての可能性さえも排除されざるをえない、というような枠組である。この枠組は、自分と他人が過去に何を行なったかに深い影響をうけるものである。もっとも、自分自身の行なったことが自分の将来の人生の可能性に与える影響は、他人の行なったことが与える影響とは別種のものではあるが。

その例として、ジョージ・エリオットの小説『ダニエル・デロンダ』に登場するグウェンドーレン・(旧姓)ハーレスと彼女の夫グランドコートとの関係を考えたい。二人の関係のなかでグウェンドーレンが抱えていた問題は、「どうやってグランドコートとつきあっていくことができるか」ということだったが、これは、どうやって自分自身とつきあっていくか、という彼女自身の問題と区別できる問題ではなかった。二人の結婚生活の悲惨さは、もとよりその大部分が婚約時の状況の悲惨さに起因していた。グウェンドーレンに関する限りで言えば、彼女がグランドコートの以前の恋人を婚約によって裏切ったこと、そしてそれに相応したあらゆる種類の欺瞞、に起因していた。したがって彼女に行なうことができたことは、いや行なおうと企てることができたことですら、すべてこの背景に照らして理解されなければならない。彼女が何を行なうことができ、何を企てることができたかを納得のいくように記述する可能性は、まさにこの背景によって限界づけられているからである。もちろん彼女としても、そんなことは何もなかったかのように結婚生活を送ろうと努めることはできたし、事実そう努めた時期もあった。しかしそういうことがあったという事実は動かせないし、専らこの事実の故に彼女の振舞いは自分および他人を欺くことになるのである。過去の事実が彼女の振舞いを性格づけているというこの真理は、経験的というより概念上のものである——このような性格の枠組が過去の偶然によって形づくられているのは、もちろんのことだとしても。それらの偶然の一部は、別のようでもありえた彼女や他人の行為である。しかし、これらだけで決まるわけでもない。すなわち、小説の登場人物たちの意志には依存しない「外的な」社会的枠組もまた、もとより重要な意味をもつ。たとえば、離婚や婚姻に関する法律がどうなっていたか、世間一般の道徳的見解は既婚女性にどういう態度を求めていたか、といった考慮すべき点がそれである。こうした枠組全体が彼女の問題に形を与えているのであり、もしこの枠組が違っていたとすれば、彼女の問題もまた違ったものとなっていただろう。それは、社会的条件や法律的条件が違えば問題はすべて消えていただろう、ということではない。問題は違った問題となっていただろう、ということである。(寛容な離婚法という枠組のなかで、離婚女性たちがラスベガスで、目覚めている時間の大半をスロットマシンを相手に潰している情景を想い起こせば、この点は納得できるだろう。)

以上はかなり荒削りの論評ではあるが、これによって私が指摘しようとしたのは、次の三点である。第一に、グウェンドーレンに対していかなる道徳的評価を下すとしても、それは、そのとき彼女を取りまいていた状況でグランドコートと婚約するということによって彼女は何になってしまったか、という観念に依存する。第二に、「彼女は何になってしまったか」というこの観念は、彼女が自らの人生を送ってきた枠組の下では、他人と彼女の関係の記述としてどんな記述が可能でどんな記述が不可能か、という観念と切り離すことができない。第三に、この枠組を形づくるのに専らというわけではないが強く与っているのは、彼女自身の過去の行為である。

さて、『ダニエル・デロンダ』が違った内容の(しかしそうすると、ずっとつまらない)小説だった、と想像してみよう。つまり、貧しい家庭教師になるという不面目な選択肢を避けようとして、グウェンドーレンはグランドコートと結婚しようと努めたが失敗に終った、とする。その上で、次の問題を考えてみたい。彼女が現実にグランドコートと結婚したのは、道徳的に見て確かに忌わしい行為だった。結婚しようと努めたのも、(やろうと努めた当の事柄の本性の故に)やはり忌わしいことだったであろう。しかし、やろうと努めながらも失敗したのだとすれば、同じ忌わしさと言えるだろうか。彼女は同じ道徳的評価を受けて当然だ、と言えるだろうか。私としては、そうは言えない、という答に傾く。きっと彼女の人生は違った展開を見せていたであろうし、彼女は道徳的に違った人間となっていたであろうからだ。つまり私の言いたいのは、他人に対する彼女の関係に関するいかなる道徳的評価も、必然的に違ったものとなっていただろう、ということである。そしてこの違いは、彼女自身に対する道徳的評価が必然的に違ってくることと不可分の関係にあると思われるのである。いや、それでも結婚しようと努めた点では、結婚に努めて成功したのと同様の「非難に値する」ことになる、と言いたい人がいるとすれば、人が何であるかという問題の理解に必ず関わってくる道徳判断の複雑さを全く無視して、非難に値するという観念が用いられているように思われる。「非難に値する」という語にこの場合いかなる意味が与えられているのか、私には正確に理解することができない。

私の主要な論点を一般的にまとめて結論としよう。悪いことを行なえば人は悪いものになる(キリストの言葉で言えば、人は「けがされる」)。このようにして人が何になるかは、人が入りこんでいる他人との複雑な関係の網の目と切り離すことができない。この網の目が、それ以後の当人の人生に対する道徳的評価として何を語れば理解可能であり、何を語れば理解不可能となるか、その限界を課している。悪いことを行なおうと努めながらも失敗するとすれば、人は成功した場合になるようなものにはならず、それによってその人に対する道徳的評価の可能性も違ったものとなる。失敗した人物には自分を責めたり人から責められたりするものが何もない、というのではない。成功したとすれば彼が自分を責めたはずのものがない、ということである。そういう人物は後日、自分の失敗を神に感謝することができる。そのとき彼は何を神に感謝しているのかといえば、以前に自分の中に潜んでいて自分が危うくなりかけようとしたものにならずにすんだ、ということである。「彼の内部」にあったものは実現しなかったのだ。行なった人物とやろうと努めただけの人物との道徳上の違いは、ユーノーを抱くか雲を抱くかの違いに等しい(四)。残念ながら私にはどちらを抱いた経験もないが、両者は全く別物に違いないと確信している。*

(1) Peter Heath, 'Trying and Attempting', *Proceedings of the Aristotelian Society*, Supplementary Volume XLV, 1971.
(2) 第Ⅵ章を参照されたい。
(3) ヒース前掲論文一九六頁。
(4) H・A・プリチャード「義務と事実不知」、『道徳的責務』に所収 (H. A. Prichard, 'Duty and Ignorance of Fact' in *Moral Obligation*, Oxford University Press, 1959)。
(5) ヒース前掲論文二〇四—八頁。
(6) 『哲学探究』第一部六二〇節。
(7) 同書第一部六一五節。
(8) H. L. A. Hart & A. M. Honoré, *Causation in the Law*, Oxford: Clarendon Press, 1959.
(9) ウィトゲンシュタイン『草稿一九一四—一六』一九一六年六月一一日。
(10) 『オブザーバー・レヴュー』一九七一年一月三一日。

(11) この例は殺人とは言えないが、私が提出しようとしている論点には影響しないと思う。
(12) 第Ⅺ章「倫理的賞罰」を参照。
(13) しかしながら、シモーヌ・ヴェイユ『最初と最後の手稿』九四頁も参照のこと（私が拠ったのは、*First and Last Notebooks*, translated by Sir Richard Rees, Oxford University Press, 1970 である）。

* 本論で提起されている諸問題については、多数の人々、なかでもジェイムズ・カージャイル、ジェフリー・マーフィー、ラッシュ・リース、B・R・ティルマンの各氏との議論に負うところが大きい。

訳注

（一） 原題は 'Trying'。本論文は謝辞にも記されているように、マインド協会とアリストテレス協会との合同会（一九七一年七月）において、'Trying and Attempting' と題するテーマで著者がピーター・ヒースとともに行なった講演に基づいている（若干の削除・加筆がある）。著者はヒースの講演に対するコメンテイターの役であり、したがって trying という術語もヒースの用法に倣って用いられている。この語についてヒース自身が述べているところでは、try には確かに test, sample, examine といった意味もあるが、彼の主題は不定詞を従えたこの語の用法にある。この場合、「努力する」とか「頑張る」とかいった意味に強調があるわけで、それは without trying, no trying 等の観念について施されているヒースの分析にも明らかである。この理由により、著者のこの論文についても、「試しにやってみる」という語感を伴う「試みる」という訳語を採らずに、日本語としては熟していない「やろうと努める」というやや冗長な訳語をあえて選んだ。また attempt については、ヒースはこれを try と同義には用いず、犯罪未遂という特殊な文脈を想定して論じているので、本論でも論述の流れに応じて「未遂」「企て（る）」の二語で訳し分けた。

（二） 例として、眠ろうとか聞こうとか努める、さらにはクシャミをしないように努める、といった際の行為者の状態をヒースは挙げている。

(三)　『哲学探究』第一部二五四節を参照。

(四)　これは、ゼウスの恩を忘れて彼の妻ヘラ（ユーノー）を犯そうとしたイクシオンに対し、怒ったゼウスがヘラの似姿をした雲を造ってイクシオンをこれと交わらせた、というギリシア神話に基づくもので、著者は『人倫の形而上学の基礎づけ』でのカントの比喩（アカデミー版第四巻四二六頁）を念頭においている。カントはそこで、道徳性を経験的なものに求めてこれに甘い夢をみるのは、「人間理性にユーノーの代りに雲を抱かせるものだ」と述べている。

Ⅷ　道徳判断の普遍化可能性

ある無名作家が言っている。「戦後四十年もしてから、従軍しなかった者が、あの時はどう戦うべきだったかと理屈を並べるのは容易なことだ。しかし、一面の硝煙に包まれて独り砲火の下で戦闘を率いるとなると、話は全く違う。実務と道徳の両方への配慮を要し、しかも迅速な行為が絶対条件の他の非常事態についても同じことが言える。霧が深くなるほど船の安全は脅かされるが、かといって船を加速すれば乗組員を海に振り落しかねない。船室でのんきにカードに興じている連中には、船橋で夜を徹す船長の責任など想像もつかないが。」(1)

Aが行なえば正当な行為であってもBが行なえば不当となる、我々がこう判断しうるためには、二人の資質や周囲の状況のなかに、二人の義務が違うことを納得しうるような根拠となる、何らかの違いを見出すことができなければならない。それ故、いかなる行為であろうと、私がある行為を私自身にとって正当だと判断した場合には、資質や状況に関して私と重要な違いのない他のいかなる人間にとっても同じ行為が正当である、という判断を私は同時に示していることになる。……私にとって正当（不当）である行動の種類が他の誰かにとっては正当（不当）でないとすれば、それはたんに私と彼とが違う人間であるという事実にとどまらず、二人の事例を分かつこれ以外の何らかの違いを根拠としていなければならない(2)。

この二つの文章には恐らく直接的な矛盾関係はないとしても、明らかに、道徳問題にのぞむ際の二つの非常に異なる態度が代表されている。この論文では、或る種の状況で下される或る種の道徳判断について一つの見解を提出したいと思うが、それは直前のシジウィックの発言とは競合し、私の考えるところ、最初のメルヴィルの立場から帰結する論点を敷衍するようなものとなるだろう。

メルヴィルとシジウィックとの対立はどういう性格の対立と言えばよいだろうか。それは明白で、行為の当事者であることによって人が時に立たされる道徳的に特殊な立場に重要性を認めるか否か、ということに関係している。すなわち、メルヴィルとしてはこの立場が独特なものであるのを強調したいのに対して、シジウィックは、熟慮の上で行なった自分自身の行為について当事者がある道徳判断を下すとき、その判断が当事者による判断であるという事実は判断の当不当の問題には全く影響しない、と論じているのである。

議論の前提（引用中の最初の文）でシジウィックが主張しているのは、第三者のAにとってこの行為が正当であると私が或る状況で判断したとすれば、これと有意な違いのない状況が生じた場合、私は他のいかなる第三者のBにとっても同じ行為が正当であるという判断に縛られる、ということである。言い換えると、シジウィックの前提は、他人の状況を眺める局外者として私があるとき下した一つの判断が、これまた局外者として私が別の機会に下す判断に私をどのように縛っているか、という問題をめぐっている。こう言い換えることによってはっきりするのは、シジウィックの前提は同一人物の下す判断どうしの関係を扱っており、しかもその人物は局外者の立場にいる、という事実である。この二つの事実はシジウィックの提出している論点にとって重要な意味をもつが、彼自身はその重要性に気づいてはいないのである。

シジウィックの結論（引用中の第二の文）が述べているのは、ある行為が私自身にとって正当かどうかに関して私があるとき下した判断(3)が、状況の類似した他人にとって類似の行為が正当かどうかを判断するときに私をどのように縛っているか、ということである。シジウィックにしてみれば、この結論は明らかに次の場合にもあてはまることだろう。すなわち、私は或る行為が私にとって正当だと決断し、その決断に従って行為するが、別の行為者は、これと有意な違いのない状況に出会っても、私が正当と見なした行為が自分にとっては不当だと決断する、という場合である。シジウィックの結論に従えば、この場合、その折の状況ではその行為が私にとって正当だったという決断に関して私の考えを変えないとすれば、私は相手の決断を不当と言わざるをえない、ということになるのである。

シジウィックにとって倫理学は行為に関する一種の計算であり(4)、そしてその行為にしても、たんに個々の行為者にたまたま付随しているにすぎない出来事として考えられている。行為の当不当を決定するのは行為が遂行されるべき状況に他ならない。行為者の資質が考慮されることはあっても、それは、状況の性格がそれによって左右される限りにとどまるのである。先に引用した文章の二段落目で、シジウィックは「私にとって正当（不当）である行動の種類」とか「他の誰かにとって正当（不当）である行動の種類」(5)とかいった言い方をしているが、まるでこれは数学の命題の場合と同じく、当の判断を下しているのが誰なのかという問題には論理的関心はない、と言わんばかりの調子だ。私が問題としたいのはまさにこの点である。

この論文では、行為当事者の下す判断の或る一部のものに主として注目したい。しかしまず最初に、この種の判断に対して局外者の下す判断がどう関係しているかという点について、少しばかり述べておきたい。道徳をめぐる他人の決断や行為について考えてみるという場合には、それが現実のものであれ、仮定に立ったものであれ、さらにはフィクションの世界のものであれ、たいていは一般的な道徳問題について考えるというかたちをとるものだ。そして、こうした一般的な道徳問題に関する人の考えは、自分自身が当事者となったときに下す判断と次の二つの点で関係しているのである。

第一に、人が自分自身の道徳問題に対してどのような決断を下すかは、その人が一般的な道徳問題についてどのような考え方をしているかに大きく影響される。しかも、この「影響」というのはたんに偶然的な関係ではない。人の下した決断を「道徳的」決断と呼ぶということは、一般的な道徳問題に関してその人が抱いている考え方の文脈のなかにあるものとしてそれを見る、ということだからである。つまり、道徳的決断ということがそもそも（論理的に）可能なのは、道徳的に考慮しなければならない諸々の事柄に照らして決断が下されている限りにおいてのみなのである。そして、道徳的に考慮しなければならない事柄とはどういうものであるのかを人が把握していく成長過程においては、一般的な道徳問題について論じたり考えたりする――その多くは、他人の行為や決断について論じるというかたちをとる――ということが中心的な役割を果たしているのである。もとよりメルヴィルが示唆しているように、微妙な道徳的決断を要求する現実の状況に出会ったときには、たんに一般的に考えたり局外者として考えたりしていたときとはかなり違った衝撃を受ける、ということもあるだろう。しかしだからといって、そうした状況で当事者となったら私はどんな見解を採るか、という問題を理解しようとする場合には、過去に私が一般的にどんな考え方をしていたかなど考慮する必要がない、ということにはならないのである。

しかしながら第二に、他人の道徳的決断や道徳的ディレンマについて考えるというときには、「私ならばそういう状況では何を行なうのが正当と考えるだろうか」と自問してみることが非常に多いように思われる。つまり、自分自身を行為の当事者に見立てた仮定的な判断を下してみるわけである。こうしてみると、他人の行為について局外者の立場からの道徳判断を下すことができ、またそうした判断を理解することができる人間とは、自分自身が道徳問題の当事者となり、自分自身の道徳的決断を下すことのできる人間だけだ、ということになる。その点では、道徳判断は意図を述べる言明や痛みに関する言明と似た構造をもっている。他人の意図や痛みについて私が述べる表現の文法は、私自身の意図や痛みの訴えを述べる表現の文法と全く異なっているとはいえ、そうした三人称的帰属を行ない、これを理解することができるためには、私は意図や痛みの訴えに関する一人称的表現の文法を理解していなければならないからである。そしてこの理解の本質的な一面をなしているのは、こうした一人称的表現を私が使いこなせるということなのである。

以上のように、同一人物が局外者として下す判断は、自分が現実に当事者となったときに下す判断や自分を当事者と想定したときに下す判断へと収斂する以上、シジウィックの議論の前提で訴えられている普遍化可能性のテーゼは、同一人物が局外者として下す判断どうしの関係に適用される限りにおいては、私も受け容れたい。道徳問題にも、整合性、理解可能性、合理性といった要件がもちろん適合するからである。したがって、仮に状況には道徳上有意な違いはないと同意しながらも、各行為者の行動の道徳性に関して局外者としてそれぞれ違った判断を下す人がいるとすれば、彼が何を言っているのかは到底理解できないように私は思う。これに対して、いや彼にはさらに語る用意があるはずで、「いやしくも正当な判断を下すべきだとすれば、他の人々もそれぞれの状況に関して私が下した判断と同じ判断を下さなければならない」と語るとすれば彼の言っていることは理解可能となろう、と主張されるとすれば、何もかも台無しとなってしまい、私には極めて疑わしい主張に思われる。

さて、哲学の他の領域と同様に、道徳哲学でも適切な例を選ぶことが是非とも必要である。すなわち、我々の実際の話し方、(ウィトゲンシュタインの言葉を借りれば)言語が「休んで」はいないときのありのままの姿、その本当の力をはっきりと示してくれる例である。改めてこのように言わなければならないのは、最近のアングロ・サクソン系の道徳哲学においてかなり定着しているとともに、その衰弱の原因ともなっている伝統に対抗したいからである。この伝統によれば、些細な例を取り上げるのはたんに無害というだけではなく、むしろ望ましいことだとされる。こうした見解の論拠となっているのは、より深刻な事例を包みがちな余計な感情が些細な例では生じないから、そこに含まれている論理的な問題をより冷静に見つめることができる、というものである。したがってこの見解に立てば、我々が自分たちの道徳的関心を表現する仕方にはどんな特徴があるかという問題を検討する場合にも、この関心が我々にとってどうして重要なのかという問題は全く考慮する必要がない、ということになる。しかし、「大したことのない道徳問題」というのはキメラのような実質のないナンセンスにすぎない。道徳問題の深刻さは、問題の素姓を説明してしまった後で、いわば感情面での任意の余剰物として自在に追加したりしなかったりできるようなものではない。その深刻さは、問題を説明するなかで（再びウィトゲンシュタインに倣えば）「自らを示す」ものなのである。したがって、深刻さが自らを示していない問題など、我々に哲学的な当惑を覚えさせる道徳の諸特性を目下の探究に対して提示してくれる問題ではないのである。

　行為当事者によって下された道徳判断のなかでも、私が特に注目したい種類の判断の一例として、冒頭で一節を引用したメルヴィルの物語『ビリー・バッド』を使うことにしたい。考えてみたいのは、英国海軍大佐「きらめきの」ヴィアが抱いた道徳的ディレンマである。この英国軍艦「不屈号」の艦長は対フランス戦役に就いていたが、それは折しもノアの反乱直後のことで、英国軍艦上でいつ他にも反乱が起こらぬかと懸念されていた時期だった。メルヴィルの筆によれば、「容易には融和しない二つの性質――思慮深さと厳格さ――が要求される」(6)状況であった。ビリー・バッドは天使のように純朴な性格の前檣楼員で、外洋上で商船「人権号」から「不屈号」乗務へ強制徴用されている。ところが彼は、悪魔のような「不屈号」先任衛兵伍長クラガートの嫌がらせにあう。クラガートの策謀はやがて頂点に達し、ビリーが乗組員に反乱を唆したというわれなき告発がヴィアに対してなされる。バッドはこの状況に圧倒されて言葉も思うように出せず、嫌疑に対して抗弁することができない。鬱積の余り、彼はクラガートを殴りつける。するとクラガートは倒れて頭を強打し、死んでしまうのである。

この「不屈号」上での事件に至るまでの経緯と事件自身に潜んでいた諸事情のいたずらのおかげで、しかしまた同時に、形式に則って事件を裁く典拠となるかの軍法に照らしても、クラガートとバッドに体現されていた穢れと無垢は結果として入れ替ってしまった。法の観点からすれば、悲劇の犠牲者と見えるのは罪のない人間を陥れようと企んだ者だった。しかも被告の紛れのない所業は、海軍の軍規からして最も悪質な軍規違反であった。しかし問題はこれに尽きるわけではない。事態の本質的な当不当という問題が残っているのだ。それを自覚するほど、忠義の海軍司令官の責任は窮地に追いこまれてしまう。彼には善悪の基礎に基づいて事態を決する権限が与えられていないだけに(7)。

この状況に含まれているのは、道徳か軍法かという単純な葛藤である、我々はまずこう言いたくなるかもしれない。この例がそうした問題を提起しているのは確かに否定できない。しかし私がここで考えたいのはこうした問題ではない。それに、これはメルヴィルが物語を続けていく際の中心問題でもないのである。ヴィアを「忠義の」海軍司令官とした右の記述にもそれは窺うことができる。肝心なのは、ヴィアが軍規を道徳の要求する或るものに反していると考えながらも、同時に、軍規と道徳が正面から対立するのではなく、自分自身が軍規に道徳的に拘束されていると考えている、という点である。つまりヴィアにとって、彼の直面している葛藤は心の内での道徳的葛藤なのである。したがって私も、彼の葛藤をそうしたものとしてこれから扱いたいと思う。もとより、状況は類似していても当事者が違えば葛藤の性格も違ってくるかもしれない、とは私も十分に承知している。しかし、それは私がこれから主張したい一般的な立場を危うくするどころか、むしろ積極的に支持してくれる事実なのである。

上官を殴るという重罪により、ヴィアはバッドを即決の軍法会議に告発する。そして最初は告発の原因となった事件の証人として喋り、それが済むと次のような演説を披露する。この演説は検討に値する内容をもったものである(8)。

「これまでのところ私は証人にすぎず、それ以上の役割ではなかった。だからあとしばらくのことはいえ、これまでとは別の、諸君の補佐役といった口調に変るのは私の本意ではない。しかし諸君のうちに――この危機に面してもなお――懊悩の故の迷いを認めざるをえぬ以上、それもいたしかたないのである。諸君の迷いが軍人の義務と道徳的躊躇との衝突に起因するものであることは、この私も疑わない。躊躇――それは憐憫に生命を受けた躊躇であろう。憐憫であれば、私にしてもどうしてこれを分かたぬはずがあろうか。しかしながら至高の責務が私の心を捕えて離さぬのであり、よって私は決断を鈍らせがちなこの躊躇に敢然と立ち向かうものである。諸君、それは、事態が例外的事態であるという事実から私が目を逸らしているということでは決してない。理論的問題として見るならば、事態は陪審の決疑論者諸氏に委ねるのが至当でもあろう。しかしこの場の我々は決疑論者や道学者として振舞うわけにはいかぬのであり、そうした我々にとってこの事態は実務的な事態なのである。軍法に則って、実務的に対処しなければならぬ事態なのである(9)。

それでも、やはり諸君には躊躇が残るか。薄闇のなかの徘徊者のごとくに躊躇がさすらうか。ならば、それを誰何せよ。前に連れ出して、正体を名乗らしめよ。さあ、今すぐに。そこで現われる正体とはこうでもあろうか——情状酌量を心にかけなければ、先任衛兵伍長の死は被告の所業と見なさざるをえぬ。とすれば、この所業は死刑に値する重罪ではなかろうか。しかし自然の正義という点においては、被告の公然行為以外に何も考慮さるべきではないというのか。となると、神の前では無垢であり、我々自身もそう信じている同胞に、即決による恥辱的な死を宣告することがどうしてできよう。——間違いはないか。諸君は悲しげな同意を示している。然り、この私にしても思いは同じであり、心をひた打つものがある。それが〈自然〉というものだ。しかし、我々の佩用するこの記章は〈自然〉への忠誠を示すものか。断じて否、国王への忠誠を示すものなのである。……

しかしながら、事態の例外的性格がなおも諸君の内なる心を動かしている。私の心とてそれは変らぬ。だが、温情の心によって冷静たるべき頭脳が裏切られてはならない。陸上での刑事事件にあって、公正なる判事が涙の哀願で彼の心を動かさんとする被告類縁の手弱女の待ち伏せに屈し、自らの職務に背くということがあろうか。然り、目下の心とはこの哀れな手弱女と同じなのだ。心とは男のなかの女々しさであり、いかに無情とはいえ、目下はこれを追放してしまわねばならぬ。」

彼は息をついで皆の様子をしばらくじっくり窺うと、再び口を開いた。

「しかし諸君の様子を見るに、諸君のうちで動いているのは心だけにはあらず、良心なり、個人の良心なり、こう訴えているものがある。だが私は質したい。目下の我々の立場にあっては、個人の良心といえど、公式に事を運ぶにあたって我々が唯一則るところの軍規に明文化された、かの帝国の良心に服すべきにはあらずや。」

以上で注目すべき第一の点は、軍法会議のディレンマの道徳的側面をメルヴィルが強調しようと苦心していることである。たとえばメルヴィルは、二種類の葛藤をヴィアに注意深く、しかも説得的に区別させている。その一つは、道徳的責務と人間的性向とのあいだの葛藤で、後者は「心」と表現され「被告類縁の手弱女」に模されている。もう一つは、二つの道徳的責務どうし、すなわち、軍規を全うする責務と「個人の良心」に従う責務とのあいだの葛藤である。軍規に則った行為が困難なのは、それがたんに自然の憐憫の情に逆らうからというだけではない。道徳にもとるように思われるからでもあるのだ。

しかしさらに、軍規の要求にも「個人の良心」の要求にも、ともに真の道徳的感情が伴っているとされており、これが極めて重要である。つまり、私が言いたいのは次の点に他ならない。人によっては、軍法の要求するところを純粋に記述的に述べる、ということも全くありうる話ではないだろうか。たとえば、国王の布告した条例等々に従えばこれがなすべきことである、というように。――この場合には、「べき」という語に価値評価的な力がほとんどないとしても差しつかえない。法典からすればどうなるかということに関する、たんなる事実言明でよいのである。ところが、ヴィアは事態をこうは述べていない。彼は、「我々が誓って引き受けた責任とは、法がいかに無慈悲に働こうとも、法を信奉し執行するということである」と語っているのだ。これと同じことは、「個人の良心」と自らが呼ぶ思考様式に対してヴィアがとっている態度についてもあてはまる。彼のこの態度にしても、「記述的に」述べようと思えば述べることもできるだろう。たとえば、法に従えば何をなすべきかは一目瞭然だ、被告の罪は極刑に値する、自然の正義からすればバッドに無罪放免されるべきだと皆が言おうが、目下は自然の正義とは無縁である、というぐあいに。――しかしヴィアはこう語ってはいない。「となると、神の前では無垢であり、我々自身もそう信じている同胞に、即決による恥辱的な死を宣告することがどうしてできよう。――間違いはないか。諸君は悲しげな同意を示している。然り、この私にしても思いは同じであり、心をひた打つものがある」、彼はこう語っているのだ。そして、ヴィアのこの態度が物語の中心をなす道徳的悲劇の本質的部分であることは言うまでもないのである。

さて以上かなり立ち入って論点を取り出してきたが、それは、ヴィアの直面している葛藤が真に道徳的な二つの「べき」をめぐる葛藤であること、すなわち、道徳内部の葛藤であることを確認しておくことが、私の目的にとっては重要だからである。私がここに重要性を認める理由は、次の点を考えあわせてみれば一番はっきりするだろう。それは、特にカント以降のこと、シジウィックのような人人が道徳判断の普遍化可能性について論じてきた際に、彼らの念頭にあった一連の極めて深刻な問題である。つまり、我々は不都合な義務に出会うと、道徳的に然るべき理由がないにもかかわらず、自分自身は例外だとしてこれを回避しようとする傾向があるが、彼らは、我々全員が陥りがちなこの傾向に対して何とか道徳哲学を守りたいと考えてきたのである。したがって、一人称の道徳判断の一部に対して普遍化可能性原理に従わない特別の位置を認める本論のような見解が、こうした人々にはともすると特にいかがわしく見えるとしても、それには明白な理由があるわけである。

こうなると私としては、「道徳的」という語が極く自然に適用される状況、議論、判断には実に多種多様のものがある、と強調しておかねばならない。それぞれの事例の区別にあたってはよくよく注意しなければならないし、道徳判断のある一つのカテゴリーにあてはまる論理的要件が他のカテゴリーにもあてはまると頭から決めこんではならないのである。もとより、こんなわかりきったことを言うのは容易なことだが、しかしいざこれを実行するとなるとそれほど容易とは言えない。一つの立場を強要するような哲学説の虜になっているときには特にそうである。たとえば次のシンガーの一節は、目下の主題に関する一般的な見解として決してめずらしくない見解だろう(10)。

それ故、当該の個人がある行為をなすべきだとか、なす権利をもつとかいった判断を支持する理由を提出するということは、その理由を述べた言明に挙げられている諸特徴に該当する者は誰であっても、そこに挙げられている種類の状況では同じ種類の行為をなすべきだとか、なす権利をもつとかいうことを前提しているわけである。

しかし、この一節に含まれている仮定についてはさらに議論を要する。まず、「Xはかくかくのことをなすべきだ」という言語形式をもつ言明は「べき」という点においてすべて同じように振舞い、

「Xはかくかくのことをなす権利をもつ」という形式の言明もこれまたすべて同じように振舞う、という仮定がそうである。さらには、一方の形式のあらゆる言明は他方の形式のあらゆる言明と同じように振舞う、という実に大胆な仮定さえ見られる。「べき」という語を含む或る典型的な言明と、「権利をもつ」という語を含む或る典型的な言明とのあいだにはいくつかの重要な違いがあるということは、A・I・メルデンによって既に示されているのである(11)。

さて、シンガーの述べていることは権利に関する言明の大部分については正しい、こう言ってもよさそうに私には思われる。この事実——一応これを事実としてのことであるが——は、この種の言明のほとんどに備わる、なかば法的な性格と関連している。この種の言明は、他人に対して人は合法的にいかなる要求をなすことができ、いかなる要求をなすことができないかという問題、つまりは社会的役割や勢力範囲といったものに関わっているからである。こうした問題に決着をつける方法が一般的な合意によって確立していることが重要なのは、誰の目にも明らかだろう。「x、y、zの要因により、私はかくかくのことをなす権利をもつ。Aにも私と全く同じことが寸分の違いもなくあてはまる。しかしAはこれをなす権利をもたない」と言ったとすれば、確かに道徳的に疑わしいとともに論理的にもおかしいと思われる。

「べき」という語を含む言明にも、これと似たことが言える例は多い。社会的役割により人にある責務が課せられているような場合が特にそうで、先のヴィアの演説の最後から二番目の段落における彼の話しぶりが好例となる。彼は言葉の上でははっきりと普遍化可能性原理に訴えていないけれども、同僚将校に向けられた、被告類縁の子女に自らの個人的心情を頼みとされた判事の立場と自分たちの立場とを類比したものと見なせ、という彼の主張には、この原理が働いていると言えよう。「こうした場合の判事の義務がどのようなものであるか、それは諸君にも明瞭なはずだ。然り、これと全く同じことが目下の状況の我々にもあてはまる」――これがヴィアの議論の形式である。この段階におけるヴィアの議論で注目されるのは、軍法会議の列席者たちが人間的性向として別の行為に傾いているからこそ、彼らは何をなすべきなのかという問題も提起されている、という点である。シンガーのような人々（ヘアもそのなかに入る(12)）が特に強い関心を抱いているのはこの種の事例である。確かにこうした事例では、普遍化可能性原理が極めて説得的に援用できる場合が多いだろう。ヘアを見てみればそれはよくわかると思う。

ところが、これに続くヴィアの言葉は事態を全く別の文脈に置くものであり、それによって問題がもつ意味も変化している。「しかし諸君の様子を見るに、諸君のうちで動いているのは心だけにはあらず、良心なり、個人の良心なり、こう訴えているものがある。」いまや葛藤は、道徳の要求するものと、いかに賞賛に値する人間的性向であれ、その性向が誘うものとのあいだをめぐってはいない。二組のともに道徳的な要求が対立しあっており、葛藤はそれらの要求のあいだをめぐっているのである。この論文では、特にこうした状況の結果として下される行為当事者の道徳判断に話を限ることにしたい。他の状況で下される判断についても同じことが言えるかどうかについては触れないことにする。

こうした状況で下される判断に話を限っていることから、一つの重要な帰結が導かれる。すなわち、当事者となった場合には特別の言いわけや道徳原理の例外が許されると私は言いたいのか、といった疑念は一掃されるはずだ。こうした疑念が本当に意味をなすのは、たとえ自分のなすべきことであっても回避が正当化されていると確信できればその人は回避しようとする、と想定された文脈のなかでしかない。これに対して私がいま関心を寄せているのは、前提から明らかなように、道徳的に完全に真面目な人物が置かれている立場なのである。つまり、自分のなすべきことはなすという意図は十分にもちながらも、いざ何をなすべきかになって困惑している人物の立場である。この人物は、自分に課せられた対立しあう道徳的要求がともに力をもっているのを感じている。「一方から言えば私はこちらをなすべきだが、他方から言えばあちらをなすべきである。では、私が本当になすべきことは何なのか」——この最後の問とそれに対する答に含まれる「べき」という語の力に、私の関心はある。そこで、これから私が論じたいと思うのはこうである——右のような問に答えて、「これが私のなすべきことである」と人が語ったとする。では、こう語る以上は、「そうすると、これと似た状況ではいかなる他人であれ同じことをなすべきである」ということを、その人は自分の答の系として受け容れなければならないか。否、この場合の「べき」という語の意味ないし用法には、そのように彼を論理的に縛るものは何も含まれていない。

もとより、状況によってはこの系を受け容れたくなる人もいるであろうことは、私としても否定しない。私は、そんな人の言うことが理解不可能であると主張するつもりはないし、この系を受け容れる人が道徳的に正当化される事例など全くないと主張するつもりもない。ただ私は、この系を受け容れない人は、すべての事例において、そのことによって直ちに「べき」という語を誤用していることになる、という見解を否定したいだけなのである。

さて、改めてヴィアの議論の検討にとりかかろう。私の理解しうるところでは、ヴィアが考慮している葛藤を形づくっている二つの「べき」は、ヴィア自身もそう用いているように、最初にシジウィックから引用した意味においてともに普遍化が可能である。それは軍規の場合にとりわけ明白だろう。これこれの類型に属する事例では何がなされるべきか、それを明文化している点に軍規の全眼目はあるし、さらに、疑義が生じた場合には権威と拘束力を備える決定を下してもよいという付帯条項――ハートの言う「二次規則」――も軍規には含まれているからである。これに対して、人々の意見がかなり食い違う場合のあることが知られている自然の正義の要求については、このことは同じ意味ではあてはまらない。しかし、この複雑な事情についてはいま問題とする必要はないだろう。メルヴィルの物語の文脈からすれば、自然の正義すなわち「個人の良心」が何を要求しているかに関して、列席者の誰も疑義を唱えてはいないからである。

　もっとも、目下の議論の論点に関して言えば、メルヴィルの「個人の良心」という言葉の使い方にはいささか誤解を招きかねないところがある。恐らくメルヴィルは「職務上の（良心）」と対置させて「個人の（良心）」と言っているのだろう。ところが極めて明らかなことに、ヴィアは十分な基礎と合意に基づく観念体系に訴えて、この種の事例はそうした体系に則って判断されるべきだと考えている、と我々は解さなければならない。それなのに、彼の演説をそれ自身として記述する場合には、ここでヴィアが「個人の良心」の要求と呼んでいるものと軍法の要求とのどちらかを選択せよと聴衆の個人の良心に訴えたもの、として記述しても自然であり、この点で誤解を招きかねないのである。確かにヴィアの演説は、彼がいかにしてこの選択にたどりついたか、すなわち彼自身の良心がいかに働いたか、その表現ともなっている。二つの両立不可能な「べき」の要求に直面して、ヴィアは自分が何をなすべきかを熟考した。そしてこの熟考の結果が、自分は法の自律性を堅持すべきだ、ということだったのである。この結論に含まれている「べき」という語の力こそ、いまや私の関心の焦点である。

この点に関して何よりもまず注目すべきことがある。決断を避けられぬものとしている二つの「べき」はそれぞれ普遍的な適用をもっと認められるにせよ、この葛藤の解決にあたってはそれに頼ることができない、ということである。実際、「私は何をなすべきか」という問が避けられなくなったのも、この二つの「べき」がともにその適用において妥協を許さぬ普遍性をもつと見なされているからに他ならない。どちらか一方が既にそれ自身の地平で他方を吸収しているとか、凌駕しているとかいった気持ちが仮に我々にあるとすれば、我々が現に眼の前にしている道徳的悲劇も存在しないはずである。なるほどヴィアの議論は、軍規の主張を特に印象的で有無を言わさぬように見せる形式をとってはいるが、彼は単純に一方を採り他方を棄てているわけではないし、一方が他方を無効にすると考えているわけでもない。決断を下した後でも、自然の正義が要求するものは彼にとって以前と変らぬ現実的な重みをもっているのである。それは、物語の後続部分で描かれている彼の態度を見ても実にはっきりしている（これについてはやがて論じたい）。

では、「私は法を全うすべきだ」という当事者の判断は何を語っているのだろうか。それは、なすべしと法の語るところを私はなすべきだ、ということである。そうである以上、この判断は、法と「個人の良心」の両方の主張の重みを考慮したうえで下されてはじめて本来の面目を得る、と言えよう。ヴィアは語る、「だが私は質したい。目下の我々の立場にあっては、個人の良心といえど、公式に事を運ぶにあたって我々が唯一則るところの軍規に明文化された、かの帝国の良心に服すべきにはあらずや。」私が傍点を付したこの「べき」という語を、軍規に登場する「べき」であれ、「個人の良心」に含まれる「べき」であれ(13)、これらと同じものと考えようとするならば、この語は全く理解不可能となってしまう。しかし同時に、軍規や個人の良心における「べき」がもつそれ本来の力を認識しているからこそ、ヴィアは傍点が付されたこの「べき」をそれ本来の力をこめて発することができるのである。

そこで私は問いたいが、この状況で発せられた「これが私のなすべきことだ」というヴィアの言葉にシジウィックのテーゼはあてはまるだろうか。すなわち、「そうすると、状況が同じならばいかなる他人も同様に行為すべきだ」という系にヴィアは論理的に縛られているだろうか。これに答えるために、まず、私がヴィアと同じ状況に直面していたとすれば私は何を語り、何をなしていただろうか、と自問してみよう(14)。その場合、ヴィアの思考過程を描くにあたってメルヴィルが努めているように、冷酷な義務に直面すると勇気が挫けたり弱気になったりする可能性があることは私も努めて排除して考えたい。つまり、状況に含まれる真に道徳的な特徴だけに話を限って考えてみたい。そのうえで自問してみると、私には自分がヴィアのようにはとても行為できなかっただろうと思われる。ただし、この「できなかっただろう」とは、「そうする勇気はとても湧かなかったはずだ」ということではない。こうした状況の下で「神の前では無垢である」人間を有罪とするのは道徳的に不可能と考えたはずだ、ということである(15)。この決断に至るにあたって、私ならば、ヴィア自身も訴えたこうした要件に加えてさらに何らかの要件に訴えるというようなことはしないと思う。それはまさに、ビリー・バッドのたぐい稀な無垢の性格に結びついた数々の要件は極めて強力であり、軍人の義務に訴えて覆されたりはしないと私には思われる、ということである。

しかしそうすると、ヴィアの行為は不当であり、彼は不当な決断を下したと私は考えている、ということになるのだろうか。シジウィックや彼に似た考え方をする人々に従えば、私はそう考えていることにならなければならない。しかしながら、私はそう考えてはいない(16)。ヴィアは彼にとってなすのが正当なことをなした、物語はこう示しているように私には思われるのである。ただし私は、この私が直面したであろうと想像されるものとは違った要因がヴィアの状況には認められるという理由で、こう言っているのではない。そこで私としては、この判断を下すにあたって私の訴える要件がいかなる種類のものであるか、それについてもっと詳しく検討してみなければなるまい。しかしその前に、この点に関わる哲学的問題について少しばかり述べておかねばならないことがある。

先に私は、自分自身が当事者となった場合に人が道徳原理に例外を設ける可能性を斥けようとする、普遍化論者たちの道徳的関心について述べた。しかし彼らの大半にとって恐らくより重要とさえ言えるのは、道徳をめぐる話において意味をなすことと意味をなさないこととの区別を設け、道徳判断とそれを支持するために提出される理由とのあいだに理解可能な関係を用意する、という論理的な関心であった。こうした関心を抱く彼らには、これまでの私の語り口は、道徳問題ではどんなことも許されるのであり、道徳は理性的な話がなされるような領域ではない、という主張を容認するものに思われることだろう。そこで私に対する攻撃路線の一つとして予想されるのは、「彼にとってなすのが正当なこと」という言葉のなかの「彼にとって」という表現を私のように用いてはならない、という反論であろう。彼にとってなすのが正当なことは、状況が同じならば誰にとってもなすのが正当なことである。もし私がこれを認めないのなら、なすべきだと人が考えていることと、人が事実としてなすべきこととのあいだにありうる、いかなる区別をも私は排除していることになる。しかしそうすると、自分が何を正当と考えるかは、当人にとって大した問題ではなくなるではないか。自分が正当と考えることは何でも正当である、ということになってしまうのだから——きっとこう反論されることだろう。

この反論では、私の立場はプロタゴラス流の「人間は万物の尺度である」という見解の一種とされている。つまり、Aがpを主張しBがpの否定を主張すれば、我々にはどちらが正しいかと問うことは不可能で、pは〈Aにとって真〉であり、pの否定は〈Bにとって真〉であるとしか言えない、というわけである。しかしもちろんのこと、pが〈Aにとって真〉であるとは、Aはpを信じている、すなわち、Aはpが真である（〈Aにとって真〉である、ではなく）と思っているということを、誤解を招くかたちで語ったものにすぎない。したがってこの場合にも、真理は人がたまたまどう考えているかには依存しない、という考え方は実のところ決して排除されてはいないのである。

とはいえ、こうしたプロタゴラス流の立場は私の採る立場ではない。私が主張しているのは、Aが「Xは私にとってなすのが正当なことだ」と言い、そしてこれと有意な違いのない状況でBが「Xは私にとってなすのが不当なことだ」と言ったとしても、どちらも正しいことがありうる、ということである。すなわち、一方における発言、および発言に含意されるどんなことも、他方の発言やその含意するところと何ら矛盾しない、ということがあってよいのである。しかしこのことは、AがXは自分にとってなすのが正当なことだと信じていれば、*A*がそう考えているというたんなる事実によって*X*は*A*にとってなすのが正当なことになる、ということではもちろんない。正当なことをなすのがヴィアにとって明らかに重要であったが、彼は、自分が正当と考えることが何でも事実としても正当であると考えていたわけではないのである。

我々が目下検討している種類の表現には確かに人を当惑させる側面があるが、それは次のようにも表現できよう。すなわち、これらは命題と決断表現とのあいだの溝を橋渡しするといった趣きをもっているのである。そこで我々は、こうした溝に一体どうしたら橋渡しができるのか、と問いたくなるのだ。ヴィアのような状況にいる人は、二つの路線の行為をめぐって決断しなければならない。しかしそうした人が当面しているのは、たんにあることをなすという決断だけにはとどまらない。自分にとっては何をなすのが正当なのかを発見する、ということにも彼は当面している。ここで難しいのは、この「発見する」という表現がこのような場合にどういう意味をもちうるのか、それを何とか説明してみせることである。私がこれまでに示唆してきたのは、この種の状況にあっては、何をなすかという決断それ自身が何をなすのが正当なのかをいわば発見することではないか、ということである。これに対してシジウィックのような論者であれば、私の思うに、決断するのと発見するのとは全く別の問題だ、と言うに違いない。私が一貫して行為当事者の立場を強調してきたのは、「自分が何をなすべきかを発見する」と我々が呼んでいる事柄の本質的な部分を決断が構成している、と考えるからである。というのも、自分がこれから何をなすかをある人が決断した、と語るのは意味をなしても、他人がこれから何をなすかをある人が決断した、と語るのは意味をなさないからである――他人が何をなすかを予測しているとか、自分の言うことを他人がなすようしむけるようなことをなそうと決断した、という意味でもない限り。

私の述べた通り、自分が何をなすべきかを決断した人はある意味で何事かを発見しているのだとすれば、この種の判断について正しいものと誤ったものとを区別する手段を我々はもっていなければなるまい。この問題の徹底的な追究はここでは望めないが、その際の着眼点と思われるものについて若干述べてみたい。ヴィアが下したような決断を下した人が「私の行為は正当だった」という表現を用いる場合、その用い方の一つについて考えてみよう。そうした人の発言を受け容れるべきか斥けるべきか、我々は一体どうやって判断すればよいのだろうか。我々としてこれを斥けたくなるような状況には、少なくとも三通りのものがあると私には思われる。

第一に、この発言やこの発言で言及されている行為を取り囲む状況を考えると、我々として、当事者は実のところ道徳問題に少しも苦慮していない、と言いたくなるようなときがある。たとえば、ヴィアとは異質の司令官であれば、ビリー・バッドの「神の前では無垢」なる性格にも全く心を動かさず、機械的に平然と軍法を適用したかもしれない——もとより、こうした性質の判断を下すにあたっては慎重でなければならず、判断対象の人物が本当に見かけ通りに道徳的な感受性を欠く人間なのか、さらには、彼は我々を感動させたものとは全く違った道徳的特徴を状況に認め、それが彼の心を捕えていたのではないか、こうした点に注意しなければならない。しかしこういった複雑さは、それなりに説明するのは難しいとしても、必ずしも目下の問題を左右するほどのものではない。重要なのは、この場合に我々が「私の行為は正当だった」という発言の受容可能性を限界づける要件をもっている、ということである。すなわち、本来この発言は真に道徳的な文脈においてのみ発することができるのである――どういう文脈が真に道徳的であり、どういう文脈がそうでないかは、諸々の道徳的観念に対する我々の一般的な理解によって判断できるだろう。

第二には、いかにも道徳を配慮して行為しているように見えるが、当人のもっている当不当の観念が我々のものとは余りに違うために、自分の行為は正当だったという当人の主張が我々には受け容れ難い、というときがある。この場合と第一の場合との違いを言えば、「私の行為は正当だった」という当人の発言を我々が先に斥けたのはいわば論理的な抗議とも称することができ、我々は話し手が道徳表現を誤用していると主張したのであるが、目下の場合にこの発言を斥けるのは、我々と彼との道徳的不一致の表現と言えよう。恐らくシジウィックならば、私に納得できるよりもはるかに多くの事例をこの第二の種類に入れようとするはずで、これが彼と私との争点の一つでもある。

さて第三は、当事者が「私の行為は正当だった」と語るときの状況の限りでは、たとえ自分の行為の道徳性に当人が本気で関心を払っているように見えても、彼の喋り方や態度、そしてそれに伴う行動からはその場の不誠実さが示されている、というものである。たとえば、『罪と罰』のラスコーリニコフが金貸しの老婆を殺害した後、衣服を着替えようとしている最中に血痕が付着しているのに気づく場面がそうである(17)。

「破滅のときは破滅だ。何の違いがあるものか。この靴下をはいてやるか」彼は突然こう思った。「埃をかぶったらもっと汚れて、血痕の跡形もなくなるだろう。」しかし、はいたとたんに恐怖と嫌悪が戻り、脱ぎ捨ててしまった。脱ぎ捨てはしたものの、替えがないのに気がつくと、拾い上げてまたはいた――そして再び笑い出した。「こんなことはみな約束事じゃないか。全部が相対的で、形式事にすぎない。」一瞬のことだったが、全身をわななかせながらもこの思いがよぎった。「何なくはいてしまったぞ。ほら、もうすっかり。」しかし、笑いは直ちに絶望に変った。

これをビリー・バッド処刑後のヴィアの振舞いと対照させてみれば、得るところがあろう。ヴィアはフランス軍艦「無神論者号」との交戦で致命傷を受けている(18)。

やがて死が訪れようとするときだった。身体組織を鎮撫しながら人間の内の霊妙なる成素に神秘的な効能を及ぼすあの麻薬の作用を受けて、彼は床に伏していた。そのとき、従者には意味のとれない言葉を彼がつぶやくのが聞こえた――「ビリー・バッド、ビリー・バッド。」この言葉に悔恨の響きがなかったことは、従者が「不屈号」海兵隊先任将校に語ったところからも明らかなようだった。この将校は戦地法廷の列席者たちのなかで有罪に最も抵抗した人物だったから、ビリー・バッドが何者なのかは知りすぎるほどだったが、その場ではこのことを自分一人の胸に収めたのであった。

シジウィックに従う人と私との主要な違いは、この種の要件に対する私の解釈をめぐっている。私としては、こうした要件が「当事者の行為は正当だったか」という問に深く関わる、と言いたいのだが、相手側は、これは「当事者は自分の行為が正当だったと考えているか」という問に対して意味をもつにすぎない、とすることだろう。確かに、死の床でヴィアが示している態度を見れば、彼が自分のなしたことに悔恨を抱いてはいなかったことはわかる、しかしこのことは彼が自分は正当なことをなしたと考えていたかどうかに関わるだけで、事実として正当なことをなしたかどうかには関わらない――相手側はこう論じると思われる。もちろん私も、先に指摘しておいた通り、正当なことをなすことと、正当なことをなしていると当人が考えることとを同一視する気持ちはない。同じく、悔恨の欠如は行為の正当さの十分条件ではもちろんないし、さらにまた、悔恨は行為の不当さの十分条件ではない。しかし私は、こうしたことが行為の正当さや不当さの十分条件になるというようなことは言っていないのである。ヴィアに見られる悔恨の欠如は、裁判時と裁判後の彼の行動のなりゆき全体、および裁判時に彼がどう考えていたかを示す道徳的諸観念、これらと一緒に考えてみなければならない。同様に、それがたんなる悔恨の欠如ではないということも忘れてはならない。すなわち、ビリー・バッドに対する自分の仕打ちに感ずるところがただ何もない、というような悔恨の欠如ではないのである。最後に至ってヴィアが死の床でビリーの名をつぶやいていることがそれを示している。また、たんなる悔恨を行為の不当さの十分条件にしていると私を責める人がいるとすれば、ラスコーリニコフの事例を用いて右と同じかたちの反論が組み立てられるのではないか、と言っておきたい。

既に論じたように、自分が何をなすべきかを決断するということは、誰であれそうした状況では何をなすべきなのかを発見するという問題とは違うとすれば、そしてこれも既に示唆したように、それでもこの決断には「あることを発見する」という観念が含まれているという考え方に正真正銘の意味があるとすれば、この「発見する」という観念は一体どのように説明すればよいのだろうか。私には、人が発見するのは何か普遍的に成立していると言えるような事柄ではなく、むしろその人自身に関する事柄であるように思われる。もっとも私には、道徳における「自我実現」(二)理論のいかなる立場も支持する気持ちは毛頭ないので、この論点の提出にあたってはかなりの用心がいる。ここで言っておかなければならない重要なことは、人が自分自身に関して何を発見したかは、決断に到達した際にその人が考慮していた道徳的諸観念によってしか表現できない、ということである。たとえばヴィアは、ビリー・バッドの軍規違反に直面したとき、海軍司令官としての自分の義務と自然の正義に関する諸々の要件という対立しあう言い分を考慮した。この考慮を通して、彼は自分が何をなさなければならないか、すなわち、この状況では自分にとって道徳的に何が可能であり何が不可能であるかを理解したのである。しかし、この「可能・不可能」は道徳様相である。その可能性と不可能性が何に存するのか説明を求められたとすれば、ヴィアは自分が決断を下すに至った道徳的議論を再び繰り返すしかないだろう。しかし、こうした状況にあって全く同じ議論を踏まえながらも、自分の道徳的可能性はヴィアとは違うと結論する人がいたとしても決しておかしくはない。しかもその場合、この結論に対する可能性がヴィアにとって、またそもそも他人にとってどうなるのかということについて必ずしもそれ以上の判断を下さず、またそうしたそれ以上の判断に縛られずに、である。

私の思うに、ヘアの次の一節を見ると、ヘアは私がいま述べていることにほとんど同意を示すところまで至っている。それは、普遍化可能性原理を受け容れるからといって、これを軽率なお節介の奨励と受けとってはならないと警告するなかで述べられている、極めて啓発的な一節である(19)。

生身の他人が置かれている具体的な状況に関しては（その状況がどのように彼の心を捕えたのかという、それ次第では話が全く違ってくるかもしれない要因を含めて）我々はすべての事柄を知ることができない以上、他人の状況が我々自身が置かれたことのある状況に酷似していると想定するのはもとより、有意な点において似ていると想定することさえも、まずたいていは傲慢となってしまう。

この程度のことは、道徳的経験と称すべき諸事実にいやしくも感受性をもってのぞむ人であれば、誰もが認めなければならないだろう。しかしながら、これを認めるということは、右の一節があてはまるような道徳判断の種類(20)においては普遍化可能性原理が効かないと認めることなのである。

「他人が置かれている具体的な状況に関しては（その状況がどのように彼の心を捕えたのかという、それ次第では話が全く違ってくるかもしれない要因を含めて）我々はすべての事柄を知ることができない。」しかし状況によっては、その状況がどのように行為者の心を捕えたのかを我々は表現したくなることがある。そうだとすると、この場合、ある特定の道徳的決断へ向かおうとする当人の性向を我々は無視することができない。たとえば軍法会議の状況は、明らかに、ビリーの無罪を支持した海兵隊先任将校の心を捕えたのとは全く違ったようにヴィアの心を捕えた。では、この違いはどこにあるのか。それは、二組の対立しあう要件に直面したとき、それぞれの気質からして一人は一方の要件を優先させ無罪とする立場に傾き、もう一人は他方の要件を優先させ有罪とする立場に傾いた、という事実のうちに他ならない。しかし、こうした気質こそが「酷似した状況」という観念を適用するにあたっては考慮されなければならないとすれば、普遍化可能性テーゼからはその論理的な力の最後の一しずくさえも確実に失せてしまうのである。

(1) ハーマン・メルヴィル『前檣楼員《ビリー・バッド》』(Herman Melville, *Billy Budd, Foretopman*, in *Four Short Novels*, New York: Bantam Books, 1959) 二六四頁。坂下昇訳『ビリー・バッド』(岩波文庫) 一四五頁。

(2) ヘンリー・シジウィック『倫理学の諸方法』(Henry Sidgwick, *The Methods of Ethics*, 7th edition, London: Macmillan, 1907) 二〇九および三七九頁。マーカス・シンガー『倫理学における一般化』(Marcus Singer, *Generalization in Ethics*, London: Eyre and Spottiswoode, 1963) 一七頁より引用。

(3) 話を簡潔にするために、本論では、この種の判断がすべて行為当事者による判断であるといった論の進め方をする。私は私自身の行為を局外者の眼で眺めることもできるから、一般的にはこうは言えない。したがって複雑な面があるわけだが、以下で論じられる諸問題には影響しないと思う。

(4) シジウィックのテーゼの樹立は必然的に「合理的規範的な倫理学体系の基礎づくり」を意味する、というシンガーの評(シンガー前掲書六頁)を参照。そうした体系の可能性をここで私がそれとなく疑問視していることは言うまでもない。もっともだからといって、私は倫理学が「合理的」でも「規範的」でもないと言いたいのではない。

(5) 傍点は私のもの。

(6) メルヴィル前掲書二五三頁(邦訳一二六頁)。

(7) 同書二五三—四頁(邦訳一二六頁)。(ここと次の引用文中において、著者による引用を二箇所訂正して訳出した。)

(8) 同書二六〇頁以下(邦訳一三七—四〇頁)。

(9) ここでヴィアは、あたかも問題は道徳と軍法のどちらを採るかにあるというような喋り方をしているが、注意すべきは、軍法を優先させるために彼の訴えているのが疑いもなく道徳的な事柄である、という点である。

(10) シンガー前掲書二四頁。

(11) A・I・メルデン『権利と正しい行為』(A. I. Melden, *Rights and Right Conduct*, Oxford: Basil Blackwell, 1959)。

(12) R・M・ヘア『自由と理性』(R. M. Hare, *Freedom and Reason*, Oxford: Clarendon Press, 1963)。山内友三郎訳、理想社、一九八二年。

(13) この二つの「べき」を「局外者の下す『べき』」と呼んでも必ずしも正しくないと思うが、要するに、これらは当事者の下す「べき」ではない。

(14) 「同じ状況」という観念には多大の困難が伴っているけれども、ここでは可能な限り無視することにする。

(15) 「となると、神の前では無垢であ……る同胞に、即決による恥辱的な死を宣告することがどうしてできよう」というヴィアの語り口を参照。

(16) シジウィックに従う人と私との争点は、もちろん、私の下したこの特定の道徳判断にたまたま彼が同意するかどうかにあるのではない。私がいまのように語ることによっていやしくも理解可能で整合的なことを述べていることになるか、私が本当に何らかの真の道徳判断を下していると言えるか、争点はここにあるのである。

(17) F・ドストエフスキー『罪と罰』第二部第一章。この例は先の第二の種類にも入るかもしれないが、ここではその側面は無視することにする。

(18) メルヴィル前掲書二七八頁（邦訳一七六頁）。傍点は私のものである。

(19) ヘア前掲書四九頁（邦訳七六頁）。

(20) とりわけ、自分が何をなすべきかについて行為当事者が下す判断がそうである。

訳注

(一) グリーン（Thomas Hill Green）ら、イギリス新理想主義学派の倫理学における中心概念。絶対自我の実現を道徳の究極目的、最高善とし、人格形成をこの目的への接近として捉える。

IX　道徳からみた行為者とその行為㈠

この論文では、人とその人の行なった行為との関係を主題とし、これを、道徳の基礎づけを求める哲学者に立ちはだかる或る極めて根本的な難問との関連で論じてみたい。もとより、行為とは何かという問にはこれよりはるかに多くの主題が絡んでおり、私の議論には到底収まらない重要な問題点も非常に多い。しかしそれはともかくとして、これからの話に見通しをつけるために、まず、人とその人の行なった行為との関係に対する或る見方を戯画風に描いてみよう。私の思うに、この戯画をあからさまに提出されればきっと否認するに違いない哲学者でも、多くの場合、その著作のなかにはこの見方が密かに働いている。それはこれから私が展開に努めたい考察と真向から対立する見解であるが、しかし、この対立について明確な論点を述べる余裕は恐らくないだろう。

私が問題としたいのは、行為を行為者が惹きおこす世界内の変化と見なす考え方である。世界内の変化としてのこの行為は、行為者の身体運動が「間接的に」惹きおこす変化を含んでいることもあれば、たんに行為者の身体運動そのものということもある。ただしこの後者の場合でさえ、その身体運動は行為者によって「惹きおこされる」と考えられているのである。この考え方に含意される行為者像といえば、言ってみれば、自分自身の身体をも含めて世界を眺めている——ただし、限られた範囲では、自分が眺めている世界に変化を生じさせることもできる——局外者、というものだろう。しかしそうすると、何故自分はこの一連の物理的変化を開始すべきであって、別の変化を開始したり何も開始しなかったりすべきではないのか、その理由を教えてくれる事情が彼には提示される必要が生まれる。すなわち、自分の意志を行使するにあたって彼は指導を必要とするのである。多くの哲学者は、道徳がそうした導き手の一つであると考えている。

まず、この行為者像全体に窺われる難点を、こうした道徳観に対するいくつかの反論を考察することから指摘しよう。そして後半では、人が行為するとはどういうことなのかという問題について全面的に異なる説明を示唆するように思われる人間の状況を、若干の例に即して検討したい。もっとも先に述べたように、後者の点は本論では十分に展開できないこととなるだろう。

道徳を行動の導き手として説明するのが有効かどうかを疑うからといって、もちろん、道徳的指導というものの存在を否定するわけではない。しかし「道徳的指導」という言葉を理解するためには、指導を必要とする困難な状況がどのような本性のものかを理解していなければならない。さて極く自然に考えた場合、そうした困難とは人が達成しようとしている目標とその人自身とのあいだに横たわる障害であろう。実際、目標を達成しようとしながらも人はその途上で様々な障害に突きあたる。ほんの少しの例を挙げても、金銭の欠如、種々の天性の欠如、友人の欠如、他人の反対、こうした障害がある。しかしこうした障害であれば、道徳は人々がこれを克服する手助けとなるようなものではない。それどころか、まず道徳が存在しないほうがずっと克服しやすい障害なのである。では、道徳が我々に切り抜ける道を教えることのできる困難な状況とは、一体どういうものなのだろうか。私には、道徳的に困難な状況と言う以外にどんな答え方をすればよいのかわからない。たとえば、ある人が事業の拡張に懸命となっているときに、道徳的には疑問のある手段を講じなければ企画そのものが破綻するのに気がついた、としよう——法律上の詐欺にはならないし、周囲の悪評を招く危険もないのに、自分ながら道徳的には許し難いと思えるような手段、である。さて、道徳は彼がこの困難な状況を切り抜ける手助けとなる導き手である、と言われたとする。しかし、道徳が存在していなければ、この場合にはもともと困難も何もないではないか。道徳とは実に奇妙な種類の導き手である。我々の行く手にまず障害を置いて、それからこの障害を切り抜ける道を教えてくれる、というのだから。いっそこんなものなどないほうが、はるかに簡単で合理的ではないだろうか。そのほうが、直面している問題がどんな問題であろうと、うまく片づくように思われるのである。

　実のところ以上は、プラトンの『国家』第二巻に登場するグラウコンの問題の実質にあたる。いかなる個人であれ当人にとって最も望ましい事態と言えば、道徳に一切頓着せずに自分自身の実利を追求する、ということだろう。しかしながらどの個人も自分の実利を追求するとすれば、残りの個人はその分だけ彼ら自身の実利の追求を妨げられてしまう。そこで対立しあう利益を平衡させ、最大多数の最大幸福を促進するために、慣習が樹立される。この慣習には制裁が伴う。それは、違反に対する法的処罰という明示的なかたちをとるものもあれば、もっと非形式的に、義務不履行者に対する周囲の市民の友好・協力・敬意の喪失というかたちのものもある。グラウコンにしても、この種の社会構造が存在していれば、実際たいていの場合は慣習に倣うのが人間にとって最大の利益であり、それ故、人間にはそうした行動が理にかなっている、と認めている。しかし、こうした社会構造が存在しないという条件になればどうだろうか。それは、ギュゲスの魔法の指輪の物語をもち出してグラウコンが印象的に描いている条件であり、この指輪をはめた人間は姿が見えなくなって、そのために悪事を働いても罰を受けることがない、というのである。このような条件の下にありながら、この指輪の持主が「隣人に悪事を働いたり、隣人の所有物に手をつけたりしない」のにもし人々が気づくならば、人々は「自分に悪事が及ぶのを恐れて、公けの面前では彼の行動を讃えるふりを守っても、彼を憐れな馬鹿者」と考えるのではないか、グラウコンはこう主張している。

以来、このグラウコンの挑戦は道徳哲学の頭痛の種となっている。彼の挑戦が設定している条件を引き受ける哲学者の場合には、それは明白だろう。しかし後に示したいと思うが、この挑戦には反論できないことを見抜いて全くこれを無視してしまった哲学者の場合にも事情は変らないのである。

まず、ジョン・スチュアート・ミルの場合を考えてみよう。ミルは師のジェレミイ・ベンサムが出発点とした考え方を引き受ける。すなわち、道徳は行動の導き手であるのだから、道徳哲学の課題は、道徳が何に向かって人間を導いているのかを明確にし、その上で、人間を確実にこの目標へ至らせるには何が要求されるかを示すことにある、という考え方である。それ故にミルの最初の問は、「最高善、あるいはこれと同じものである……道徳の基礎」をめぐっている。そしてミルは、この問を人間の行為の目的に関する問へと直ちに拡張するのである。「すべて の行為は、何らかの目的のための行為である。したがって極く自然に推測されるように、行為の規則は、およその全性格と全色合いを規則自身が仕える目的から受けとるのでなければならない。」(1) ミルは、この自分の主張を維持するためには、いかなる個人に対しても推奨されるような目的を見出さねばならない、ということをよく理解している——いかにもこれは正当であり、そうでなければ、行動の導き手として道徳を採用すべきであると個人を説得するための十分な理由を提出したことにはなるまい。——こうしてミルは問う、いかなる行為者をも行為に駆りたてるために要求されるものとは何なのか。彼の答は、快楽、もしくは苦痛の回避、というものである。そしてこの結論に基づいて、最大多数の最大幸福こそが道徳の至上原理を提供するという、あの有名な（というか、悪評高いというか）「証明」が続いて提出されるのである。

ここで私はミルの議論の詳細に関心があるわけではない。彼の議論がある仮定に依拠しているという事実と、彼がその仮定に依拠した理由を指摘したいだけである。すなわちその仮定とは、行為者を行為に駆りたてるためには、道徳の求めるところに従った行為が自分にとって価値があるということをどの行為者にも理解可能とする何らかの要件が要求される、というものである（この場合、行為とは世界内の変化の開始に他ならない）。こうした行為の解釈に立つ限り、ミルのこの問題提起は避けることができない。というのも、自分の眺めている世界にどういう変化を惹きおこすべきかを決定するということが行為であるとすれば、変化と不変化の様々な可能性と行為者とをいわば関係づけてくれる何らかの要件が確かに関与してこなければならないからである。しかもそれは、別の事態ではなくまさにこの事態を選ぶ理由があるということが行為者自身にも理解できるようなかたちで、である。

行為の解釈の第一歩――ミルは『論理学体系』のなかでこれをもっと明示的に展開している――において、行為者は自分が行為する場である世界から分離されているのだから、行為を理解可能とするには、この溝がまずもって架橋されなければならない。そうである以上、溝の一方の側の行為者から架橋するとなると、行為者の利益という概念が自然な足場となるわけである。

グラウコンの問が設定している条件を引き受けてしまえば、答を求める方向はほとんど不可避的に決まることになる。すなわち、個々の状況では道徳的に行為すると自分の利益に反することがありうるとしても、道徳的に行為せよという一般的方針となるとそんなことはありえない、という考え方を採らざるをえない。問をこの方向で扱ってきた哲学者は数多いが、その長い系図のなかで現代の最先端に立つ人物にフィリッパ・フット女史がいる(2)。彼女は、口先では道徳をもち上げてこれを尊重するふりを装いながらも、実は自分に都合のよいことしか眼中におかない生き方を一般的な方針となしうる、というグラウコン的な可能性を強く斥ける。その際に彼女が提出している議論の概略は、たとえ私欲によって道徳が導き手として採用されたのだとしても、道徳が採用された以上は私欲は道徳に内在する諸々の要件に従属する、というものである。実際、彼女のこの議論は、最初は更なる目的である幸福に至るための手段であった徳性がやがてはこの目的の一部になる、というミルのテーゼを補完する役割を果たしていると言えよう。

こうしたグラウコン的方針は極めて困難であるという主張の限りでは、私もフット女史は疑いもなく正しいと考える。しかしそれについては、グラウコンにしても彼女と同意見だったのではないだろうか。というのも彼のテーゼは、平均的な弱者と対比される強者にとっては何が合理的か、という議論の文脈で提出されているからである。たいていの人間は慣習の足枷から自分を解放できるほど現実には強くないということは同意の上であり、だからこそ、もしもそれができる人間がいるとすれば一体どうなるのか、と問われているのである。またいずれにしても、自分でもやましいと承知の手段で行為しながらも罰をうまく逃れることが現にできるといった状況、いやそれどころか人々が実際にそうしている状況は、結局のところそう珍しくはない。では、このような人々に対して、このように振舞わないからといって彼らは馬鹿者になるわけではないということを示してやるために、一体何が言えるのだろうか。この場合、道徳的な理由をもち出すのは明らかに不可能である。それでは目下の論点の先取りとなってしまう。グラウコンの主張を補ってアデイマントスが語っている言葉を見ればよい。「父親から、また師匠先達のすべてから、正しいことは善いことだと子供が教えられるとき、推奨されているのは正義それ自身ではありません。正義によってもたらされる評判なのです。」

　アデイマントスの言葉は、グラウコンの問に答えるのが不可能なことを実に明確に表わしている。道徳はいかなる益をもたらすのか、これがグラウコンの問だからである。さらにこの問は、その形式からいって、道徳を基礎づけうるものを我々は道徳の外部に探さなければならない、という示唆をもっている。ところが我々がこれを探そうとするや、アデイマントス流の言葉が控えている。「推奨されているのは道徳それ自身ではありません。」つまり、この推奨が何らかの更なる益のおかげによるのであれば、その益と道徳との結びつきが偶然的でしかありえないのは確実だからである。そしてそれが偶然的にすぎないのなら、どれほど強い結びつきであろうと問題ではない。推奨されているのは、やはり「道徳それ自身」ではないからである。

さて、グラウコンの問に答えるのが原理的に不可能だということは、これが擬似問題であることを端的に示している、と言ってもよいかもしれない。確かにグラウコンの表現の仕方には混乱がある。しかしたとえそうだとしても、彼がこの混乱に陥ったのは、道徳に関する人間の状況の現実を彼が知覚し、洞察しているからこそではないだろうか。そしてそれは、彼の混乱を免れている人々には欠落していると思われる知覚であり、洞察なのである。

この点は、「道徳の至上原理の証明」を試みたミルとは違う立場に立つ哲学者たちの場合を考えてみれば、さらにはっきりする。たとえば、シジウィックやムーア、そしてプリチャードといった人々がこれに該当しよう。実際プリチャードは、「道徳哲学は誤解に基づいているのか」と題する論文で、そうしたいかなる証明の可能性に対しても鋭い反論を提出している。しかしながら、こうした哲学者たちに顕著に窺われるのは、彼らがそうした「証明」を「自明性」や「直観」といった観念で置き換えようとしている、ということである。彼らのこうした手法には、グラウコンの設定している条件の下ではこれに答えようとしても見込みがないことを彼らがはっきりと見抜きながらも、この問の底にある根本的な懊悩を完全には理解していないことがはからずも示されている。というのも、彼らが用いているこうした表現には、何らかの正当化を現実に提供するという負担から免れようとする一方で、或る種の正当化を示唆するという効果がやはり託されているからである。あるいは合理主義的精神にあふれた哲学者ならば、グラウコンの問に対する私のこのような態度を反啓蒙的だと考えるかもしれない。しかし私に言わせれば、この「直観主義的な」傾向こそずっと反啓蒙的なのである。

目下の論点に関しては、G・E・ムーアの場合が特に重要である。ムーアは『倫理学原理』のなかで、倫理学研究には大きく分けて三つの部門があると論じている。第一の部門は、「善い」という語の意味は何か、という問を扱う。第二は、何がそれ自身において善いか、という問を、第三は、それ自身において善いものに対して何がその原因として関係しているか、という問を扱う。ムーアは、第三の問だけが人間の行動に関する考察に関与すると考えている。つまりムーアの理解によれば、道徳は道徳外の目的に人間が到達するのを可能としてくれるような装置ではない。道徳とは、道徳それ自身に特有な種類の目的――すなわち、善――を既に内に含んでいるものなのである。

さてこのような姿勢は、行動の導き手という道徳観に対して私が冒頭で提起した反論を多少とも免れている、と言えよう。というのも、道徳自身に特有な目的の追求が既に道徳の内には含まれていると考えれば、道徳に特有なそれらの目的を達成しようとする途上で種々の困難に遭遇する可能性があるからである――たとえば、ある一つの道徳的目的を達成しようとすれば、別の道徳的目的が達成できないことがありうる、という限り。しかしながら、ムーアの説明にはやはりそれなりの難点がある。なかでも最も根本的と思われるのは、次の難点である。あるものが善いと語るということは、そのものに関する一つの事実を述べることに他ならない、とムーアは言う。しかしそうだとすれば、人間は何故その種のものを生み出そうと目指すべきなのか、その理由を示す議論を更に提出する必要があろう。道徳に含まれる困難と苦悩は、いわゆる「道徳的目的の達成」に含まれる満足感よりもはるかに貴重だと感じる人ならば――この感情は一見して間違いとは言えない――、特に強くこの議論を要求するのではないだろうか。この場合、善いものを生み出したいと人がたまたま思った、というような偶然的事実に基づいて議論するとすれば、明らかにムーアにとって十分な議論とは言えない。また現に、彼はそんな議論はしていない。むしろ彼の考えでは、善いものを生み出すようなことを人がなすべきなのは、全く自明の事柄なのである。しかし、私の知る限りで最も辛辣なムーア倫理学批判を展開しているジョン・アンダーソンも指摘している(3)ように、この考え方には困難があるのをムーアは理解していない。それは、内在的に善なるものは「それ自身において望ましい」ものだ、というムーアの語り口のせいである。すなわち、アンダーソンの言うように、ムーアは、端的にものの性質として考えられるもののうちへ、ものとものとのあいだに成立すると考えられる本質的関係に対する観念(つまり、「人類に望まれる」とか「人類に要求される」とかいった観念)を密かにもち込んでいるのである。人が道徳的に振舞うべき理由を、実際はそうでないのに、ムーアは提出しているかのような印象を与える。しかし、それはこうした事情によるのである。

以上で触れた哲学者の多くに特徴的なのは、他のことではなくまさにこのことを行なうための理由ということによって、道徳と行動との関係が考えられている、という点である。このような考え方を鋭く批判している全く別のタイプの哲学者に、ジャン＝ポール・サルトルがいる。サルトルは、人が思案——あることをやろうとするときにその賛否の理由を考える——に至ったときには「既に賭はなされている」(4)と語っている。これはいくぶんおおげさではあるが、核心をついた言葉だ。ある人がどういう性格の人間であるか、また彼が行なったのがどういう性格の行為であるか、こうしたことを道徳的観点から理解したいと思う場合、当人が選択肢に数えていたいくつかの路線のなかからこの路線を選んだのはかくかくの理由による、ということだけに注目しても、まず多くの場合は十分とは言えない。彼がどのようなものを選択肢に数えあげていたか、そしてこれと密接に関連する事柄として、選択肢のなかで決定を下すにあたって彼がどのような理由を有力と考えていたか、少なくともこうした点にも注目することが重要だろう。しかしそうすると、状況を同じくする二人の人間のあいだに違いがあるという場合、その違いは一様ではないということになる。まず考えられる一つの違いは、状況が呈示している問題がいかなる問題なのかについては意見が一致しても、その問題に照らして下される二人の決定が違う、というものである。しかし、さらに重要とさえ言える違いがあるのだ――それは、サルトルが言及している種類のもので、状況をどう記述し、状況が提起している問題をどう説明するか、ここで二人の意見の一致すらありえない、という意味での違いである。たとえば、一方にとっては状況は道徳的問題を提起していても、他方にとってはそうではない、という場合がありうるのである。

この論点を表現するために、状況、状況が提起する問題、そしてその問題を論じるのに適しいタイプの理由、これらは或る何らかの視点を既に内に含んでいる、と私は言いたい。そして、当の状況のなかにいる行為者はそうした視点とどのように関係していると私は考えているのか、という質問に簡潔に答えなければならないとすれば、サルトルも同様に言うと思うが、行為者自身がこの視点であると言おう。とはいえ、私はこれ以上サルトルに倣うつもりはない。サルトルはここから先はひどい混乱に陥っているように私には思われる。それは、状況に対して或る視点が存在しうる可能性を行為者の選択の問題へ再び解消してしまうことはできない、という点を、彼が明確には理解していないからである。むしろこの可能性は、現行の言語、すなわち個人の発明では決してないところの言語、ここにかかっているのである――サルトルも繰り返しこのように語ってはいるが。

ここで私は、行為が遂行される視点を行為者の「意志」という観念と同じものとは考えていない。その理由は、カントの道徳哲学に窺われる行為論の難点を考えあわせればはっきりするだろう。カントは「無条件に善いと見なされうるもの」を、人間の意志が行為によって惹きおこすことのできる事態のうちに位置づけることを拒否し、「善なる意志」それ自身のうちに位置づけている(5)。これが、議論の出発点においてカントを他の哲学者と区別する特徴である。しかしながら、人間の意志と人間の行為との関係をどう考えるべきかとなると、カントは決して明晰であるとは言えない。彼は意志を或る種の因果的原理と考えているが、これは功利主義に立つ彼の論敵と共通した考え方なのである――もちろん、この関係に含まれているとされる因果性の種類については、カントと功利主義者とは全く違う説明を与えているが。この考え方に添って、カントは、意志にどのような現象的変化を惹きおこさせたり惹きおこさせなかったりするかを指令する、意志に対する指導規則を提出する必要があると考えた。しかしここで彼が何を理解していないかと言えば、この構想が、最高善は意志それ自身のうちにあるという彼自身の見解とは全く両立しない、という点である。カントは、善なる意志という単なる概念の上にこの指導規則を基礎づけようと努めてはいるけれども、実のところ、道徳とは無関係だとして自らが拒否した他ならぬあの功利主義的要件のたぐいへ後退を余儀なくされているのは明らかである。ベンサムはこの事情を見抜いていたからこそ、道徳において意志に対する指導規則を提出したいと願う人は多かれ少なかれ隠れ功利主義者となるしかない、と結論したのだった。このベンサムの主張には何がしかの力が認められよう。しかしだからといって、ベンサムの考えたように功利主義が唯一貫徹可能な道徳哲学であるということにはならない。別の結論が可能なのである。すなわち、意志に対する道徳的指導規則を哲学がいやしくも提出できるという想定は完全な誤解だ、という結論である。

意志についてのカントの考え方に潜む難点は、合理性についての彼の考え方に潜む難点と密接な関連がある。(実際、彼は意志と実践理性とを同じものと考えている。)カントは、論理的原理は経験的一般化としては理解できないという事実から、合理性は純粋にア・プリオリな概念でなければならないと結論した——現実の人間行動に顕現している合理性は、経験的適用など全く度外視してその妥当性が理解可能な原理を適用したものにすぎない、というかのように。カントは、道徳的行動はそうしたア・プリオリな原理の個別的な適用例であると考えるので、どんな行動であれそれが道徳的に正しいか否かを決定するア・プリオリな基準がある、と想定する。その基準とは要するにこうである——ある行動が道徳的に正しいと言えるのは、それが合理的原理それ自身のために、すなわち(カントの議論に従えば)義務のために、遂行されている場合であり、かつその場合に限る。しかし先に私が示唆したように、カントには、形式的ではない別の要件に後退せずにはこの「義務」に何らかの内実をもたせることができなかった。その結果、カントの最も根本的な意図に反して、現実の行動の一部のものが「無条件に善い」とはとても見なすことのでき、、、ない事実に基づいて「義務のための行為」の事例として認められてしまう、ということにもなるのである。この私の結論は、抽象的議論よりも現実的な事例に即して検討することによってきっと支持されることだろう。

イプセンの『建築師ソルネス』に登場するソルネス夫人は、「義務のための行為」というカント的理念に取り憑かれている人物である。もっとも、彼女は道徳的純潔の鑑として登場しているわけではない。或る種の道徳的退廃の典型として登場している。確かに彼女が絶えず義務に訴えるのは、心に抱いている危険で邪悪な嫉妬から身を護ろうとしているからであり、これは疑うことができない。しかしそれにもかかわらず、仮に彼女が自分の「義務」を忘れて率直に振舞うことがあったとすれば、状況ははるかに救われていたと考えることができるだろう。少なくともその場合には、暗雲は一掃され、彼女と周囲の人々とのあいだには本物の人間的関係が結ばれる道が開かれていたかもしれないのである――そうした関係の喪失がイプセンの描くシーンの特徴ではあるが。

さて、このような退廃した「義務のための行為」の例を取り上げるのは、カントに対して不当であると言われるかもしれない。しかし私の言いたいのは、カントのやり方では、ソルネス夫人の場合にまさに何が退廃しているのかが見えなくなってしまう、ということなのだ。というのもカントの主張によれば、善なる意志とは退廃事例などのありえない唯一のものであるからである。これに対して私の議論は、普遍的に妥当する行動法則と見なされた格率によって善なる意志の実質的な基準を与えようとするカントの試みは、彼が当初に意図していた論点とは両立しない、というものである。この問題に関しては、カントよりもキルケゴールのほうがずっと明晰な眼をもっている。「心の純潔」が何に存しているのか、キルケゴールは語ろうとはしていない。むしろ、この概念が個々の事例にどのように適用されるかを直接に論じている。キルケゴールの議論で強調されているのは、様々な種類の退廃、彼の言葉で言うと「心の定まらない状態」である。彼のこのやり方は、ウィトゲンシュタインが用いた区別によって特徴づけることができるだろう。すなわち、彼は心の純潔が何であるのかを語ろうとはしない。様々な事例を描いて、その何たるかを示しているのである。

しかしカントの立場では、「無条件に善い」とはとても正当には考えられない行動であっても、そのようなものとして受け容れざるをえない、というだけではない。「無条件に善い」と考えて全く正当であるような行動をそのように認めることもできなくなってしまうのである。たとえばシモーヌ・ヴェイユは、絶対的に「純粋な」行為の一例として、わが子と——義務感からではなく、純粋の愉悦から——戯れている父親の例を挙げている。カントからすれば、たとえここには美的な快は認められるにせよ、これは「実践理性」ではなく「傾向性」からの行為の事例であり、したがって道徳的には何の価値もないものとして分類されざるをえないだろう。しかし、自ら進んでわが子と楽しむことがどうしてもできない人間というものを考えてほしいものだ。努力をすれば、父親としての義務感から子供を喜ばせることはできるが、といった人間である。シモーヌ・ヴェイユの例の父親とあい対した場合、この父親が自分の自発性が彼に比べて欠けていることを道徳的な欠陥と認めたとしても決しておかしくないのではないだろうか。この父親が自分を彼よりも「劣る人間」と見なしたとしても、混乱とはいえないのではないだろうか(6)。そしてその判断は、はたして「美的な」判断だろうか。

さて、以上の例の扱い方には異論を唱える人々がいることだろう。第一に、自発性という実質的な価値を強調していることによって、無条件に善いものとしてのカントの「義務のための行為」に対して私が一つの代案を提出しているように思われるかもしれない。そこで、正当にもこう反論されよう。人が自発的に傾く行為であっても、全く間違っていると私も同意せざるをえない事例があるはずだ。その場合には、義務の要求するところを考慮して、自分の傾向性を抑制するのが正しいのではないか、と。この主張に対しては私も完全に同意したい。しかしこれは、私が言おうとしていることに対する反論とはなっていない。私は、義務のための行為こそ無条件に善い唯一の行動であるというカントの論点を、自発的な行為こそ無条件に善い唯一の行動であるという対立論点で置き換えようとしているわけではないからである。それどころか私の論点は、無条件に善いと言わなければならないような行動の一般的種類など存在しない、ということなのである。すなわち、カントの誤りは、無条件に善いと呼べるのは善なる意志だけであるという見解を、善なる意志が顕現していなければならない行動の種類を実質的に説明することによって補完しようとしている点にある。これに対して私が主張しているのは、我々にできることといえば、個々の例を調べて、それぞれの事例について我々が実際に何と言いたくなるかを見てとることに尽きる、ということである。それらの事例について我々が何と言わなければならないかを前もって決定してくれる一般的規則など存在しないのである。

しかしそうすると、個々の事例について我々がたまたま口にすることは、全く恣意的な発言となってしまわないだろうか。そんなことはない。道徳以外の無数の次元で我々は様々な話をしているが、その多くが——正当化を欠いたままでも(二)——恣意的ではないのと同様である。たとえば、この机の色を問われれば、私は「茶色」と答える。しかし、私はこの答をどのようにして正当化すればよいのだろうか。正当化などとてもできそうには思われない。これは、まさに私が茶色と呼んでいるものなのである。とはいえ、或る点で他のものと似ているものだけを私に「茶色」と呼ばせるような一般的規則があるのではないか、と言われるかもしれない。しかし、それはどの点なのか。茶色である、という点ではないのか。つまり、この机を茶色と呼んで私が正当化されうるとすれば、この机が他のものと似ている点がなければならない、と言われても、その点の特定にあたっては、私がこの机を茶色と呼ぼうとすることが既に前提されているのである。そうすると、それは正当化でも何でもないということになろう。

ところで、ある行為をある個人の行為と認めるとは一体どういうことなのか、という問はカントを大いに悩ませた問である。カントの立場は、行為が「傾向性から」遂行されている場合には行為の原因は行為者自身のうちにはない、したがって、そのような行為は「自律的なものとしては」その行為者の行為ではない、というものだった。そこで彼は、そうした自律性がいやしくも説明されうるとすれば、「あることのための行為」という観念が強調されなければならない、と誤って考えたのである。カントの議論に重みがあるとすれば、それは、外見上は似ている二つの行動が道徳的な意義に関して全く違うことがあるのはどうしてなのか、という問題を彼が扱っているからであろう。

刑事訴訟を免れる目的で負債を返済する人でも、「義務と一致して」行為していることになるかもしれない。しかし、その行為に対するその人の関係は、不払いから生じる不都合な帰結のことは何も考えずに、自分が借金しているという理由だけから返済する人の場合とは全く違っている。確かに、この二つの事例を区別することは重要だ。しかしながら、この重要性が明白だからといって、この問題に対するカントの説明が誤っている可能性が見えなくなってしまってはならない。カントの説明は、基本的には、行為者が行為の際に従っていると想定される原理ないし「格率」という見地から行為と行為者との関係を見る、というものであるが、この説明ではすべての事例は決して尽くされないのである。

借金しているから返済するのであって、負債者の汚名をかぶって刑務所に行くのが怖いから返済しているのでなければ、その人は「義務のために」行為していることになる、こう言って正しいだろうか。まあ、私として言いたくなるのは、「この金を貸してくれたのだから、彼に返さなければならない」という考えを導き手としている人は、「返さなければ刑務所行きになる」と考えている人と違うのと同じく、「自分の義務を果たすためには、この金を返さなければならない」と考えている人とも重要な意味で違うのではないか、ということである。ソルネス夫人の例に戻れば、この区別はもっとはっきりするかもしれない。ヒルダ・ヴァンゲルが客人としてソルネス邸にやって来たとき、ソルネス夫人は見事なカント的口調で迎える。「できるだけのことをさせていただきますわ。私の義務にすぎません。」(7) しかし、もしここで彼女が「お部屋をごらんになって。ゆっくり寛がれて、当地での滞在を楽しんで下さい」と言っていたとすれば、我々には彼女がどんなに違って見えたことだろう。確かにその場合でも、家人と客人との関係や、この関係に含まれる様々な義務のことを我々は考えるし、そうした問題がこの状況に対する我々の理解には依然として関与しているだろう。しかしそれは、「そのために」行為が遂行されるところのもの、というかたちでは関与していない。わが子と戯れる父親についてシモーヌ・ヴェイユが出している例にしても同様である。この例がもっている力は、確かに、父親と子供との関係を我々がどう理解しているかに依存しているし、そしてこの関係には或る種の義務や責任といった観念が当然含まれている。しかし、この父親の振舞いが自分の義務を果たすための振舞いではないという事実にも、例の力は等しく依存しているのである。ここで多くの哲学者は、この父親は自分のしていることを「それ自身のために」しているのだ、と言うかもしれないが、しかし私はこの提案に対しても異を唱えたい。このような言い方にもまたそれなりの難点があるからである。すなわち、父親の行動が、何か他のことのためにあることを行なっているという事例に余りにも引きつけて考えられている、という点である——まるでこの父親は、親子が戯れあう状況を、自分が実質的な価値を認める他の更なる帰結に至るものというよりも、それ自身のうちに実質的な価値をもつものとして考えており、その理由の故に子供と戯れている、というかのようだ。確かにそういう場合もないとは言えない。しかし、それはシモーヌ・ヴェイユが提出しているような事例ではないし、彼女にしても、自分の提出しているこの例に自分が託している「純粋さ」を共有する事例であるとは認めないだろう。

シモーヌ・ヴェイユの父親は自分のしていること「に心を奪われて」いる、と言ってよいと思われる。つまり私の言いたいのは、人の行なった行為を紛れもなくその人の行為であると見なし、その行為に道徳的な価値を賦与するのに、それが何らかの原理（「格率」）と一致して遂行されていると考える必要は必ずしもない、ということである。ここで私の言っていることは、オイディプスの場合を考えてみればいっそうはっきりするだろう。オイディプスについては、まず我々は、彼は自分のやってしまったこと「で心を奪われて」いた、と言いたくなるのではないだろうか。オイディプスは、実の父親を殺して実の母親を娶るといった意図はもっていなかった。自分のやっていることの真相をもしも彼が知っていたならば、行為は違ったものになっていただろう。しかし彼は、ある重要な意味で、それを知るのが叶わぬ立場にあったのである。そこでカント的原理に立つならば、この場合に我々が言わなければならないのは、オイディプスには自分の行為に対して（少なくともこうした記述の下では）何も責任はなく、彼が責めを負うべきかどうかという問は起こりようがない、ということになろう。

さて、多くの人々が実際これと同じように言うであろうが、私としてはここで、事実問題としてそうした見解を採っている人に対して異を唱えるようなことはない。しかしながら、カント的路線に立って、これが我々の採るべき唯一可能な整合的見解であると主張する哲学者に対しては、いささか異を唱えたい。自分のやってしまったことに対してオイディプスは疑いもなく自分を責めた。状況を考えれば、この自責は彼にとって非合理であった、というのだろうか。ところでこの状況には、我々が見落としてはならない一つの重要な特徴がある。すなわち、オイディプスはやってしまったということである——たとえ自ら意図したのではなかったにせよ、彼は実の母親を娶り実の父親を殺してしまったのである。この理由により、これらの出来事に対する彼の視点は、自然の出来事を眺めている人間が自然の出来事に対してもつような視点とは全く違ったものとなったのである。こうした状況で彼が自分を責めるのを、私は難なく理解できる。自責は彼にとって非合理であった、と言う気にもなれない。もっとも、「ギリシアの道徳的諸概念は我々のものとは全く違っていた」という安易な考えに立ってのことではない。私がわざわざこのように言うのは、現代の道徳的諸概念からすれば右のような判断の可能性はないという主張に人々が性急に走りすぎているように思われるからであるが。

「オイディプスが自分を責めるのは私には理解できる」と言ったが、もちろん、この私も彼を責めて然るべきだと言っているのではない。それはまた別の問題である。自分を責めるというのは、他人を責めるのとは全く違う事柄なのである——その違いは、自責に対しては「後悔」という特別の言葉があるということにもはっきり現われている。もしオイディプスが彼のやったことを意図してやっていたのであれば、なるほどこの私が彼を責めるというのも当を得たものに思われる。ところが実情からすれば、憐憫こそが当を得た反応と言わねばならず、ソフォクレスの戯曲が我々を誘うのもこの態度である。しかしながら、我々が彼への憐憫の情を誘われるとすると、それは一体何に対してなのだろうか。私の思うに、たんにそれは、彼の所業が露わとなったときに彼に降りかかった忌わしい諸々の帰結に対してなのではない。同様の出来事が全く別の理由で身に降りかかった人を考えてみればよい。そういう人に我々が憐憫の情を抱くとしても、恐らくそれはオイディプスの場合と同じ種類の憐憫ではないだろう。我々がオイディプスに覚える憐憫は、彼のやってしまったことの正体が我々にはよくわかっており、それが彼としては自分を責めざるをえないような行為であることが我々にも理解できる、ということと分かち難く結びついている。彼に降りかかった諸々の帰結をかくも忌わしくしているのは、まさにそれらを帰結させた当のものなのである。帰結というのは、言ってみれば、オイディプスが自分のやってしまったことのおかげで何になっているか(三)、それを我々が理解するための媒体にすぎない。仮にそうした帰結が存在していなかったとしても、オイディプスの状況の道徳的性格には変りがなかっただろう。そして、我々はなおも彼への憐憫の情をもつことができたであろう。

もう一つの事例を考えてみよう。何年も前に私は「ヴァイオレント・サタデイ」という映画を観たことがある。それは、銀行強盗の一味がある宗教共同体の営む農場に潜んで、警察の眼から身を隠すという筋だった。この共同体はドゥホボル派(四)のような戒律の厳しい共同体で、その最も基本的な指導原理には非暴力の原理が含まれていた。映画のクライマックスになって、強盗一味の一人が共同体の長老の目の前で、共同体の一少女を銃で撃とうとする。そのとき長老は、恐怖と逡巡を顔に浮かべながらも、熊手を摑んで男の背中に突き立てたのである。

さて、この長老の立場を我々はどのように述べればよいだろうか。ヘア教授のような現代版のカント主義的立場に立つ限り、長老は「原理の決定」をしなければならなかったことになろう。自分がこれまでそれに従って生きようと努めてきた非暴力の原理に例外条件を認めるか、それとも結局はこの原理を放棄するか、その決定である。しかし私には、この状況に見られるいくつかの特徴はこうした説明に逆らうように思われる。第一に、男を殺して自分はある悪を働いたと長老が考えているということ、これは極めて明らかであろう。しかし彼は、非暴力の原理に身を捧げるのを放棄したわけでもないし、これに例外条件を認めたわけでもない。この原理がそのような例外条件の付加を許すものと考えられているとすれば、この共同体の宗教的生活の文脈では、原理の眼目はすべて失われてしまうことになるし、さらに、共同体の生活は依然として長老の高邁な理想を示している——したがって、彼がこの原理を放棄してしまったとも考えることができないのである。

しかし第二に、この状況ではある意味で自分には「選択の余地はなかった」と長老が考えているであろうこと、これも同じく明らかである。彼にはこのように行為せざるをえなかったのであり、もし違った行為をしていたとすれば、恐らく彼には自分を許すことができなかっただろう。この「せざるをえなかった」とか「できなかっただろう」という私の言い方によって、あるいは哲学者のなかには、目下の問題は道徳の要求するところ——この場合は、非暴力の原理——と、何か「純粋に心理的な」事柄、つまりカント的な「傾向性」、この両者のあいだの葛藤である、という考えに奮い立つ人もいるかもしれない。私には、「純粋に心理的」という概念は一部の人々が思っているほど明晰な概念とは思えないけれども、この場合に心理的なものと道徳的なものとの対比が含意されている限り、このような説明では役に立たないのは実にはっきりしていると思う。男を殺してしまって、長老は自分がある悪を働いたことを知っている、と私は言った。しかし私は、もし殺さなかったならば恐らく彼には自分を許すことができなかっただろう、とも言った。すなわち、殺さなかったとしても、違った意味ではあるかもしれないが彼はやはり悪に荷担したことになろう、ということである。男を殺すという方に含まれる「せざるをえなかった」といった様相が、非暴力の原理に含まれる様相と同じく道徳様相であることは明らかである。それは、この場合の様相を解明するには、生命を脅された少女の無垢といった観念や、無防備の人間の保護といった観念が導入されなければならない、という事実からも示されている。しかし、これらの観念を、長老がそのために行為した原理というかたちで導入するならば、それは間違いだろう。これらの観念は先に私が行為の「視点」と呼んだものに含まれているが、しかしこの視点というものは、カント的な「格率」とかヘア的な「原理」とかいったかたちで理解されるべきではないのだ。あるいはこれに対しては反論があるかもしれない。以上の私の説明では、こうした状況で「これを行なうことこそ正しい」と言えるようなことの発見とか決定とかいう余地が全くなくなり、これによって道徳は行動の導き手として無用になってしまうではないか、と。しかし私の主張の全眼目と言えば、こうした状況で「これを行なうことこそ正しい」というような観念が占める余地など全然ない、ということであり、道徳を行動の導き手と考えるのが間違っていることが再びこの点にも示されている、ということなのである。

長老の事例は、J・L・ストックスが提出している論点の例証ともなるだろう。ストックスは、手段－目的の関係から道徳を理解しうるという可能性に強く反論し、自分自身の道徳的完成という目的を含め、これこれの目的として特定できるようないかなる目的も絶対的に放棄するよう道徳は要求できる、と語っている(8)。私の例で言えば、非暴力の原理を堅持するということが、道徳的完成という長老の理想には含まれていた。しかし私が以上で論じたのは、この原理に反する行為をしながらも長老は自分の理想を放棄したわけでもないし、道徳外の誘惑に屈したわけでもない、ということなのである。

ストックスの論点に含まれている真理をもっとうまく表現するには、自分自身の道徳的完成は人の行動の目的となりうるようなものでは決してない、ましてや道徳的目的となりうるものでは断じてない、あるいはこう言ってもよいかもしれない。思うに、この点は、私の最後の例となるトルストイの物語『神父セルギイ』のなかに明らかに示されている。この例は、具体例を扱ったこれまでの議論と、最初に私がプラトンのグラウコンに関して述べたこととを、さらに密接に結びつけてもくれるだろう。

セルギイは、修道士になるために、前途に開かれていた軍人としての輝かしい出世を突然放棄するという人物である(9)。

修道士となることで、彼は、他人たちには極めて重要に思え、兵役に就いていたときは自分自身にも重要に思えていた一切のものに対して、軽蔑を示したのである。いまや彼は、以前に自分が羨望していた人々を見下ろすことのできる高みに立った。しかし妹のヴァルヴァラが想ったのとは違い、彼の心を動かしていたのはこれだけではなかった。他にもあったのだ――ヴァルヴァラの与り知らぬ、真摯な宗教的感情だった。この感情が、自尊心や傑出願望と絡まりあって、彼を導いていたのである。

最初に言っておかねばならない重要な点は、トルストイの語る「宗教的感情」と「傑出願望」とを偶然に絡みあった二つの別箇の動機と見なしてはならない、ということである。この物語を理解するためにも、また私の提起したい哲学的論点にとっても、一方が他方の退廃形態であることを理解しておく必要がある。

セルギイは将校時代と同様に修道士としても彩を放ち、ついには隠者となって聖者としての評判を高め、大勢の人間たちが病いを癒してもらおうと彼を訪ねてくる。そうした人生のなかで、あるとき上流階級の妙齢の婦人が夜半に一人で彼を訪ね、彼を誘惑しようとする。この誘惑から身を護ろうとして、セルギイは斧を取って指を一本切り落してしまう。

年月が経ち、聖者としての評判がますます高まるにつれ、セルギイには宗教に対する疑念が頭をもたげはじめる。疑念が頂点に達した頃、病いの治癒のために知恵遅れの娘が彼のもとにやってくる。ところが、彼女が体を彼に投げ出すと、彼は誘惑に屈してしまうのである(10)。

「何という名だね」全身を震わせ、そして負けてしまった、この欲望はもうどうしようもないと感じながら、彼は尋ねた。「マリヤよ、どうして。」彼女は彼の手を取って接吻した。それから腕を彼の腰にまわすと、彼の体を自分にひきよせた。「何をするんだ」彼は言った。「マリヤ、おまえは悪魔だ。」「ええ、もしかしたらね。でも、それがどうしたっていうの。」そして彼を抱きしめながら、彼女は一緒に寝台に腰を下ろすのだった。

私がこの会話を引いた理由は、「でも、それがどうしたっていうの」というグラウコンを連想させるマリヤの反問のためである。セルギイの悲劇は、自らの宗教的生活と対峙しながら彼がそのとき占めるに至っていた視点からは、それが「どうしたっていうの」と言えるようなものではないのがもはや理解できなくなっていたことだった。物語のもっと前のところに次の一節がある。

「心の葛藤の」源は二つあった。宗教に対する疑念、そして肉欲である。しかもこの二つの敵はいつも一緒になって現われた。彼には二つの仇敵に思えていたが、実は一にして同じものだったのである。疑念が消えるや、肉欲も消えた。しかし彼は、これらを二つの違った悪魔と考えて、別々に闘っていた。

ここで重要なのは次の点ではないだろうか。以前のセルギイには、指を切り落してでも自分の肉欲に打ち勝つことができた。それができたのは、その段階では、肉欲が自分に突きつける問題を彼が真の宗教的信念という視点に立って理解していたからである。つまりこの段階は、欲望の満足と宗教の要求とを並置させた上で選択を行なう、というようなものではなかった。自らの宗教的義務の達成は、彼にとって到達すべき対象ではなかったのである。ところが誘惑に屈したときには、彼にとってそれはまさにそうした対象となってしまっていた。そしてまさにそうであったからこそ、彼は誘惑に屈してしまったのである。「でも、それがどうしたっていうの」というマリヤの反問は、宗教的純潔が何故肉欲の満足よりも重要なのかを説明してくれる判断を求めた。言ってみれば、二つの異なった対象の比較を求めた。しかし、そうした判断はもとより可能ではなかった。以前の段階、つまりセルギイの精神が強靱だった段階では、彼はこの反問に答えることができただろう、と言っているのではない。以前の視点ではこの反問は彼にとって問たりえなかった、ということが重要なのである。

以上すべての点は物語の別のところで見事に描かれている。堕落に陥る少し前に、セルギイは（こともあろうに）「宗教不信の青年教授」と宗教について議論を行なう。次は、議論を終えて、セルギイが一人瞑想にふけっている場面である(11)。

「こうまで堕落してしまったなんて」彼は思った。「主よ、救いたまえ。我を連れ戻したまえ。主よ、神よ。」そして彼は両手を組んで、祈りはじめた。

鶯の声が突然聞こえた。黄金虫がぶつかってきて、彼の首すじを這い上がった。彼は虫を払い落した。「しかし、神は存在したまうのか。自分は外から締った戸をたたいているのではないか。戸に門がかかっているのは誰の目にも見えているというのに。自然――この鶯、この黄金虫――がその門だ。ひょっとすると、あの青年のほうが正しかったのかもしれない。」

叔母に宛てた手紙のなかで、あるときトルストイは神父セルギイの視点とは全く異なる視点に立って、こう記している。「私にとっては、生活から宗教が生まれるのであり、宗教から生活が生まれるのではありません。貴女は私の自然、この鶯たちを嗤われるかもしれませんが、私の宗教では自然は仲介者なのです。」(12)ここで、セルギイと手紙のなかのトルストイとどちらが正しいのかと問うとすれば、それは混乱だろう。自然が門なのか、それとも仲介者なのか、これを論証することはできない。人に理解できるのは、行為当事者の立つ視点に応じて自然はどちらかの姿で現われうる、ということだけである。しかしセルギイは論証を求めた。正義は不正義よりも好ましいとする論証をグラウコンが求めたのと同様に、彼も論証を求めた。これを求めたがために、彼は宗教的生活を一つの対象として見つめ、この生活に価値を与えているものがあるとすれば何なのか、と問うたのである。しかし既にアデイマントスは指摘していた――人々が正義を推奨する場合、推奨されているのは「正義それ自身ではありません。正義によってもたらされる評判なのです。」これと全く同じことにセルギイも気づくことになる。自分が宗教的生活をいくら推奨しようとしても、自分が推奨しているのは決してこの生活ではなく、この生活によって自分にもたらされる栄光と賞賛である、と(13)。

人々には彼が必要であり、キリストの愛の教えを果たそうとするのなら、彼に会いたいという人人の要求を拒むことはできない、この人々を避けるのは残酷だ――周囲の者たちは彼にこう言った。彼にしても、この言葉に同意しないわけにはいかなかった。しかし、そうした生活に身を委ねれば委ねるほど、内面にあったものが外面的なものとなってしまい、自分の内なる生命の水の泉の源は涸れはて、自分のいまやっていることがますます人間のためのものとなり、神のためのものではなくなるように感じられた。……彼には、自分が蠟燭の燃える火のように思われた。そしてそう感じれば感じるほど、自分の内で燃えている真理の聖なる火が弱まり衰えていくのが意識された。

思うに、この状況は次のようなものではないだろうか。ある生活態度を前にして、その態度に価値を与えているものがあるとすれば何なのか、と問うても、そのなかに何も見出すことはできない。なるほど人は、「そのなかに自分が何を見たか」を言い表わしてくれる言葉によって、それを述べるかもしれないが、そうした言葉を使用するということ自身が、そのものを重要とする視点から見ているということを既に前提としているのである。彼の言うことは、たとえそうした視点の獲得に懸命になってはいても未だそれをわがものにしていない人の耳には、平板に聞こえるだろう。瞑想の対象のなかにそれを賞賛に値させているものを見出そうと努めても、実際に見えるのはそれを取りまく賞賛・喝采である。そこで人は、そうした賞賛の対象と見込まれるのはひょっとするとこの自分自身ではなかろうか、と思ってしまう。しかしそうなってしまえば、そのとき人が目指しているのは、賞賛のそうした対象になるということでしかない。「内面にあったものが、外面的なものとなってしま」っているのである。

さて、賞賛の対象となるのは何でそんなにも魅力的なのか、と問われることだろう。実にもっともな問だ。賞賛の対象となれば、自分がさらに抱いている他の目論見が事実問題として助けられる――これはもとよりありうる話である。たとえば、そのおかげで権力や財産がもたらされることによって。しかし、人が賞賛に認める価値は、たんにこうしたものに尽きるわけではない。人は、まさに賞賛としてそれに価値を認めるのである。この点もまた、セルギイについての記述のなかによく表わされている。セルギイに対する人々の賞賛がとったかたちは、彼にとっては明らかに煩しいものだったが、それでも彼はそこに喜びを感じずにはいられなかった。「訪問者たちに悩まされ、疲れさせられたけれども、彼は、心の底では彼らがいるのを喜び、彼らが次々に贈る賛美を喜んでいた。」(14) しかしながら、人々の振舞いを賞賛の表現と理解するということは、彼らの振舞いが何か善なるもの、何か賞賛に値するもの、そうしたものに向けられていると理解することに他ならない。そうすると、誰であれ賞賛されることに喜びを覚えているというときには、何か本当に賞賛に値するものがあるのだという考えが心のどこかに確かに潜んでいることになる。ただし、このような考え方こそ退廃なのである。

何か賞賛に値するものがあるという考え方の退廃形態と、そうでない形態との区別を明確につけることは、哲学の重要な課題であろう。しかしそうした区別を設けても、はたして何が賞賛に値するのかは示すことができない。他のどのようなかたちの探究によろうとも、それは変らない。これを示すことができると考えるとすれば、その考え自身が退廃の一形態であり、複数の可能性の存在を必ず曇らしてしまう。私がこう考える理由は、カントについて私が述べたところからも明らかなはずである。なるほど哲学は、こうした可能性を認識する途上に横たわる知的障害を取り除こうと努力する営みではあろう(もっとも、その際に新たな障害を作り上げる危険はいつもあるが)。しかし、人が自分に把握できる可能性をどのように実現するかは、その人がどういう人間であるかという問題なのである。

そして彼がどういう人間であるかは、彼がどのように生きているかに顕われているし、また彼自身にとっては、自分が何に対して重要性を与えることができ何に対してできないかを、彼が自分でどう理解しているかに顕われている。しかし哲学は、幾何学が人はどこに立つべきかを示すことができないのと同様に、人が何に対して重要性を与えるべきかを示すことはできないのである。

（1）J・S・ミル『功利主義』第一章。『世界の名著38　ベンサム／J・S・ミル』(中央公論社)に所収（伊原吉之助訳）。

（2）フィリッパ・フット「道徳的信念」、フィリッパ・フット編『倫理学の諸理論』所収を参照（Philippa Foot, 'Moral Beliefs' in *Theories of Ethics*, edited by Philippa Foot, Oxford University Press, 1967）。これは、*Proceedings of the Aristotelian Society*, Volume 59, 1958-9 に掲載されたものの再録である。

（3）ジョン・アンダーソン「〈善い〉の意味」、『経験主義哲学研究』所収を参照（John Anderson, 'The Meaning of Good' in *Studies in Empirical Philosophy*, Sydney: Angus & Robertson, 1962）。

（4）ジャン＝ポール・サルトル『存在と無』第四部第一章を参照（私が拠ったのは、*Being and Nothingness*, translated by Hazel E. Barnes, New York: Philosophical Library, 1956 である）。

（5）イマヌエル・カント『人倫の形而上学の基礎づけ』。

（6）私の言っているのは、このように考える人がいてもおかしくない、ということである。もちろん、反対の判断を下す人もいるということは十分ありうる。しかし、ここでの私のカントに対する不満は、事態を切り抜けるために彼が提出している道が間違っている、という点にあるのではない。事態を切り抜ける道はただ一つしかない、と彼が主張している点にある。

（7）ヘンリック・イプセン『建築師ソルネス』第一幕。『イプセン名作集』（白水社）に所収（菅原卓訳）。

（8）D・Z・フィリップス編・序によるJ・L・ストックス『道徳と目的』を参照（J. L. Stocks, *Morality and Purpose*, edited with an introduction by D. Z. Phillips, London: Routledge & Kegan Paul, 1969）。

（9）レオ・トルストイ『クロイツェル・ソナタとほかの物語』（私が拠ったのは、*The Kreutzer Sonata and Other*

Tales, London: The World's Classics, 1960 である）三〇七頁。以下の引用はすべてこの版による。『トルストイ全集9　後期作品集上』（河出書房新社）に所収（中村白葉訳）。邦訳三七七頁。

（10）同書三四三頁、邦訳四〇二―三頁。

（11）同書三四二頁、邦訳四〇一―二頁。

（12）アンリ・トロアイヤ『トルストイ』一八六頁（私が拠ったのは、Henri Troyat, *Tolstoy*, translated by Nancy Amphoux, London: W. H. Allen, 1968 である）。

（13）トルストイ前掲書三三二頁、邦訳三九四―五頁。

（14）同書三三二頁、邦訳三九五頁。

訳注

（一）本来の原題は 'Moral Integrity'。この語の含むところについて著者にコメントを求めたところ、著者により 'The Moral Agent and his Act' と改題が提案されたので、それに従った。改題に伴い、冒頭部分（原文で六行半）を著者の指示で削除した。また本論は謝辞に記されているように著者の教授就任講演であるが、本訳書全体の統一を考えて論文調に訳出した。

（二）この挿入は訳者のもの。

（三）「自分のやってしまったことのおかげでその人が何になっているか」という観念については、第Ⅶ章の終りの部分を参照。

（四）一八世紀中頃のロシアに現われた、正教会と対立する心霊キリスト教に属する会派。世俗的権威への反対を唱え、教会を認めず、キリストの神性の否認、私有財産の否定、納税兵役の拒否などで知られる。

X　善人に災いはありうるか

不正を被るよりも不正を働くほうが人間にとってより大きな悪である、という考え方がある。これは現代のアングロ・サクソン系の道徳哲学においてそれほど大きな役割を果たしている考え方ではない。この考え方についてこれまで議論してきた人々の関心といえば、人に対して道徳的に行為すべき理由を提出することが可能かどうか、という問題にあった。プリチャードは、「道徳哲学は誤解に基づいているのか」(1)と題する論文で、この考え方をそうした関連で展開しようとしてきた人々は混乱に陥っていると主張しているが、彼の主張は本質的な点で正しかったように私は思う。とはいえ、この考え方にはそうした文脈とは独立の、それ自身の生命がある。それが無視されたために、道徳をめぐる話に属する極めて重要な次元が多くの哲学者たちに看過されてしまったと思われるのである。この論文では、この次元が意味しているものについて何がしかの理解を得ることに努めたい。

まず、様々なテキストから例を拾ってみよう。最初の二つは冒頭の考え方を直接的に表現した例である。そしてこれに続くのは、私が中心的と考えるこの二つの例と若干の違いはあるものの、これらと興味深い特徴を共有している例である。

(1)　しかし、私を裁くところの諸君にも、善き希望をもって死に臨んでもらわねばなりません。そして、存命中であれ死後であれ、善人は何ら災いを被るはずがなく、神々は善人の運命を無視したりはなさらない、という一なる真理を心に留めておいてもらわねばなりません。（プラトン『ソクラテスの弁明』）

(2)　もう一つの例もすぐに挙げることができますが、それはこの私も知っており、皆さんのなかにも覚えのある方がみえるかもしれない、そうした経験です。絶対に安全だと感じるという経験、とでも言えましょうか。つまり、「私は安全だ、何が降りかかろうとも私を傷つけられやしない」と人が言いたくなるようなときの心の状態のことです。（「倫理学に関するウィトゲンシュタインの講演」、『フィロソフィカル・レヴュー』一九六五年一月、八頁）

(3)　「善をなしたのに罰を受けた」といったことが時に言われます。そんなことがどうして可能なのでしょうか。その罰は誰からもたらされるというのでしょうか。もちろん、神からではありません。では、この世の中からなのでしょうか——世の中の知恵が誤ると、世の中は悪に報い善を罰するというのでしょうか。いや、そんなことはありません。「世の中」という言葉にそういう含みはないのです。この言葉が表向き語っていることは、その本来の意味ではありません。表現が不適切です。というのも、「世の中」という言葉は巨大で威嚇的な響きをもつとはいえ、最も矮小で惨めな人間が従うのと同じ法則に従わなければならぬからです。しかし、たとえ世の中がそのもてる力をすべて結集したとしても、なし能わぬ一事があります。罪なき人間を罰せはできぬということです。これは死者を死刑にはできぬのと同然の、自明の理ではないでしょうか。……

驚嘆すべきことに、ここにはある一つの限界があります。それは眼には見えない限界であり、感官をもってしては容易に見落すとしても、いかなる侵犯にも抗う永遠の力をもった一筋の線のごときものです。（キルケゴール『心の純潔』、フォンタナ・ブックス版、一九六一年、八五頁）

(4)　クローディアス「わが言葉は舞い上がれど、わが思いは下界にとどまる。思いのこもらぬ言葉が天に届くはずがない。」（シェークスピア『ハムレット』第三幕第三場）

(5)　そこで僕はひざまずいた。しかし言葉はどうしても出てこなかった。一体どうして。……公明正大に振舞います、あの黒人奴隷の主人のところへ手紙を届けて奴隷の居場所を教えます、自分の口にこう言わせようと頑張ってみたけれども、心の底ではそれが嘘だとわかっていた——神様にもわかっていたはずだ。嘘のお祈りはできないぞ——僕はそれに気がついた。（マーク・トウェイン『ハックルベリー・フィン』第三十一章）(2)

さて一部の「頑固な」哲学者、それは我々に馴じみのタイプである（し、本論の読者のなかにもいるかもしれない）が、そういう人ならば以上の例(3)を突きつけられると次のような態度を採るかもしれない。すなわち、ここに登場している語がみな日常的な意味で用いられているのであれば、経験的には端的に偽の事柄が表現されている。真でありうるとすれば、したがって「定義に基づいて」、たんに「些細な」意味で真なのである、と。この頑固な哲学者の言っていることは確かに部分的には正しいだろう。こうした言明をしている人たちが端的に「経験的な」意味をこめて語っている、とはとても考えられないからである。そこで人によっては、経験的に見ればこうした言明が偽であるのは明白だとわかっていたからこそ、当人たちにしてみれば言明に値したのである、とさえ考えるかもしれない。この場合には、明らかに、これらの言明は何らかの種類の必然的な真理を表現するものと見なされていた、ということになろう。そしてその必然性は、これまた明らかに、頑固な哲学者がとびついたいくつかの語の使われ方と結びつけられているのである。しかしながら我々としては、性急にこの頑固な哲学者に与して、これらの主張をたんに些細な主張と考えてはなるまい。そういう哲学者なら、「いかなる侵犯にも抗う永遠の力をもった一筋の線」というようなキルケゴールの語り方に苛立ちを覚えるとしても、我々はこの苛立ちを共に覚えたくなる気持ちを少なくともさしあたっては抑えつけようと努めるべきではないだろうか。

少なくともハックの場合には、何かを発見したかのように思われる。クローディアスもそうかもしれない。そしてソクラテス、キルケゴール、ウィトゲンシュタインの語っていることも、人によってはそこに発見の力を感じとってきっとこれに心を打たれるのではないだろうか。あるいは、「発見」という語が経験的真理の領域と密着しすぎているように思えるとすれば、これを「啓示」と言い換えてもよい。しかしそうすると、厳密に言って彼らには一体何が啓示されたのだろうか。

ハックとクローディアスの場合は他と若干の違いがある。二人が気がついたのは、全く必然的としか言いようのない真理である。いやしくも祈禱という概念を用いる以上は誰もがこのように用いなければならないのであり、さもなければ誤って用いていることになる、我々はこう言いたくなる。ところが「罰」となると話は違ってくる。実際我々は、人が「不当に罰を受けて」いるという言い方をすることがあるし、こう語ることによって何か意味あることを伝えているからである。とはいえ他方では、興味深いことに、「罰」という語にはキルケゴールのような使い方にもかなう側面がある。では、この語をキルケゴールのように用いる人は一体何を語っているのだろうか。

キルケゴールであれば、無実の人間が罰を受けることはできないといっても、それは「永遠の観点から話をする」場合に限ってのことだ、と言うことだろう。しかし彼の真意は、たんに、「罰」という語が或る仕方で用いられると「無実の人間が罰を受けることはできない」という命題が「定義に基づいて」真となる、というものではない。このような言い方をする人間が置かれている状況やその態度のなかに彼の言葉に眼目を与えている特徴が他にある、というのである。そうした特徴の一端は、『ハックルベリー・フィン』から引いた先の例を考えてみると、かなり容易に取り出すことができる。確かに、「嘘のお祈りはできないぞ」と言ったときにハックが見てとったのは分析的な真理であるし、あるいはそれは、祈禱とは何であるかを教えられた昔に彼が習っていたものだったかもしれない。しかし「祈禱」という語をそのように用いる眼目となると、彼の人生がいまはじめて、これを彼に理解できるようにしてくれる問題を――逃亡奴隷のジムに対する彼の関係との関連で――彼に突きつけているのである。ハックは「嘘のお祈りはできないぞ」という言葉のもつ力に生まれてはじめて心を打たれた。いまや彼は、祈禱という実践を自分が抱えた道徳的難問との関係で見ている。すなわち、何ものかが祈禱たりうるためには完全な正直さが絶対に欠かせないのであり、この正直さのおかげで祈禱はそうした問題との関係において本来の役割を果たすことができる、ということである。生まれてはじめてハックはキルケゴールの言う「永遠の声」を聞いているのである。

この声が本当に永遠の声であるというためには必要なことがある(4)。当人(目下の例ではハック)の語ることは自分自身から出たものでなければならず(5)、他人から聞き覚えたことが繰り返されているだけではならない、ということである――もちろんこの要求は、自分自身のうちから語ることができるようになったのは他人から様々なことを学んだ結果である、ということを排除するものではないが。キルケゴールはこの論点を表現するために、永遠の声が聞けるのは当の個人自身の心が静寂の状態にあるときに限る、と語っている。そして、この場合の「静寂」は、「世の中」の「繁雑」とは対照的なものとして理解しなければならない、と言う。すなわち、私が一人密かに何かを考えているというだけでは十分ではないのである。私自身の考えといっても、世の中の観点から考えられている場合がありうるからだ。それはキルケゴールの言う「心の定まらない状態」の典型とも呼ぶべき状況であり、クローディアスが次のように祈ろうとしたときの精神状態がこれにあたると私は思う。

……わが王冠、わが野心、わが妃、人を殺して手に入れたこれらの獲物はなおも手中にあるというのに。

クローディアスは祈禱という活動を世の中の観点から眺めようとしている。ここには実に明白な不合理がある。永遠なるものに対する個人の関係ということが祈禱には極めて顕著なかたちで含まれている以上、「世の中の観点から」の祈禱など実は存在しないからである。ところが罰となると、興味深いことに状況は違ってくる。この場合には、「世の中が無実の人間を罰することはできない」と言っても、世の中は「できないだって。まあ、せいぜい用心するがよい」と応酬しかねないのである。

まさにこのような応酬が可能に思われるからこそ、「世の中が無実の人間を罰することはできない」と言われるとき、これは「心が静寂の状態にあるとき」の言葉として理解しなければならない、と強調するのが重要となる。この言葉には、人生の苦悩を或る仕方で引き受けることができるという話し手の態度、もしくはその可能性に対する話し手の自覚、それが表現されているのである。これは罰という概念によってはじめて可能となる態度だと言えるだろう。あるいは『論理哲学論考』のイメージを借りて、罰という概念によって規定された「論理空間」、罪と無実という二つの観念によって限界づけられた空間、そうした空間においてはじめて可能となる態度だとも言えよう——もちろん、これと正確に平行する理由により、世の中の態度というものがはじめて存在しうる論理空間もまた罰という概念によって規定されている。ここで重要なのは、罪と無実という二つの観念が二重の仕方で働いているということである。すなわちこれらの観念は、人間に対して或る種の懲罰手段を採るべきか否かを決定する際の手続きに関与しているとともに、そうした手段を採られた当人が示す態度にも関与しているのである。事態のこうした二側面のあいだの関係を調べてみれば、さぞかし興味深いことと思われる。しかし、この問題を主題として論じるためには稿を改めざるをえない。この論文では、「永遠の声」が表現している態度をより詳細に摘出するという作業に努めたい。

いま私は、「世の中が無実の人間を罰することはできない」と語る人は人生の苦悩を或る仕方で引き受ける可能性があることに心を打たれているのだ、と述べた。さて、この言葉と、善人に災いはありえないという考え方との関連を明らかにしてくれる――改めて明らかにする必要があるとすれば、であるが――鍵はここにある。というのも、後者の考え方もまた、人生の苦悩に対する態度として可能な一つの態度を表現しているからである。しかもそれは、罰と見なしうる苦悩とは別種の苦悩も包含しているという点で、より一般的とも思われる態度なのである。最初に、より具体的な罰の事例から考えてみることにしよう。

一人の人物――ロバートと呼んでおく――を想像してほしい。彼は、人生が自分に課す様々な苦悩に対していかなる態度を採るかというとき、何が罰であり何が罰でないかという区別を中心にして態度を決める人間である。彼のこの区別は、罰と罰でないものについて「世の中」が言う区別とは必ずしも一致しない。世の中がロバートに対して採る懲罰手段のなかには、自分は無実だと考える彼には罰と見なせないものがあるし、さらに、自分に降りかかった苦痛で不快な出来事の多くが、たとえ世の中はそれをたんなる不運不当と語ろうとも、自分自身の不正と彼が見なしているものに対する罰に他ならないと思えるからでもある。この区別を適用するとき、もちろん彼は「罰」という語をそれぞれの機会で使うべきか否かをたんに恣意的に決めているわけではない。第一に、罪と無実という概念に導かれて決めているのであるから、ある機会に自分がやった行為に罪があったかなかったかという問題は、彼が恣意的に裁可しうるものではないからだ。さらに第二には、そのときの苦悩を罰と決めた(6)からには、そこに様々な帰結が伴うからである。すなわち、苦悩をそのように見るということは、苦悩を自分自身の不正と内的に結びついたものとして見るということであるし、そしてこのことは、苦悩を或る種の精神の下で受容し、この苦悩のことを考えあわせながら、自分にとって将来何が正しい行為の進め方なのかを模索する、ということなのである。

こうしたことの含みを理解するには、ロバートの態度を次のジェイムズの態度と対照させてみればよいだろう。ジェイムズは、自分の苦悩を世の中の意味での「罰」としか見ない人間である。「そう、なるほど彼ら（当局、世論、友人）は、自分たちが犯罪とか不名誉とか見なしているものにこの私が該当すると示しおおせた。そして、それで私が苦しむように目論んでいる。何とかこれを免れるすべはないものだろうか。ないとすれば、将来こうした目に二度と会わずにすむにはどうしたものだろう。こんな行為はもう繰り返してはならないか。それとも、繰り返しても他人の仕返しを受けないやり方が何かあるだろうか」、これがジェイムズの言い種だ。これに対して、ロバートは「現在の苦しみは私自身が犯した不正に対する当然の罰だ。正面からこれを受けとめて、後悔に努め、将来こんなことをしないための最善の道を講じなければならない」と言う。二人の態度はまるで違う。仮にジェイムズとロバートのその後の行為は世の中には区別できないとしても、その行為の意味はジェイムズとロバートにとってそれぞれ全く違うことだろう。最も大きな違いは恐らくは次の点にある。ジェイムズにとって、彼が考えている限りにおける自分の行為の真の本性と、その行為から生じた諸々の帰結とは何ら内在的には結びついていない。自分の行為が他人の心をどのように打ち、他人がこれにどう反応したか、ここに因果的な結びつきがあるにすぎない。ジェイムズの思考は全く現象のレベルで動いているのである。これに対して、ロバートが「この苦悩は私がやってしまったことに対する罰なのだ」と語るとき、この「私がやってしまったこと」とは、自分がやってしまったことであると彼が本当に考えていることを意味している。つまり彼は、その苦悩を自分がやってしまったことと結びついた苦悩と考えており、それが他人にどう映ったかというようなことと結びついたものとしては考えていないのである(7)。ロバートが見てとっているこの結びつきは因果的なものではない。自分の不正と自分の苦悩とのあいだに彼が因果的な結びつきを認めることもないとはいえないが、必ずしも認めるには及ばない。すなわち、「でもよく見たまえ、君のやったことと現在君に降りかかっていることのあいだには因果的な結びつきは全くないじゃないか」と人から言われて、ロバートが「うん、僕にもそれはわかっているが、罰であることには変りがないのだ」と答えたとしても、私にはこの返答が理解不可能であるとか不適切であるとは思えないのである。

或る種の苦悩を「罰」と呼ぶロバートの態度の内的な特徴(あるいはこうも言えようが、これを罰と呼ぶ彼の真意)は、彼がその苦悩を恩恵と見なし災いとは見なしていない、という点にある。つまり、その苦悩は喜び進んで受け容れるべきものであり、避けるべきものではないのである。いや、もしロバートが或る種の苦悩を罰と呼んでこれを避けようとするならば、彼の行為は整合性を失ってしまう、とさえ言えるかもしれない。これに対して、ジェイムズにとってはそうした苦悩(いやそれどころか、すべての苦悩）は災いに他ならず、できることなら避けるべきものである。さて、二人の不一致はいかなる本性の不一致なのだろうか。特に、いずれか一方は「誤りを犯している」と我々は語ることができるだろうか。彼らの不一致は通常の意味での経験的不一致では決してない。自分の苦悩が本当の苦悩であり、不快で苦痛に満ちていることは、ロバートも否定してはいない。それどころか、苦痛に満ちているということこそ、ロバートの考えている意味で苦悩が彼にとって恩恵たりうる必要条件なのである。あるいはジェイムズならば、ロバートがこのように語る「意味が理解できない」と言うかもしれない。彼にはロバートが認めた結びつきを認めることができず、それが何ら本当の結びつきではなく「幻想」にすぎないと思えることだろう。しかしその点ではロバートにしても同様である。彼も、ジェイムズは幻想下にあり自己欺瞞に陥っている、と言うのではないだろうか。しかし私には、このやりとりには完全な対称性は成立していないように思われる。ジェイムズがどういう点から自分の苦悩のことを考えているのか、それはロバートにもよく理解できるからである――人間である以上、ロバート自身も苦悩をジェイムズのように考えたくなる誘惑にきっと駆られるはずだ(8)。しかしそれでも彼は、ジェイムズが自分の状況を表層的にしか把握しておらず、もっと深層にある結びつきを見ていない、と言うのである。

しかしながら、ロバートの見ている結びつきはいかなる意味でジェイムズの見ている結びつきよりも「もっと深層にある」というのだろうか。こうした問題となると、哲学者が哲学者として語りうるようなことはもはやそれほどないように私には思われる（確かに、プラトンのような哲学者はもっといろいろ語ろうと努力したが）。というのも、「もっと深層にある」ということの意味が仮に理解できるとすれば、それはロバートの道徳観の内部においてでしかない、と思えるからである。哲学者にできることといえば、ロバートの道徳観がどういう観点に立つものであり、ジェイムズの道徳観とどう違っているか、それを取り出して披瀝してみせる努力ぐらいのものだろう。哲学者には、どちらが万人の「採用すべき」道徳観であるかを「証明する」ことはできない。「この二つの可能性がある」と言えるだけである。さらに、哲学者がロバートのものこそ「唯一真に道徳的な」見方であると語るとすれば、確かにこう語りたくなる誘惑を強く覚える人はいるだろうが、これまた誤りだと私は考える。ロバートがこのように語るとすれば、そのこと自身が彼の道徳観の表現なのである。哲学者にとって重要なのは、別の見方も可能であり、道徳的ということについて我々が現にもっている概念はそうしたいくつかの見方も「道徳」と呼んで正しいとしていること、このことを見てとることである。こう語ることは、もとより、ある個別的な道徳的見解に何らかのかたちで自分を縛りつけたりはしない、ということだ。そしてこれこそ哲学的なあり方だと私には思われる。

さて以上では、「善人に災いはありうるか」という問に含まれる一方の側面に話を限ってきた。すなわち、いわゆる災いとされるもののうちで、罰という概念に属するような種類である。私が努めてきたのは、こうしたものについてそれが本当は災いではないと言われるとき、一体どういう観点からそう言われているのか、これをいくらかでも明らかにすることであった。いまや、別のタイプの苦悩に眼を転じなければならない。たとえばロバートが、自分では罰と考えていない苦悩についてさえも、やはり自分にとって本当は災いではないと言ったとしよう。我々は彼のこの言葉にいかなる意味を認めることができるだろうか。この場合、答はそう容易ではない。先の場合には、苦悩を罰と見なすことによって苦悩が積極的な恩恵となりうる可能性が罰の概念それ自身に含まれていたのに対し、たとえば「私は絶対に安全だ、何が降りかかろうとも私には災いとはなりえない」と語るとすれば、「安全」という語の意味の「歪曲ないし破壊」になってしまうからである(9)。「安全であるとは、本質的に、私に或る種の事柄が降りかかることが物理的に不可能であるという意味であり、それ故に、何が降りかかろうとも私は安全だと語るのはナンセンスなのです。」(10)こうしてウィトゲンシュタインは、これと似た困難を抱える他の事例も考慮しながら、次のように語っている(11)。

私自身をそっくり包みこんでいた傾向、そしてこれは倫理学や宗教について書いたり話したりしようと試みてきた人々すべての傾向でもあると思うのですが、それは、言語の限界へ突進するという傾向でした。我々を閉じこめている獄舎の壁へこのように突進するなど、完全に、絶対に絶望的なことです。人生の究極的な意味、絶対的な善、絶対的な価値、およそこうしたものについて何事かを語りたいという願望から発している限り、倫理学は学問たりえません。……しかしそれは人間の精神に潜むある傾向の記録ではあり、私は個人的にはこの傾向に対して深い敬意を抱かずにはおれませんし、これを嘲笑うということは決してないことでしょう。

ここで私は、ウィトゲンシュタインがこの講演を行なったとき(一九二九年と一九三〇年のあいだの時期)に、これと同じ傾向を示すものと見なしていたもう一つの例について考えてみなければならない(12)。

私にテニスができ、そして皆さんのなかのお一人が私がテニスをしているのをごらんになって、「おや、君はずいぶんと下手だね」と言われたとしましょう。そこで私が「わかっているさ、確かに下手だよ。でも、もっと腕をよくしたいとは思っていない」と答えたとします。そうするとその方は、「ああ、それならそれで結構」と言うしかないでしょう。ところが、私が皆さんのなかのお一人に途方もない嘘をついたために、その方が私のところへやってこられて「君のやり方は畜生と同じだ」と抗議されたとき、私が「ひどいやり方なのはわかっているさ。でも、もっと振舞いをよくしたいとは思っていない」と答えたとしましょう。この場合、その方は「ああ、それならそれで結構」と言うことができるでしょうか。きっとできないでしょう。その方は「いや、君はもっと振舞いをよくしたいと思うべきだ」とおっしゃることでしょう。ここには絶対的な価値判断が示されています。これに対して、最初の例は相対的な判断の例と言えましょう。

これに続けてウィトゲンシュタインは語っている。「相対的な」価値判断が「たんなる事実言明にすぎず、したがって価値判断の見かけを全然もたない形式に直すことができる」のに対して、「絶対的な」価値判断の場合はそうはいかない、と。

この時期以降ウィトゲンシュタインの見解がどう展開しているかを論じながら、ラッシュ・リースは私がいま素描した「絶対的な」価値判断の二つの例に区別を設けている。リースの言うには、「安全」という語に「絶対に」という条件を付加すれば確かに「安全」という語の誤用となるが、ウィトゲンシュタインの出している「いや、君はもっと振舞いをよくしたいと思うべきだ」という発言で用いられているような「べき」という語については、それはあてはまらない。例で素描されているような状況において仮に話し手が何事かを語りうるとすれば、この発言しかない。このような文脈、つまり道徳の言語ゲームでは、この発言は完全に理解可能な意味をもっている。したがって、一方の例は「言語の限界に体当りする」という事例ではあっても、もう一方の例はそうではないのだ。これがリースの主張である。

そこで私が提起したいのは、前者の種類の例については後者と似たようなことは本当に何も言えないのか、という問である。すなわち、「私は絶対に安全だ、何が降りかかろうとも私には災いとはなりえない」(ウィトゲンシュタイン)とか、「存命中であれ死後であれ、善人は何ら災いを被るはずがない」(ソクラテス)とかいった判断は、道徳の言語ゲームの一部として理解可能な意味をもっていると見なすことが本当にできないのだろうか。

さて、「いや、君はもっと振舞いをよくしたいと思うべきだ」といった判断が或る意味での話し手の価値観を表現していることは明らかである。しかしながら、これと全く同じ意味では絶対的な価値判断と言えないにしても、「災い」とか「安全」とかいった観念を含む或る種の判断についても同様のことがあてはまるというのは、ほとんど明らかと言ってよいのではないだろうか。したがってウィトゲンシュタインが、こうした判断はすべて「或る種の事柄が降りかかることが物理的に不可能である」という主張に等しいと語ったのは、誤りではないだろうか。もともとラッシュ・リースが出したものだが、ブレンターノの失明もこの例の一つである(13)。

彼を襲ったこの災いに対して友人たちが同情を寄せると、彼は自分の失明が悪いことではないと言った。彼の説明によれば、以前の彼の弱点の一つは、余りに多くの様々な関心を育み、どれにも熱中してしまいがちなことであった。しかしいまや盲目になって、自らの哲学に集中するという、以前には不可能だったことができるようになった、というのである。

もう一つ例を挙げてもよい。科学研究に対する政府の援助・保護政策が当の研究にとって災いと恩恵のどちらであるかについて、意見が二組に別れるということがある。しかしその場合、両者の不一致はそうした政策から生じる経験的帰結をめぐっているとは必ずしも限らない。科学研究の価値をめぐる考え方の相違の表現、ということもありうるのである。

もっともこの二つの例で下された判断は、これから何が生じるかということにやはり依存している。確かにブレンターノはこのように語ることができたけれども、やがて生じるかもしれない出来事のなかには自分にとって災いとなるものもあることを認めている。適当な変更を施せば、科学研究の例についても同じことが言えよう。ところがこれに対して、ソクラテス、ウィトゲンシュタイン、キルケゴールの語る「絶対の安全」が表現しているのは、永遠の判断である。こちらは、やがて生じるかもしれない出来事には全く（あるいは、右の二例と同じようには全く）依存していないのである。

こうした判断にもし意味があるとすれば、明らかにその意味は、キルケゴールの言葉を使えば「善を意志する」人間がもっている価値観の表現、と見なされなければならない。私の思うに、『心の純潔』のなかでキルケゴールがこの概念について行なっている議論は、一方に絶対の安全という観念と、他方に善を意志するという観念とのあいだに成立している形式的な平行関係を実に見事に描き出している。以下の私の論述はこのキルケゴールの議論に多くを負ったものになるだろう。

善を意志するとは、それを超えては進むことのできない（あるいは、進もうとは意志しない――この場合、どちらのように言っても大差ないと思う）限界を見ている、ということである。善を意志する人間にとっては、その行為を奨励するどんな事情があろうとも、なすことのできない（なそうとは意志しない）或る行為が存在する(14)。キルケゴールは、人間の人生に或る種の統一をもたらすことができるのはこうした限界の遵守のみである、と論じている。これに対して、善を意志することと対置してキルケゴールが述べている様々な種類の「心の定まらない状態」は、せいぜいのところ見かけの偶然的な統一を可能にするにすぎない。状況が変ると、心の定まらない人間は以前に自分が行なった行為とは正反対の意味をもつ行為へいつしか強いられてしまう。そのありさまはキルケゴールの議論のなかで実に見事に描かれている。世の中の評判を気にした行為は意見を突然変化させることで名高いが、こうした行為がどういう観点に立つものなのかを論じた箇所がそうである。

個々の文脈で善いとされるものを何が構成しているのかを確定するためには、社会的に確立され条件づけられた道徳的諸概念が重要なのに、キルケゴールはこれを看過している、として彼を批判する人々がいる。しかし私は、この批判は根拠が不十分だと思う。そうした諸概念が人間の人生において果たしうる役割について、キルケゴールは貴重な指摘をしているように思われるからである。道徳的諸概念が社会的領域でどのように機能しており、何か基準があるとすればいかなる基準が個々の文脈におけるそれらの概念の適用に効いているのか、こうした問題について記述が完了したとしても、もっと語るべきことが残っているのだ――すなわち、道徳を配慮する個々人にとってそれらの概念はどんな意味をもっているのか、ということである。そしてこの問題に答えるにあたっては、それまでとは全く別種の議論が要求されるのである(15)。

ある機会に人が特に何をしなければならないかは、その人に固有の状況、つまりその人の人柄とか、その人が置かれている立場、さらにはその人が大人か子供かということ、その他諸々の事柄に依存する。しかしこうした状況をまとめあげ、こうした状況が人間の人生でもちうる意義を状況自身に付与しているものがある。それは、品位を保ち正義に則って行為しようとする中心的持続的な関心と、それらの状況とのあいだの関係である。「そうすると、もし人間のうちに何か永遠なるものがあるとすれば、それはあらゆる変化の内部で存在することができ、その内部で把握することができるものでなくてはなりません。……永遠なるものに関する限り、人間が成長してこれから離れてしまうとか、もっと齢をとってしまう――永遠なるものよりも――とかいった時は、決して訪れないのです。」(16)さて、「君はもっと振舞いをよくしたいと思うべきだ」という言葉のもつ「絶対的な」性格に関してウィトゲンシュタインが語っていることを論じて、リースは、(a)この言葉は相手の人物がこの特定の状況の下でやったことと結びついて発せられているのだろうが、しかし、(b)話し手が主張しようとしているのは、その振舞いの意義がその特定の状況を「超え出ている」ということなのだ、と述べている。そして、この「超え出ている」という表現の意味を敷衍してリースは言う。こうした場合の議論の主題は話し手にとってどうでもよいようなことではない。主題は話し手にとって「深層に及んでいる。」そしてそのことは、この言葉が発せられた機会の本性、およびその機会を包みこんでいる話し手の振舞いや物腰、この両方によって示されるだろう、と。

ここでリースが述べていることは、善を意志する人間の人生のうちにのみ見出すことができるという、かの統一と意味に関するキルケゴールの論点と、密接に関連しているように私には思われる。リースは、ウィトゲンシュタインの例に登場する人物にとってその道徳問題は「直接的な状況を超え出ている」と言っているが、キルケゴールであれば、この人物が語っているのは、人生全体に対して彼が採っている態度、あるいは永遠に対して彼が結んでいる関係、そうした態度や関係の表現であると言うことだろう。さらにキルケゴールは、――この論文の主題にとって第一級の重要性をもつことであるが――そうした「永遠に対する関係」が姿を現わしうるのは、時間の延長のうちだけである、すなわち人が自分の人生をどのように歩むかということのうちだけである、とも論じている。（彼のこうした言葉は、明らかに、「永遠」という語の文法に対する寄与と見なされなければならない。）こうして、永遠に対する人間の関係を特徴づける表現は忍耐ということになるのである。

さて、「私は絶対に安全だ、何が降りかかろうとも私には災いとはなりえない」と語る人は、キルケゴールが理解していたような忍耐というこの倫理的態度に何とか表現を与えようとしているのだ、と私には思われる。しかしこうした発言には哲学的な困惑を招くものがある。その第一の点は、忍耐とはこのように表現できるものではない、ということにある。ウィトゲンシュタインがこうした表現は言語の限界を超え出ようとする試みだという感情を抱いたのも、私にはこの問題があったからだと思われる。そこでこの問題について、簡潔ながらもう少し述べてみたい。とはいえこの困惑は、キルケゴールの議論に明らかなように、実は忍耐という概念自身にもよるのである。キルケゴールが語っているのは、避けることも可能な災いを安んじて受け容れるといった態度ではない。避けることが不可能と見なされた災いに直面したときに、採ることが可能な態度なのである。何が災いであり、何が避けることが不可能ではないかという問題に関して、ここには論点先取はないと私は思う。しかし、この問題の決着のつけ方についてはいまは論じないことにする。とにかくキルケゴール的な忍耐とは、避けることが不可能な苦難を自発的に受容するという態度である。苦難の不可避性と受容の自発性という二つの性格がキルケゴールの言う忍耐の本質をなす。そしてまさにこのことによって、忍耐の逆説的性格が生じるのである(17)。

忍耐とは、避けることが不可能な苦難を自発的に受け容れるという、まさにあの勇気のことではないでしょうか。……こうして忍耐は、こうも言えましょうが、勇気よりもさらに偉大な奇蹟を行なうのです。勇気が自発的に選ぶのは、避けることもできるような苦難です。しかし忍耐は、避けることが不可能な苦難のなかで自由を勝ち取ります。勇気のおかげで、自由の人間は自発的に捕われの身となりますが、忍耐のおかげで、囚人は自らの自由を達成するのです――看守に不安や恐怖を抱かせるという意味で、というわけではありません。……狭い監獄へと無理強いされるとか、一生の苦難へと無理強いされるとかいうのはありうることで、必然性は暴君です。しかし、忍耐へと無理強いされることなどありえません。……避けることが不可能な苦難の犠牲となっている人が忍耐強くこれに耐えているとき、人は「恥しいことに、奴は強制されている。奴が徳を施しているのは、必然性からなのさ」と言います。彼の施している徳が必然性に由来することは疑いありません。

それは、まさに隠れた秘密ではありますが、彼のやっていることを確かに極めて正確に指摘しています。……彼は自由の規定を、必然性として規定されたものから取り出しています。そして永遠なるものへの決意がもつ治癒力はまさにここに宿っているのです。苦難者が強制的な苦難を自発的に受け容れることができるのは、まさにここにおいてなのです。

忍耐のもつこのような逆説的性格を現代哲学の用語を使ってもっとわかりやすく言うとすれば、たとえば次のように言えるかもしれない。自発的な選択と不可避性という二つの概念について考えてみると、我々は、両者が相互排除的であり、不可避的と見なされたものを自由に選択することなどとてもできない、と言いたくなる。ところが忍耐という概念は、実はそうではないと示しているのである。また、不可避性は自発的な選択を排除しているが故に忍耐は不可能である、と逆の方向から論じるとしても、それは哲学的偏見にすぎないだろう。忍耐は明らかに存在しているからである。

道徳的な「べき」に備わる絶対的要求と、善人に災いをもたらすことの絶対的不可能性、ウィトゲンシュタインの講演から引用したこの二つの「道徳的絶対性」どうしの関連は、忍耐という概念によって理解可能となる。この第一のものを受け容れる人は、第二のものを受け容れる人である。というのも、前者の絶対性を受け容れるとは、(たとえば)正義に則った名誉ある行為の重要性と比較すればそれ以外のものは問題にならないと考える、ということだからである。そしてさらにこのことは、人生のもたらす苦悩に忍耐強く耐える——すなわち、不幸に押しつぶされそうなときでさえ品位ある行為を崩さない——ということである。人生に対してこうした態度を採っている人は、苦悩がこのように自分を崩壊させることのない限り、苦悩は自分にとって災いではない――自分が人生で本当に重要だと見なしているものに関しては、災いとは言えない――、ということを見てとっているのである。

しかしながら、この問題を理解する上での最大の障壁はいまだ克服されてはいない。いや実のところ、私はこれが克服できるとは考えていない。我々にできることと言えば、この障壁の本性を見究めようとする努力くらいのものではないだろうか。というのも、キルケゴールの言う意味で忍耐している人であっても、ひょっとして何かが自分に災いをもたらすのではないか、すなわち、自分は「善を意志する」のをやめてしまうのではないか、とやはり考えるからである。明らかに、自分の受けなくてはならない苦悩の結果として、こうしたことが彼に起こったとしてもおかしくはない。そうである以上、彼が「私には何も災いとはなりえない」と語ったとしても、この言葉のうちにはなおも予測の要素があることになり、「何が降りかかろうとも」という条件を付加する資格は実のところ彼にはないのである。そして、もしもこの条件を付加することができないとすれば、彼の発言には意図されていた絶対的な性格はないことになるのだ。あるいはキルケゴールであれば、こうした人間は永遠なるものを自分が強奪できると考えているけれども、それは永遠なるものと人間との関係に対する誤解である、と言うかもしれない。これと同じ論点は、違ったかたちではあるが、次のシモーヌ・ヴェイユの言葉のうちにも提出されている。「聖ペテロが語ったように、キリストに向かって『私は常にあなたに対して忠実であります』と語るのは、既にキリストの否認である。というのも、忠誠の源は我々のうちにあって、恩寵のうちにはないとされているからである。ペテロは選ばれた者だったから、この否認はすべての人にもペテロ自身にも顕わにされた。他にもどれほど多くの者が同じことを臆面も

なく口にしていることだろうか——何も理解せぬままに。」(18)

キルケゴールの『心の純潔』を読んで私が受けた印象では、善さえも圧倒する力となると、彼は必ずしも進んでこれを苦悩に認めようとはしていない——同じ主題を扱ったシモーヌ・ヴェイユの著作ではこうした力も容認されている。これは彼女が与える最も印象的な特徴の一つと思われる——。しかし一方において、倫理的なるものは宗教的なるものによってはじめて完全になるとキルケゴールが主張するのは、まさにこの核心的問題に彼が苦しんだ結果であるに違いない。実際『心の純潔』の第七節で、彼はこの点を実に明確に表現している。ここで彼が語っているのは、瞑想の瞬間に人は永遠なるものを把握することができるという考え方に潜む自己欺瞞である。

瞑想の瞬間には贋の永遠性とどこか共通したところがあります。瞑想が生じるために必要なのは短縮法です。かなりの時間が短縮されなければなりません。いやそれどころか、永遠の見かけをもった円満のうちで感覚や思考が完全なものとなるためには、実際にこれらを時間の外に呼び出さなければならないのです。

善人に災いはありうるか、この問に対する答を言葉によって述べるのは不可能である。それは、この問にはどこか間違ったところがある、ということである。すなわちこの問は、示すことしかできない事柄を語り出そうとする試みに他ならないのである。

(1) H. A. Prichard, 'Does Moral Philosophy rest on a Mistake?'『道徳的責務』(*Moral Obligation*)に

所収。矢島羊吉他監修『現代英米の倫理学Ⅱ』（福村書店）、一九六七年、に邦訳所収（小泉仰訳）。加えて、D・Z・フィリップス「善良であることは引き合うか」を参照（D. Z. Phillips, 'Does it Pay to be Good?', *Proceedings of the Aristotelian Society*, 1964–65)。

（2）この例を御指摘いただいたロイド・ラインハルト氏に感謝したい。

（3）ともかくも最初の三例については。というのも、(4)と(5)はこれらと同じようには扱えないからである。

（4）キルケゴールがこれを十分と言うかどうかは私にはわからない。私ならば、十分とは言わない。

（5）ヴァイスマンに対する次のウィトゲンシュタインの言葉を参照。「倫理学に関する講演の最後のあたりでは、私は一人称の口調になりました。思うに、これは極めて本質的なことなのです。こうした話題になると、それ以上に確言できるようなことはありません。自分自身に対して話す人間としてしか、私は登場できないのです。」（*Philosophical Review*, January 1965, p. 16)『ウィトゲンシュタインとウィーン学団』（一九三〇年一二月一七日）を参照。邦訳版ウィトゲンシュタイン全集5（黒崎宏訳）。

（6）もちろん、「決める」という表現が必ずしも適切ではないこともある。自分の苦悩を罰と見なすしかない、という場合があるからである。

（7）自分が不正を働いたとロバートが考えるのは誤解であり、不正を働いたように彼に映っているだけだ、と他人が語りうる場合ももちろんときにはあるだろう。しかしこの点は、ジェイムズとロバートがそれぞれ考えていることの違いに現象的なことと本当のこととの区別がどう関与しているか、という本文中での私の説明と決して矛盾しないと思う。

（8）これは、「高次の」快楽と「低次の」快楽とを質的にどう区別することができるかに関して、J・S・ミルが提起している問題と関連している。もっとも、これらの問題にミルが大きく寄与しているとは私には思えない。

（9）ラッシュ・リース「ウィトゲンシュタインの倫理観の展開」（Rush Rhees, 'Some Developments in Wittgenstein's View of Ethics', *Philosophical Review*, January 1965, p. 20)。

（10）ウィトゲンシュタイン前掲誌九頁。邦訳版ウィトゲンシュタイン全集5に所収（杖下隆英訳）。

（11）同誌一一―一二頁。

(12)　同誌五頁。

(13)　D・Z・フィリップス／H・O・マウンス「道徳には眼目があるということについて」(D. Z. Phillips and H. O. Mounce, 'On Morality's Having a Point', *Philosophy*, October 1965, p. 316)。

(14)　ジョナサン・ベネットが論文「帰結が何であれ」でこの立場の一形式に対して興味深い批判を提出している (Jonathan Bennett, 'Whatever the Consequences', *Analysis*, January 1966)。キルケゴールが展開しているような立場に彼の批判がどの程度適用できるかは、私としては定かでない。しかしこの問題にここで立ち入る余裕はない。

(15)　『哲学探究』の終りのほうでウィトゲンシュタインが「意味盲」の問題に認めるようになった重要性と、言語ゲームに対する当初の強調がここでは役に立たなかった理由について、リースが(『青色本・茶色本』の序文で)述べているが、目下の点はこのリースの評とある重要な点で類似している。しかしこれについてもここでこれ以上論じることはできない。

(16)　キルケゴール『心の純潔』三一頁(私が拠ったのは、*Purity of Heart*, Fontana Books, 1961である)。飯島宗享編『キルケゴールの講話・遺稿集3』(新地書房)、一九八〇年、に邦訳所収(田淵義三郎訳)。

(17)　同書一五二―三頁。

(18)　シモーヌ・ヴェイユ『重力と恩寵』(私が拠ったのは、*Gravity and Grace*, Routledge & Kegan Paul, paperback, 1963である)の序文を寄せているギュスタフ・ティボンの引用より(序文二二頁)。

XI　倫理的賞罰

『論理哲学論考』の終り近く（六・四二二節）でウィトゲンシュタインはこう記している。

「汝……をなすべし」という形式の倫理法則が立てられるときには、「では、やらなければどうなるのか」という考えが真先に浮かぶ。しかしながら、倫理が通常の意味での賞罰と関係がないということは明らかである。したがって、行為の帰結に関するこの問は取るに足りぬものでなければならない。——少なくとも、こうした帰結は出来事であってはならない。というのも、右の問の立て方にはやはり正しいところがあるに違いないからである。実際、何らかのたぐいの倫理的な賞と倫理的な罰とが存在していなければならない。ただし、そうした賞罰は行為それ自身のうちにあるのでなければならない。

（そして、賞は何らかの快でなければならず、罰は何らかの不快でなければならないということも、また明らかである。）

この論文では、「通常の意味での」賞罰と「倫理的な」賞罰に関する右の区別について検討したい。特に注目したいのは、倫理的な賞罰は「行為それ自身のうちにあるのでなければなら」ず、行為の帰結としては理解できない、少なくともその帰結を行為と因果的に関連する出来事と考える限り理解できない、という見解である。しかしながら、人の行なったことに対して賞や罰が与えられていると語られる際、出来事の意味での行為の「帰結」が一切触れられない事例とは、一体いかなる種類の事例なのだろうか。そしてそうした事例は、行為の帰結も念頭に入れて「賞」「罰」という語が用いられるもう一方の事例と、どのように関係しているのだろうか。ウィトゲンシュタインには、この二つの事例では「賞」「罰」という語に二通りの異なる意味がある、という考え方が窺われる。はたしてそれは正しいだろうか。そして「通常の意味」という彼の言い方には、「賞」「罰」という語の用法としてはこの後者の事例のほうが先行する、という考え方がさらにほのかに窺われるけれども、これも正しいと言えるだろうか。

哲学者たちが罰について議論する場合、従来では罰の「正当化」に関する問題に話題が集中してきた傾向がある。そうした問題も確かに重要ではあろう。しかしだからといって、他にも問う必要のある問題があることを曖昧にしてはなるまい。正当化の問題だけが余りに注目されすぎたために、一つには、当局によって第三者に科された懲罰を眺める人物の立場だけに注意が集まってしまった。たとえば、正当化の問題にも二種類のものがあると確かに正しい主張をしている最近の議論でさえ、こうした局外者の観点を議論の出発点に置いている。それは、懲罰を（道徳的に）正当化するときに訴えられる原理に関する問題と、ある人に対して様々な種類の仕打ちがなされたとき、それをいやしくも「罰」と呼ぶのを（論理的に）正当化してくれる基準に関する問題との区別であるが、しかし、その人に降りかかっている事態を〈人が罰を受けている〉こととして理解するのに罰の概念がどう関与しているか、という問題となると、ほとんど注目されてはいないのである。この後者のほうの観点こそ、たとえばプラトンが、悪事を犯した人間にとって罰は恩恵となるという議論（『ゴルギアス』）において注目していた観点であった。また、冒頭に引用した一節でウィトゲンシュタインが提起している問題にとっても、この観点が中心的な位置を占めている。それは、この節で彼の語っていることが、『論考』での「倫理的なものの担い手としての意志」についての議論（1）と密接に関連していることからも明白だろう。この私の論文においても、関心の的は主としてこの観点にある。

賞罰の概念が倫理において占めている位置を理解するには、当事者の観点を局外者の観点から区別することが重要である、という点について、もう少し述べておきたい。罰の脅威や賞の提供によって第三者の振舞いがどう左右されるかを理解しようとする局外者的観点に立つと、将来の行為を抑制したり誘発したりする役割が賞罰の役割として真先に目立つものとなる。しかし、賞罰のこうした側面を中心的と見なせば、倫理に対して賞罰がもつ意味に問題が生じてくる。というのも、この場合には、外部から課された何らかの基準に合致するように我々を誘うものが考えられているからである。したがって我々は、倫理における意志の自律性をめぐるカント的な議論に必ずや直面することになる。原理と「一致した」行為と、原理の「ための」行為、この両者を区別するかたちでカントや他の多くの人々が提出しているあの議論である(2)。すなわち、罰に対する恐怖と賞に対する期待は、あるいは原理的に言って、いかなる要求にも合致するように人を誘うかもしれないとしても、そうした誘いの結果として要求に合致するということとは、道徳的に行為することとは別物なのである。

さて私のように、自律性と他律性というカント的な区別を、罰に苦しんでいる当人の観点とそれを眺めている他人の観点との区別に繋げることに対しては、疑義が出されるかもしれない。確かに、この二種類の区別は全く同じように事例を区分するものではない。たとえば、私自身の将来の行為に対してであろうと、賞罰の見込みは誘発・抑制の作用をもつことが十分ありうる（ただしこの場合には、私の関心は将来の振舞いの予測ではなく、その賛否の理由の検討にあることになろう）。しかしながら私が言いたいのは、誘いのことを考えようとする態度が第三者的な語り方にのみ登場しやすい、ということではない。こうした態度が第三者的な語り方に登場しやすい唯一の態度である、と言いたいのである。

しかし、これについてもまた疑義が出されるかもしれない。つまるところ、第三者的観点から賞罰について論じてきた人々の多くも、賞罰とこれを授けられたり科されたりした人間の功罪との関係を強調してきたからである。しかしながら彼らの問は、「功」「罪」という語が「讃えられるべき」ものや「要求される」ものに関する所定の基準との合致・逸脱以上のことを意味しうるかどうかということを、純粋に第三者的な観点から見たものにすぎない。したがってまたもや、道徳の価値についてのカント的な考え方は見落とされてしまうのである。このことは、抑止・誘発といった功利主義的概念と並んで、報いという概念に納得のいく役割を与えるのがこれまで何故それほど困難に思われたのか、その理由の説明に役立つかもしれない。これらの概念はそもそも別の次元に属している。「報い」という概念を理解するためには、行為者が自分自身のやった行為とどのように関係し、その行為が彼にとってどのような意味をもつのか、ということを考えなければならない。したがって、罰という概念がこの次元でどのような役割を果たしているかは、行為者が自分自身と自分の行為に対して折り合いをつける際にこの概念をどのように用いるか、という問題の検討をまってはじめて理解できるのである。

(「倫理的な」意味での)賞罰は「行為それ自身のうちにあるのでなければなら」ず、行為から偶然的な事実問題として結果するようないかなる帰結のうちにあってもならない、というウィトゲンシュタインの言葉の底には、右のような事情が働いているように私は思う。というのも、自分自身の過去の行為について思いをめぐらしている当事者にとって特に倫理的に問題なのは、まさに自分が何をやってしまったかということだからである。その行為について彼が判断を下すとき、仮に、自分がどういう性格のことをやってしまったのかという問題とはたんに偶然的な関連しかない事柄(たとえば、その折りにたまたま見つかってしまったというようなこと)に左右されているとすれば、彼は自分の行為を倫理的観点からは考えていないことになろう。もっとも、ここで誤解してはならない。我々はともすると誤解してしまうが、私は、行為者が行為を遂行した時点以降に起こったどんなことも、その行為に対して彼自身が下す倫理的評価に意味をもっていてはならない、と言っているのではないのだ。それ以降に起こるどんな出来事も「自分がどういう性格のことをやってしまったのかという問題とはたんに偶然的な関連しかない」、というわけではないからである。たとえば、私が火曜日にある人を銃で撃って傷を負わせ、彼がその傷のせいで土曜日に死んだ、としてみよう。この場合、私が火曜日にやったのは（その他の周囲の事情が揃っていれば）殺人だったことになる。これに対して、もし彼が命を取り止めて回復していたならば、私は殺人を犯したことにはならず、自分を殺人犯と考えるには及ばないことになろう。このように、自分が火曜日にやったことに対して私がどのような理解を示すかは、この場合、土曜日に何が起こるかに論理的な意味で影響されるのである。この影響関係は、火曜日に起こったこと（私が発砲したこと）と、土曜日に起こったこと（負傷した彼が死んだこと）とのあいだの因果的関係とは区別されなければならない。賞罰に関して私が言おうとしていることにとっては、この区別が極めて重要である。たとえば、罰が私にとって「倫理的な」意味をもつと言えるのは、私の犯した悪事から結果する（逮捕や懲役といった）出来事が、過去のその行為に対する私の考え方に関与し、その行為の本性に対する私の理解に或る種の違いを生む、という限りにおいてのみなのである。ここで私の言おうとしていることを、いくつかの例に即して説明してみたい。

戦場での働きが見事だったとして勲章を授けられた一人の兵士について考えてみよう。ところがこの兵士は、戦さの際の自分の行為が見事だとは到底言えないものだったことをよく承知している。この例をより適切にするために、自分の行為について彼がこう考えるのには正当な理由があるとしておこう。もっとも私の目的にとって重要なのは、まさに彼がそう考えているという事実である。そこで私は問いたい。自分に授けられた勲章に関して、この兵士にはいかなる見解を採ることができるだろうか。仮に、勲章が賞金や昇進を伴っていたとか、佩用する勲章のおかげで女性たちとうまくいく機会が増したとか、さらには、このために周囲の男たちが彼の目論見を積極的に助けてくれるようになったとか、等々のことがあったとすれば、——恐らく兵士は喜びを覚えるはずで、こうしたものが喜びの理由となることは我々にもよく納得できよう。しかしながら、これらは見事な戦いぶりを褒賞されたという事実とどんな関係があるというのだろうか。確かに、何の関係もないとは必ずしも言えない。褒賞とは、本人を喜ばすように計算されたものを施すこと、つまり、それが賞として授けられているということを全く別にしても本人は喜ぶだろうと期待されるものを施すことだからである。しかし、そうしたものに兵士が喜びを覚えているのだとすれば、彼の喜びは、見事な戦いぶりに対する賞としてそれらが彼のものになったという事実と必ずしも関係しているには及ばない。彼は全く同じような喜びを、サッカーの試合の賭けで勝ったというような幸運そのもので手に入れていたとしても、覚えていたかもしれないのである。

さて実情がこうである限り、兵士の喜びは、賞という見地から考えているということとは全然関連がないことになろう。そうである以上、彼の喜びを見事な戦いぶりを褒賞された喜びと述べるならば、誤りとなってしまう。したがってこれまでの限りでは、賞に対して喜んでいるという事態を他の事態から区別するような特徴を、私もまだ挙げてはいないのである。この点は、勲章がそうした外的利益を何も伴っていなくとも受賞者に喜びを与えうることに注目すれば、さらにはっきりする。ではそうした場合、受賞者は何を喜んでいるのだろうか。これは決して答えやすい問ではない。

人の行なったことに対して賞を授けるということは、その人の行為に対する賞賛や賛同の表現である。そうすると、受賞者が賞に覚える喜びは、実のところ、賞を授けてくれた人々が自分に寄せている賛同に対する喜びなのかもしれない。しかし状況によっては、他人の賛同には二段落前で述べたような追加利益が伴っていることがある。この事実を度外視した上でもなお何か喜ぶべきものがあるとすれば、一体それは何なのだろうか。まず予想される答は、賞賛には賞賛されている当の行為が善かったという判断が含まれており、この判断に対して喜びが感じられるのだ、という答である。

もっとも、この答が正確にどのような意義をもっているのかとなると、依然として曖昧である。受賞者は、他人が自分の行為を善いと判断した事実を喜んでいるのだろうか。それとも自分でも同じように判断しており、善い行為をしたという自意識を喜んでいるのだろうか。どちらをとっても困難がある。そして、どちらの困難もともに同じ方向を指し示している。善い行為をしたという賞賛者たちの判断を受賞者も共有している場合には、困難はそれほど大きなものではない。善い行為をしたという自意識は、確かにそれだけでも十分に喜びを生むからである。しかしそうだとすれば、他人の賞賛はどうでもよいようにも思われる。重要なのは、自分のやったことについて当事者自身がどう考えているか、ということだけではないだろうか。なるほど、彼が自分でそう判断するに至ったのは他人の言うことに助けられたからだ、という場合もないとはいえない（他人の言うことは障害になる場合もあるが）。しかし結局のところ、肝心なのは彼自身がどう考えているかであり、他人が彼に寄せている賞賛と特別な関係をもつものは彼の喜びのなかには何も残らないように思われるのである。ただそれにしても、人が他人の賞賛に感じる喜びを以上のようにしては決して説明できない場合があるということは、疑いようのない人間的事実である。これは目下の事例に伴うもう一つの困難であり、後にもう一度検討することにしたい。

もう一方についてはどうだろうか。それは、私が先に出した兵士の事例である。この場合、戦さで善い行為をしたという賞賛者たちの気持ちを彼自身は共有していない。しかも彼らの賞賛には付随利益は何もなかった。しかしそれでも、私の仮定では、彼は人々が寄せる賞賛に喜びを覚えているのである。一体、彼は何を喜んでいるのだろうか。キルケゴールの答（『心の純潔とは一なるものへの意志なり』のなかの「賞を求める病い」の章）では、そうした人は自分が何を喜んでいるのかを本当は知っておらず、彼の喜びは混乱した精神状態の徴候である、ということになる。それはキルケゴールが「心の定まらない状態」と呼んでいるもので、我々ならば「自己欺瞞」とでも呼ぶところかもしれない。つまり、この兵士の場合に喜びがかき立てられるのは、賞賛という態度が、賞賛の対象となっている行為を善いとする判断と結びつくからなのだ。他人が寄せる賞賛を眺めているうちに、自分の行為は勇敢だったという判断がいわば兵士の心に惹きおこされ、彼は自分がこの判断を共有できないことを一瞬忘れかけて、この判断に喜びを覚えているのである。

結局どちらの例でも、人が褒賞に覚える喜びは、いやそれどころかそもそも賞という観念の下で自分の状況について考えるということは、褒賞されている当の行為を善いと判断することから切り離せないことになる。賞それ自身、すなわち付帯的な特徴や結果を度外視した、賞としての賞とは、当の行為が善かったという判断に他ならない。そして、受賞者が賞を賞として考えたくなる気持ちも、自分の行為を善い行為と考えたくなる気持ちに他ならないのだ。賞は「行為それ自身のうちに」なければならないとする考え方の意味の一端が、ここに見えはじめてきたと言うことができる。

しかしこの結果は逆説的に見えるかもしれない。というのも、我々にとって賞という観念には、善をなした人に恩典を授けるといった実践が結びついているけれども、こうなるとこの種の実践にどのような意味を認めうるというのだろうか。私なりに一応この問に答えておくとすれば、こうした実践は、善い行為が行なわれたという判断をいっそう完全なものとする、あるいはこの判断を外に表わす、一つのやり方なのである（唯一可能なやり方、というわけではない）。つまり、善い行為は当事者の人生のうちで孤立した出来事ではなく、いわば拡がって、彼の人生の他の部分の性格に影響を与えるものであるということを強調する、一つの表現形態なのである。しかしながら、善い行為についてこうした考え方をもっている人は、善い行為によって一般に賞と呼ばれているものが事実問題として招来されようとされまいと、善い行為をするだろう。善い行為は、それ自身において、当事者の人生の他の部分と或る種の関わりをもっており、この関わり方が具体的な恩典という形態をとって現実にシンボル化されようとされまいと関係はない、と考えられている。賞という観念にとって重要なのは、恩典をもたらす出来事が現実的に結果するということではなく、賞にシンボル化されているものなのである。

ここで私は、人生全体との関係という観点を導入した。私がどんな種類の関係のことを言っているのかは、悪なる行為との関連で見ればもっと明確な姿で浮かび上がってくるかもしれない。そこで、或る種の行為を悪とする判断と罰の観念との関係に眼を転じて、右と類似する点をいくつか取り出してみたい。

いずれも重罪のかどで懲役刑に服しているA、B、C三人の囚人について考えてみよう。もっとも彼らは、自分の犯罪、自分の服役、および自分の将来の人生に対してこれらの事態がどう関わっているか、この三者の関係についてそれぞれいささか違った考え方をしている。Aは「次は捕まらないようによく用心しよう」、Bは「警察もなかなかやるものだ。実際これでは割にあわない。ここを出たらまともな暮しに戻って、また十年ぶちこまれるなんてことがないようにしたいものだ」、Cは「これはまさに自分にうってつけだ。どんなにひどい人生を送っていたか、いまやっとわかった。ここを出たら、もっとましな生き方ができればよいが」、それぞれこう考えている。

この三人をどう分類するかが重要である。社会学的行刑学者の観点からすれば、重要な区分は一方にA、他方にBとC、に思われるかもしれない。結局のところ、Aは自分の犯罪人生を続ける意思を崩していないが、BとCはこれを捨て去る意思を固めているからである。しかし別の観点に立てば、AとBには意義ある違いは何もなく、重要な区分は一方にこの両者、他方にC、ではないだろうか。AもBも、自分たちの犯したたぐいの犯罪そのものに対しては何ら顧みるところがないからである。二人の違いは、同じことを繰り返した場合に予想される帰結に関して、それぞれが下している判断にしかない。Bにしても、うまく逃げおおせることができると考えれば、Aのように同じことを繰り返すだろう。他方、Cが自分の犯罪から足を洗ったのは、同じことを繰り返せば再び捕まる見込みがあるということとは直接的に何の関係もない。Cが足を洗ったのは彼の犯した犯罪の本性のためであり、その帰結のためではないのである。それは、この例で私が設定しているように、この帰結——Cが現在服している懲役刑——があったがために彼には自分の犯罪行為の本性が理解できたのだとしても、である(3)。

CがAやBとどう違うかは、「自分のやったことのせいで自分は罰を受けているのだ」という言葉がCの口から出るとき、これがAやBの口から出るときと対比して何を意味しているかを考えてみれば、さらにはっきりさせることができる。後者の二人にとっては、「のせいで」という語は偶然的、因果的、「外的」な関係を意味している。彼らの頭にあるのは、自分の犯罪行為から結果した諸々の出来事の継起――警察による摘発、逮捕、公判、判決、刑吏の仕打ち――でしかない。彼らは、自分の行為が悪だったか否かについて自分自身の判断を何も下さずに、「のせいで」という語をこうした意味で用いることができるのである。これに対して、Cの場合には、こうした「出来事の継起」を彼がどう思っているかは彼の判断に全く関係していないとは私も言わないが、「のせいで」という語の意義は同じようにしては決して尽くされない。Cにとっては、「応報」という考え方が鍵だからである。「自分のやったことのせいで自分は罰を受けているのだ」という言葉は、彼にとっては専ら「惨めなこの服役は自分の犯罪にうってつけだ」ということを意味している。したがって、この場合にはもちろん、AやBの事例とは対照的に、自分の犯罪についてC自身が下した判断が彼のこの言葉の意味を本質的に構成しているのである。Cにとって、自分の犯罪の本性と自分の現在の服役とは内的に結びついている。つまり私の言いたいのは、自分の懲役刑について考えるということが、Cにとっては自分の犯罪について考える一様式である、ということである。自分の過去の犯罪に対する彼の反省は、自分の懲役刑に対する反省という形態をとっており、またその逆でもある。彼は二つの別々の事柄について反省している、とは決して言うことができない。Cにとってこの自分の服役が何であるかは、彼の過去の行為が悪であったという考えを通してはじめて理解しうるのである。もし彼が「このこと」について別の仕方で、つまり右の結びつきを欠く仕方で考えているとすれば、或る意味で彼は同じことを考えてはいないことになる。というのも彼がいま考えているのは、たんに出来事の時間的継起から切りとられた一つのものではなく、（これまた、たんに出来事の時間的継起ではない）彼の人生において或る種の意義をもつものだからである。そしてそれは、それが彼の人生においてもっているそうした意義に頼らなければそれとして同定することができない、というものなのである。

この点をもっと明確に見てとるために、「Cの罰はいつ始まったのか」という問を考えてみよう。刑務所の所長であれば答は一つかもしれない。彼は、Cの身柄が自分に引き渡された日時に基づいて答えることだろう。ところが、Cは全く違う答をするかもしれない。自分が逮捕され公判に付されるずっと以前から罰は始まっていた、こう言うかもしれない(『罪と罰』のラスコーリニコフ)し、あるいは、刑に服してしばらくしてはじめて始まった、と言うかもしれないのである(4)。(「以前には、およそこれがどういうことなのか自分は理解していなかった。この事態を罰と考えることが自分にはできなかったのだ。自分のやってしまったことの忌わしさを悟ったときにはじめて、自分に対する本当の罰となることができたのである。」)

あるいは、このように罰を改悛と結びつけることに対しては、これでは罰が余計に(「たんに外的な付加物」に)なってしまう、と反論されるかもしれない。そこで次のように言われるだろう。罰を受けるに至って犯罪者がもし真から改悛するとすれば、それに関して罰がこれ以上やり遂げなければならないことは何も残っていない。また他方において、犯罪者がもし改悛しないとすれば、どんな事態が彼に降りかかっても(私が展開に努めてきた「倫理的な」意味での)罰とはならない。いずれにしても、罰が倫理的な意味をもつことはできないではないか、と。

この反論は正当で重要な論点を含んでいるが、しかし同時に、別の重要な側面を取り逃している。ここで私の言おうとしていることの一端は、次のシモーヌ・ヴェイユの言葉に示唆されている(5)。

個人の人生で、無垢なる人は罪ある人のためにつねに苦しまねばならない。罰は、改悛が先立ってはじめて、贖いとなるからである。懺悔の人は、既に無垢になっているがために、罪ある人のために苦しむ。改悛が罪ある人を滅しているのである。

人類を単一の存在と見なせば、人類はアダムで罪を犯し、キリストで贖った。

無垢だけが贖う。罪の苦しみは、全く別の苦しみである。

ここには逆説の趣きがあるが、「無垢」という語が両義的に用いられているために、それは必要以上に強く感じられるのかもしれない。私としては、懺悔の人が既に無垢になっているとは言いたくない。未だ何の過ちも犯していない人であれば、彼は無垢であると私も言いたいけれども、懺悔の人となると少なくともこれと同日の話とは思えない。過ちを実際に犯したという事実に触れなければ、懺悔の人の状態を過不足なく記述することは決してできないし、もとよりこの点に、懺悔の人と過ちを犯していない人との極めて重要な違いがあるからである。しかし同時に、懺悔の人の状態と過ちを犯しながらも改悛を見せない人の状態とのあいだにも、(別の種類の違いとはいえ) これまた大きな違いがある。懺悔の人の場合には、過ちを犯した罪は何らかのかたちで「超越されて」いる、我々はこう言いたくなるのではないだろうか――こうした事例を記述するには、一見ヘーゲル的な術語を用いなければなかなかできない。

しかし、このシモーヌ・ヴェイユの言葉で私の目的にとって重要な意味をもつのは、罪、改悛、罰、贖いの四者のあいだに彼女が示唆している種類の関係である。罰には何らかの倫理的な次元がありうるという想定に対する反論として私が先に触れた議論では、罰と改悛との関係はたんに偶然的な関係として扱われているけれども、シモーヌ・ヴェイユは、贖いを導く媒体として罰を要求するような改悛のことを考えている。すなわち、この場合に改悛がとっている形態は、懺悔の人が経験するような罰の要求から切り離して理解することができないのである。こうした要求をときに経験する人々がいるということは、私には端的な事実であるように思われる。しかもそれは、罰という概念が存在するとともに、この概念を或る仕方で適用する可能性があるということによって、はじめて可能となる事実であるように思われる。確かにここには難しい問題がある。その困難を生み出している状況の一つは、誰もが改悛をこのように考えているわけではない——改悛にも多くの形態がある——し、こうした思考様式に対して反感や敵意を強く感じる人さえいる、ということだろう。こうした観点を呈示されるだけでも、人によっては、自分自身および自分自身の倫理観が攻撃されているように感じるかもしれないのだ。しかしながら、こうしたことは目下の問題ではない。いま何が問題であるかと言えば、或る種の思考様式の可能性とその性格とを認識し、たとえそれが自分自身の思考様式とは異質であっても、やはり何らかの意味をなしていることを見てとる、ということなのである。

以上において私が到達した立場をここで確認しておきたい。出発点は、「通常の意味での」賞罰と「倫理的な」賞罰とのあいだにウィトゲンシュタインが設けた区別であった。この区別の要は、行為の「帰結」のもつ意義がこの二種類の事例で異なる、という点にあった。そこで私は、褒賞ないし処罰された行為がそれとしてはっきりした帰結をもつ様々な賞罰事例について検討した。私が主張したのは、こうした事例においてさえも「賞」「罰」という語には、その行為が褒賞ないし処罰されたという主張と、それらの帰結が結果的に生じたという事実の認識とを同一視できないような用法がある、ということである。私は、「賞」「罰」という語がこのような仕方で用いられる場合には、行為が褒賞されたとか処罰されたとか考えるということ自身が、行為それ自身について考える一様式であるのではないか、と示唆した。この思考様式に従えば、行為の帰結は、行為について考えさせる「媒体」としての意味をもっているのである。そこでいまや私は、このことが何を意味しているのかという問題についてより直接的に検討してみなければならない。(「出来事」の意味での)行為の帰結が全く考慮されない場合でも、「賞」「罰」という語は有意義な用法をもち続けることができるか、という問題は、この検討の後にまわしたい。

「見事な」振舞いを賞賛されながらも、自分はこの表現に値しないと感じている先の兵士の事例を思い起こしてもらいたい。この事例を厄介にしている事実として私が注目したのは、そうした人でも他人が贈る喝采を喜ぶことができるが、彼はそうした喝采によって更にもたらされる何らかの具体的な恩典を喜んでいるのでもなければ、善い行為をしたという自意識を喜んでいるのでもない、ということだった。* 罰の場合にもこれと似たことが言える。ある人が世間から非難される「不名誉」を何とも惨めに感じているが、しかしその感情は、そうした不名誉によって更にもたらされるかもしれない何らかの不快な帰結によっても説明できない(そんな帰結は何もないかもしれない)し、本当に過ちを犯してしまったという自意識によっても説明できない(彼は過ちを犯してはいないと意識しているかもしれない)、ということがあるからである。私の思うに、こうしたことが人間によく見られる反応であること、しかし同時に、それ自体として考えればこの反応は合理的には正当化できそうにない反応であること、このどちらの点をも我々は所与として――しかも哲学的に極めて重要な所与として――受け容れなければならないのではなかろうか。(もとより、これに対して何らかの説明を見出すことは可能だろう――そして恐らくそれは、社会学的ないし生物学的なタイプの説明となるだろう。しかしそうした説明では、目下の関心の的である中心問題から我々の眼は逸らされてしまおう。)

さて、私がこのような言い方をするのは、こうした反応に何らかの意義があるとすれば、それを見てとるためには反応それ自身の外に位置する観点から見なければならない、と考えるからである。

夜間に戸外で懐中電燈を灯すとき、その発揮される力を私は電球を眺めて判断するわけではない。電燈が周囲の事物をどれだけ多く照らし出すか、これを見て判断する。

光源の明るさは、光を出さない事物に投じられた照明によって見分けられる。

宗教的な生活態度の価値、あるいはもっと一般的に言えば、精神的な生活態度の価値、それはこの世界の事物に投げかけられる照明の量によって見分けられる。

地上の事物が精神的なものの基準である。

我々が一般に認識しようとはしないのが、これである。我々には基準が怖いのだ。

何であれ、その効力は当のものの外に顕われている。

精神的なものだけに価値があるという口実で、地上の事物に投げかけられる光を基準として認めないとすれば、そのとき我々が手にしているのは虚ろな宝となりかねない。

価値があるのは精神的なものだけだが、しかし、検証可能な存在をもつのは物理的な事物だけである。それ故に、前者の価値は後者に投じられた照明としてしか検証できない(6)。

この極めて印象的な言葉を目下の問題に適用すれば、次のようになる。一般に望ましいとされる或る基準に達する行動をした人には恩典を授け、一般に要求される或る基準に違反する行動をした人には不快な帰結を科す、という(「地上の」)制度が存在する。同様に、こうした処遇を受けた人の側にも、或る特徴的な——喜んだり悩んだりするという——(「地上の」)反応が存在する。しかしその反応は、好ましいことを望み嫌なことを避けるという極くあたりまえの反応としては、完全には説明できない。「賞」「罰」という語には、こうした地上の事実をいくら枚挙しても完全には説明できない(「精神的な」)含みがある。これらの語が果たしているのは、そうした地上の事実についての——「外の」観点からの——或る種の理解を提示する、ということなのである。すなわち、これらの事実を、行為の価値を判断する一つの様式と関係づけるような観点から、である。もっとも、こうした判断はそうした地上の事実の成立を抜きにしては可能ではない。「画家は自分の立っている地点を描かない。しかし絵を見れば、描かれている事物との関係によって画家の位置は演繹できる。」(7)我々はこれに付け加えて、描くことのできるものに相対的な位置しか画家はもつことができない、と言うべきだろう。そしてこの意味でならば、「賞」「罰」という語に表現されている視点の可能性に対して、上述のような喜び悩むという人間の行動・反応様態が事実的に成立していることが「先行」する、と言うことができよう。しかし別の意味では、「先行」するのはやはりこの視点なのである。というのも、「賞」「罰」という語を用いて、たとえば「誘因」とか「制裁」といった語によって表現される以上のことを意味することができるのは、こうした観点をわがものにしている人に限られるからである。

そこで、ウィトゲンシュタインが「通常の意味での」賞罰と対立させて「倫理的賞罰」について語っていることに関して、私なりの一応の結論を述べるとすれば、次のようになる。「賞」「罰」という語には、或る種の出来事が行為の帰結として結果した、と述べるだけでは行為の賞罰について語ったことにはならないような用法がありうる、こう主張する限りでは確かにウィトゲンシュタインは正しい。しかしながら、彼が十分には考慮していないことがある。すなわち、「賞」「罰」という語の全く「通常の」意味の一つ(8)においてさえも、つまり帰結の問題が重要である意味においてさえも、そこで語られていることを諸帰結の記述で尽くすことはできない、ということだ。もっと強く言えば、諸帰結の記述だけに眼を向けてしまえば、「賞」「罰」という語が通常の意味で用いられている場合でさえ、そこで語られていることの最も重要な側面を取り逃がしてしまうことになるのである。

さて、(出来事の意味での)行為の帰結が全く問題とならない場合であっても、「賞」「罰」という語は理解可能な用法を依然としてもつことができるのだろうか。いまや、この問題について考えてみなければならない。そこで、「帰結」という考え方が全面的には欠落していないとしても、極端に稀薄となっている、いくつかの中間事例から考えてみたい。

そうした事例の一つに、いま自分を苦しめている天災を過去に自分が犯した何らかの悪事に対する罰と見る、というものがある(9)。こうした思考様式については、迷信と見なそうとする傾向が一般にあるかもしれない。確かに状況によっては、迷信と言えることもある。自分の過ちと天災とのあいだに何らかの(不可思議な)因果的関連が考えられている場合がそうである。しかし必ずしも迷信とは言いきれないことがある。天災が神の教えに背いた神罰と見なされている場合でさえ（いや、もっと正確に言えば、特にそうした場合こそ）、この両者の関係は、犯罪と地上の当局が科す懲罰とのあいだに成立する関係と似たものとして考えられるには及ばない。この点を理解するには、降りかかることを神の意志と考える人にとっては、降りかかることのすべてが神の意志に従って降りかかっているのだ、ということを思い起こすだけでよいだろう。すなわち、別のことではなくまさにこのことが降りかかったということは、たとえば釈放ではなく刑務所行きになったことが、自分に有罪を宣告した高等法院の判事の意志に訴えて説明されるようには、神の意志に訴えては説明されないのである。というのも、神がもち出されるときには、自分の犯した罪が神の眼を逃れるかもしれないと想定すること自体が意味をなさないからである(10)。

一部の人々の予想には反しても、右のように過ちと「罰」との因果的連関を断ったからといって、天災を過ちに対する罰とする判断からその中身がすべて奪い取られることにはならない。その点は、私の以前の議論において十分に示されているはずである。それどころか、罪と罰との関係に関する判断において多くの点でその最も重要な側面となるものは、こうした連関を断っても何ら損なわれはしない、と私は言いたい。我々には、罪に対する一つの思考様式、つまり、罪人の人生との関係でその罪を見るという見方がなおも残っているからである。この思考様式はそれ自身の論理性を有しており、罪に対する他の思考様式とは際立った違いがある。すなわちこの思考様式は、たとえ因果的な意味での「帰結」には触れない(11)としても、論理的な意味での「帰結」をもっているのである。

中間事例には他にもいくらか違う種類のものがある。悪事を犯したけれども、地上の権威によって法的にも、より非形式的なかたちでも何ら処罰されないし、自分の過ちに対する罰と見なしうるような天災に苦しむこともない、しかしそれでも耐えがたい後悔の念に苦しめられる、そういった人の事例である。この種の後悔の念も、過ちに対する「罰」と呼ぶことが確かに可能である。とはいえ、この場合にも我々はともすると誤った考え方をしてしまう。たとえば、人間の行為をホッブズ的に考える傾向のある哲学者や一般人は、過ちを犯した者がそうした苦痛の念に苦しむのを悪事に対する制裁である、と時に語る。しかし明らかなことに、このような「制裁」は、外的な権威から科される制裁と違って、自分の行為が悪であったのを自分自身で見てとることのできる人だけにしか働きかけないのである。後悔の念を抱くというのは、自分の行為が悪であったことを見てとる一つの様式であるからだ。後悔の念はどうしてかくも恐ろしいのかと問うてみれば、これと関連する論点が浮かび上がってくる。不安に関してウィトゲンシュタインの出している所見が、ここではうまくあてはまるかもしれない(12)。

不安が恐ろしいものだとして、そして不安を覚えるとき私には自分の息づかいや顔の筋肉の強ばりが意識されるとすれば——それは、これらの感じが私には恐ろしいということなのだろうか。これらの感じはひょっとすると安堵さえも意味している、ということはありえないか。(ドストエフスキーを想起せよ。)

(たとえば)感覚、思考、その他諸々のものからなる恐怖集合体があるとしても、このことは恐怖が集合体（症候群）であるということではない。

すなわち、不安の概念は、危険に脅かされているという概念と切り離せないし、不安を感じるのが恐ろしいのは、人を脅かしている当の危険を恐ろしいと思うことと切り離すことができない。目下の場合もこれと同じことが言える。罪があるという概念は、人のやってしまったことが悪であるという概念と切り離せないし、罪があると感じるのが恐ろしいのは、人のやってしまった悪事を恐ろしいと思うことと切り離すことができないのである。

以上の点は、倫理的賞罰は「行為それ自身のうちに」見出されるべきである、というウィトゲンシュタインの言葉に何がしかの意味を賦与する助けとなるだろう。しかしながら、この言葉に込められているウィトゲンシュタインの示唆を文字通りに受け容れようとすれば、最後の難関――それもかなり大きな難関――にぶつかってしまう。ウィトゲンシュタインが言っているのは、悪事に対しては何らかの種類の倫理的賞罰が存在しうるということではなく、「実際、……存在していなければならない」ということだからである。私は、これまでに検討してきたどの事例においても、悪事から結果する出来事にはなるべく眼を向けずに、いわば、悪事それ自身に対して或る見方を提供するような舞台としてのみ扱ってきた。しかしながら、そうした舞台が現実的な出来事のかたちをとって、特に、自分の行為が悪であったことを当事者が認識しているというかたちをとって存在することが、私がこれまでに言おうとしてきたことにとってはやはり必要条件であったようにも思われる。しかし一見しても、当事者がそうした認識をもつかどうか、また当事者にそうした認識をもたらす何らかの出来事が別に生じるかどうか、それは純粋に偶然的な問題である。「価値があるのは精神的なものだけだが、しかし、検証可能な存在をもつのは物理的な事物だけである。それ故に、前者の価値は後者に投じられた照明としてしか検証できない。」(13) 照明を受ける物理的な事物が存在しないところでは、我々には光を直接に見ることができない以上、光は識別できない。では、その場合でもやはり光は存在していると主張する根拠はどこにあるのだろうか。シモーヌ・ヴェイユから最初に引用した一節の最後の文に、同じ問題が提出されている。「無垢だけが贖う。罪の苦しみは、全く別の苦しみである。」しかしそうすると、ソクラテスの問答で話題となったアルケラオス(14)のような人間を相手とする場合には、いかなる種類の苦しみが問題となりうるのだろうか。

　この場合には、過ちを犯した人間の人生のうちに彼の自覚を促すような出来事を探し、それによって解決をはかろうとしても、問題が設定している条件そのものによって最初から無理な話となる。彼の人生にはそのような出来事は何も見出せない、と仮定した上での問題だからである。そうすると、我々が眼を向けることのできる方向が別にあるとすれば、それは、「いかなる罪も処罰を免れない」といった判断をする人の人生でしかないだろう。すなわち我々は、そうした判断をすることによってその人はまさに何を背負いこむことになるのか、という問の理解に努めなければなるまい。この問に対しては、一つの極めて簡潔な答がある。悪事はすべて処罰されると信じている人は、すべての事例において、悪事を働いた人に対する憐憫を背負いこむ、という答である。つまり、悪事を働いた人が(後悔という心の痛みを含めて)世間の不幸にその後見舞われるという場合だけではなく、その罪から帰結するいかなる出来事からもうまく逃げおおせているように見える場合でも憐憫を背負うのであり、むしろ後者の場合こそ特にそうだ、というわけである。

しかしいくら簡潔とはいっても、この答を受け容れるのは容易ではない。いや、その真意さえも容易には理解できないのではなかろうか。まず、それは知的な意味で困難であるというだけではない。実におぞましい悪事に出会ったときに同情の態度を現実に採るということに対しては、誰もが道徳的にも心理的にも困難を覚えるからである（ところが言うまでもなく、悪事がおぞましいほど、相手に対する同情はますます強く要求されるのである）。しかし、ここでは知的な意味での困難だけに話を限ることにしよう。この場合の困難は、悪事を働いた人に対する憐憫に正当化を与えるのは一見したところ不可能に思われる、という点にかかっている。仮定により、悪事から帰結するはずの苦しみを当人は全く受けていないからである。とはいえ、目下の困難をこのように述べるのは、もしかすると誤りなのかもしれない。状況と人物次第では、憐憫にいかなる正当化も与えられないわけではないからだ。すなわち、場合によっては、正当化はまさにその人が悪事を犯してしまったという点にあるのである。ここで、そうした人の身に降りかかる出来事のうちにこれ以上の何らかの正当化を探すとすれば、我々は途方に暮れてしまおう。つまり目下の困難は、むしろ、人が悪事を犯してしまったという事実が一体いかにして当人に対する憐憫を正当化しうるのかを見てとる、ということにあるのである。そしてそれは、或る種の思考様式に対して意味を賦与することの難しさなのである。

しかし、ここには本当に困難があるのだろうか。というのも、この論文の前半部では、（出来事の意味での）「帰結」によって人々が自分の行為を褒賞されたり処罰されたりする事例について論じたが、実はこの議論は次の点を示すために目論まれたものだったからである。すなわち、確かに賞を得るのはめでたいことであり罰に苦しむのは憐れむべきことであろうが、こうした出来事がもつ賞罰としての性格を考慮した上でそのように見なされている限り、我々が注目しているのは、そうした出来事をそれ自身として考えた場合にそれらに特有な性格ではなく、むしろ褒賞されたり処罰されたりしていると我々が考えている当の行為の道徳的性格なのである。言い換えれば、そうした事例においてさえも、帰結のもつ現実的な性格はどうでもよいものとして考慮の対象外となり、当人の行なった行為の本性こそが残るのである。さらに、事実問題としては何も帰結が生じないという場合でも、やはり当の行為は存在しているし、その行為の本性と意義に対する或る種の見方も残っている。つまり、行為者に対する祝辞や憐憫を正当化するのに必要なものはすべて揃っている、ということである。

(1) これについては「ウィトゲンシュタインの意志論」で論じた。第Ⅵ章を参照されたい。

(2) 第Ⅸ章「道徳からみた行為者とその行為」では、私はこのカント的な道具立てに対して不満の意を表わした。しかし目下の問題に関しては影響はないと考える。

(3) ここで私が記述に努めているようなかたちで人が自分の人生の真の本性と折り合いをつける際、現行の刑法体系がどれほどの助けとなりうるか、という問題に関しては、私はいま何の判断も下していない。この問題に対する私の態度を正直に言うとすれば、非常に悲観的である。しかし、目下の関心は専ら概念的な可能性にある。

(4) カフカの「流刑地にて」を参照。この物語が目下の論点に関わってくることに注意を促してくれたラッシュ・リース氏に感謝したい。

(5) シモーヌ・ヴェイユ『最初と最後の手稿』(私が拠ったのは、*First and Last Notebooks*, Oxford University Press, 1970である)一一五―一六頁。田辺保訳『超自然的認識』(勁草書房)、一九七六年、七三頁。この一節の最後の文については後にもう一度触れたい。

(6) 同書一四七頁、邦訳一二六―七頁。

(7) 同書一四六頁、邦訳一二五—六頁。

(8) これこそが「賞」「罰」という語の通常の意味である、といった言い方をすれば、とにかく誤ってしまうことになる。たとえば、ニーチェの『道徳の系譜』第二論文第一三節を参照されたい。

(9) こうした事例については「善人に災いはありうるか」で論じている。第X章を参照されたい。また、ウィトゲンシュタイン『美学、心理学、宗教的信念に関する講義と会話』(C・バレット編、一九六六年)五五頁以下も参照のこと。邦訳版ウィトゲンシュタイン全集10に所収(藤本隆志訳)。

(10) 実際これは、何を言えば意味をなすのかという問題であり、神に対して広大な知識と権能を擬似経験的に帰しているわけではない。ここには第一級の重要性があるが、こうした問題についての哲学的議論においては余りに見過ごされている。神の「無限の」知識と権能(と仮に言うとしても、それ)は例外的に広範な知識と権能といったものではない。それは、数学における無限数列が例外的に長い数列ではないのと同じことである。

(11) ウィトゲンシュタインの「少なくとも、こうした帰結は出来事であってはならない」という言葉を参照。

(12) 『断片』第四九九節および五〇二節。邦訳版ウィトゲンシュタイン全集9に所収(菅豊彦訳)。

(13) シモーヌ・ヴェイユ上記引用箇所。注(6)を見よ。

(14) プラトン『ゴルギアス』(ソクラテスの問答相手のポロスによれば、アルケラオスは、自分が奴隷として仕えるべき主人であり伯父でもあるアルケタスとその息子アレクサンドロス、さらには腹違いの正嫡の弟を卑劣な手段で殺害し、マケドニアの王となった不正の典型的人物とされる——訳者記)。

* この点を強調してくれたのはH・O・マウンス氏である。これは議論のなかで私が見落しそうになった論点であり、氏に負うところが大きい。

訳者あとがき

本書の著者ピーター・ウィンチ Peter Guy Winch は一九二六年ロンドンに生れた。四四年から四七年にかけて海軍で軍務に服した後、オックスフォード大学に入学、四九年に哲学・政治・経済コースで学士号 Bachelor of Arts、五一年に哲学で修士号 Bachelor of Philosophy を取得した。五一年より六四年までウェールズ大学スワンジー校哲学科で初級講師、講師、上級講師を勤めた。本書の謝辞に特筆されているラッシュ・リースはスワンジー時代の同僚である。六四年にロンドン大学に移りバークベック・カレッジのリーダー、六七年にはキングズ・カレッジの教授となった。また、六五年から七一年まで『アナリシス』の編集者であり、八〇年から八一年まではアリストテレス協会の会長をつとめた。八〇年代のイギリスの大学の合理化、定員削減の嵐の中で後進の席を確保するため早期退職し、アメリカに移住、現在はイリノイ大学アーバナ・シャンペイン校哲学科教授である。

＊　＊　＊

ピーター・ウィンチの名を一躍有名にしたのは『社会科学の理念』(*The Idea of a Social Sci-*

ence and its Relation to Philosophy, Routledge & Kegan Paul, 1958) の出版であった。これに先立つ一九五六年に『イギリス社会学雑誌』に、今日からみれば『理念』の梗概ともみなせる「社会科学」と題する論文を発表しているが、一冊の書物の形での社会科学論の展開は、三〇歳をすぎたばかりの新進の哲学者をその後長く続く論争の渦の中心におくことになったのである。

『理念』は初版の刊行より約三〇年を経過した今日でも英語の原書はもとより、日本語を含めた多くの言語に翻訳されて、世界各地で広く読まれているが、その内容は副題の「社会科学の哲学に対する関係」が示唆するように、大胆なものであった。即ち、社会科学は哲学の影響から脱して自然科学の方法を模倣することによってはじめてその発展が約束される、という考えを批判し、それに対して、哲学の本性を理解することと社会研究の本性を理解することとは同じことになる、と主張したのである。より詳しくいえば、社会科学の重要な理論的問題の多くは経験的調査によってではなく概念的分析によって解決されるべきであり、科学というよりはむしろ哲学に属する問題である、とりわけ社会現象一般の本性の説明という社会学の中心問題はそれ自身哲学の問題である、と主張されたのである。

しかも、哲学の本性の理解と社会研究の基礎論とをこのように同一視するということは、従来哲学の一つの周辺分野とみなされていた社会哲学を、第一哲学に単に格上げする、ということではない。この試みは、認識論や形而上学の問題を後期ウィトゲンシュタインの視点から考え直す、という姿勢に裏打ちされているのである。即ち、世界と世界を記述する我々の言語とは相互に独立である、と安易に仮定することを批判し、認識論の問題を、理解や理解可能性について我々が語りうるための一般的条件の解明とみなし、この解明は解明で本質的に社会的であるような「生活形式」や「言語ゲーム」

において与えられる、とする構想に裏打ちされているのである。このような視点から、『理念』は従来の種々の社会科学理論を評価・批判し、新たな理論の可能性を骨太に素描してみせたのである。『社会科学の理念』は大きな反響をまきおこしたが、それだけに批判も相当激しいものがあった。最も激しい批判は、カール・ポパーのグループからのものであった。例えばアーネスト・ゲルナーは『イギリス社会学雑誌』での『理念』の書評をはじめとしてウィンチを批判した論文をいくつか書いているが、そこでは「機能主義」「相対主義」「新しい観念論」「擬人主義」といったレッテルがウィンチに対して貼られている。

この種の批判はさておくとして、今日『理念』を読みかえしてみた奥の私見を率直に述べるならば、この書物は当時の好意的な読者の少なからぬ部分に、期待と懸念と、そしてある種の当惑の入り混った感情を惹き起したかと推測されるのである。

『理念』の主張が誤りである、という訳ではない。主張は大筋において正しく、多くの分析は鋭利である。しかしながら「生活形式」といえども多種多様であるからには、『理念』の限りではなお一般的指針が与えられたにとどまる、とも言え、更に、哲学と社会科学の関係、両者の相違について『理念』で一定の注意が払われているものの、著者の後年の慎重な自己限定と比較すれば、恐らくは若さ故の、ある種の気負いが感じられない訳でもないのである。

現在の視点からこのように述べるからといって、これは『理念』の意義をいささかも減じるものではない。ここでは、『理念』出版の一九五八年という年がウィトゲンシュタイン研究史の中で占める位置を指摘しておくことにしよう。ウィトゲンシュタインの死が五一年、彼の遺稿のうち最初に出版された『哲学探究』の出版が五三年、二冊目の『数学の基礎』が五六年、三冊目の『青色本・茶色本』は『理念』と同じ五八年の出版である。それ故『理念』は、『論理哲学論考』を別とすれば『哲学探究』と『数学の基礎』の二冊を手がかりに書かれたのである。(因みに、『理念』には「言語ゲーム」という表現は登場しない。)即ち、極めて早い時期に、しかもウィトゲンシュタインの注釈書ではなく、ウィトゲンシュタイン的な立場の適用の可能性を示すものとして『理念』が書かれた、という歴史的意義は、十分注目に値するのである。

＊　＊　＊

本書『倫理と行為』は『理念』以後の論文、即ち一九六〇年から七一年にかけて発表された十編の論文を収めた論文集である。それぞれの論文が何を目指していたか、また論文同士がいかなる相互関係にあるか、については、著者自身が第I章の緒言で述べているので、訳者が更に解説を加える必要はないと思われる。ただしこの折に、実質上の巻頭論文である第II章の「未開社会の理解」が及ぼした影響と、「道徳哲学者」としてのウィンチの姿勢について述べておくことにしたい。

「未開社会の理解」は、『理念』で一般的に論じられた人間の社会生活の理解に絡む問題を、社会人類学に関連したより特殊な場面で、素材としてはエヴァンズ＝プリチャードとマッキンタイアーを批判的に検討するという形で、展開したものである。この論文は『理念』のいわば具体化であり、そして『理念』に劣らぬ反響をまきおこしたのである。

例えば、ウィルソン編集の論文集『合理性』(B. R. Wilson, ed., *Rationality*, Blackwell, 1970)

はウィンチの問題提起に直接間接に刺激された諸論文を収録してある、と述べても言い過ぎではないように、この論文は数多くの議論の出発点となっている。また、『合理性』以外のいくつかの論文集にも収録され、広く読まれている。また、八〇年代に入ってから現在に至るまで、この「未開社会」論文に対する論評・検討を行なって問題を問い直そうとする論文が、*Philosophy and Phenomenological Research*, *Philosophy of the Social Sciences*, *British Journal of Sociology*, *Religious Studies*, *Political Theory* といった多方面の学術専門誌に現われ続けているのである。

『理念』と「未開社会」論文におけるウィンチの主張に対する評価はもとより一様ではなく、彼の擁護から全面的な批判に至るまで多種多様であるが、批判的な論評が大多数であった。最も激しい批判は既に述べたようにポパー派からのものであった。この論争に関する奥の私見を述べるなら、この論争は必ずしも実り豊かなものではなかった。とりわけポパー派からの批判が、しかも事例研究を介さない「方法論的」な形でなされた場合、不毛な論争の見本例といってもよい有様であった。

いずれにせよ、「未開社会」論文が投じた波紋の経緯については、もう一人の訳者の松本が研究論文を準備中であるので、詳細はそれにゆずり、ここではウィンチが種々の批判にその後回答した論文のリストを示し、興味ある読者の参考に供することに留めたい。

「ルーチ氏の社会科学の理念」 Mr Louch's Idea of a Social Science, *Inquiry*, 7 (1964), pp. 202-8. 同誌の前の号に掲載されたルーチによる『理念』の書評への反論。

「コメント」 ボージャーとチョフィー編集の論集『行動科学における説明』に寄稿されたジャーヴィーの「社会学及び社会人類学における理解と説明」に対しての批判的コメント。なお、論集ではコメントの後にジャーヴィーの「回答」が続いている。Comment, in R. Borger & F. Cioffi, eds., *Explanation in the Behavioural Sciences*, Cambridge U. P., 1970, pp. 249–59.
「言語・信念・相対主義」Language, Belief and Relativism, in H. D. Lewis, ed., *Contemporary British Philosophy Fourth Series*, Allen, 1976, pp. 322–37.

* * *

「道徳哲学者」としてのウィンチの姿勢は本訳書全体を精読して頂ければ自ずと明らかになる、と訳者は考えるが、他方、彼のような姿勢は今日の日本ではそれほどなじみ深いものとも思えないので、敢えていくつかの点を指摘しておきたい。

彼の議論は倫理学のグランド・セオリーを提出しようとはせずに、細かい問題をていねいに論じていく形をとる。少なくとも現状では、グランド・セオリーは事態の歪曲と独断に陥りやすい、と彼が考えるからである。この点で彼は、現在の英米の倫理学の主流に対しても、またカントのような形の伝統的倫理学に対しても、批判的である。

彼は、賛成・不賛成といった類の態度が倫理学の基礎にあり、この態度それ自身と態度が向けられる対象とは独立である、とする考えに反対する。任意のどんな問題も道徳の重要な問題となりうる訳ではなく、道徳の議論のためには適切な例を選ばなければならない。この点で、論者の余計な感情を交えないようにするために、些細な例をとりあげて道徳の論理を冷静に分析しようとする行き方は的外れである。そこで暫定的提案ではあるが、「未開社会の理解」の末尾で、人間生活の限界概念として誕生、性的関係、死の三つを挙げ、これらが倫理的次元を持つことを示したのである。また、「自然と規約」では、道徳的な考えは人間同士のいかなる社会生活からも生じるのだ、と主張し、いわば社会哲学と道徳哲学との通底を明らかにしたのである。

しかし道徳のこのような「普遍性」は、「不変」な人間の本性が所与としてあることを意味しない。「何を我々が人間の本性に帰属させうるかが、何に我々が意味を見出せ、何に見出せないかを決定するのではない、その反対であって、何に我々が意味を見出せ何に見出せないかが、何を我々が人間の本性に帰属させうるかを決定する」と「人間の本性」では述べられている。また、カントのように「義務のための行為こそ無条件に善い唯一の行動である」と言うことはできない、無条件に善いと言われる行動の一般的特性など存在しない、個々の事例について何を言うべきかを前以って決定してくれる一般的規則など存在しない、我々に出来るのは、個々の事例を調べて、それぞれについて我々が実際に何を言いたくなるかを見てとることに尽きる、――このように主張されるのである。

映画「ヴァイオレント・サタディ」で無垢の少女を救うため悪漢を殺さざるをえない非暴力主義の教団の長老の道徳的苦悩（第Ⅸ章）、メルヴィルの物語『ビリー・バッド』における艦長ヴィアの、軍法に従うか、それとも自然の良心に従うかという道徳的ディレンマ（第Ⅷ章）、――このような場合に彼等を導く「道徳的原理」の一貫性、あるいは複数の相争う原理の優劣、について話すのは、的外れである。また、ウィンチは、自分がヴィアの立場におかれたら彼とは異なった決断をするであろう、しかしだからといって、ヴィアの決断や行為は不当である、と自分が考える訳ではない、と述べている。即ち、ウィンチは「道徳判断の普遍化可能性」に異議を唱えているのである。

重要な道徳問題を考える際には、傍観者ではなく行為当事者の立場から何が言えるか、という問題を落す訳にはいかない。一人称と三人称の区別・対比は重要であるにもかかわらず、従来の議論では軽視されがちであった。この論点も後半の諸論文でくりかえし指摘されている。

ウィンチ自身の道徳観は『倫理と行為』の全体から浮び上ってくる。彼がどのような素材を扱うか、しかもそれらの内のどれを共感をこめて扱っているか、に注意を払えばわかることである。しかし見落してならないのは、「哲学者としての」ウィンチは説教を行なうつもりがないことである。ある種の苦しみを罰とみなすロバートと、それを世間が自分に押しつけた不快としか考えないジェイムズとを比較して、ロバートの道徳観の方が「より深い」と述べたくなる人がいるかもしれないが、これは哲学の課題ではない、とウィンチは主張する（第X章）。二つの道徳観のいずれが正しいかを証明するのは不可能である。ある観点を呈示されるだけで、人によっては自分自身と自分の道徳観が攻撃されているように感じるかもしれないが、哲学がなすべきことは、たとえ自分にとって異質な思考様式であってもそれが何らかの意味を持つ可能性とその性格とを認識することである。このように考えるウィンチにとって、グランド・セオリーの提案など問題にならない。道徳的に重要な問題をそれぞれの場面で一つ一つていねいに考えてみることこそ、課題なのである。

以上はウィンチの「道徳哲学」についての拙い解説である。いうまでもなく道徳の問題はデリケートであり、どの箇所が読者の琴線に触れるかは、一人一人異なるであろうから、ウィンチに対する判断は当然のことながら読者の銘々に委ねる他はない。もとより、著者としては自分と同じ道徳観を読者が抱くことを要求してもいなければ望んでもいない。同じ「哲学的態度」を採ることができれば、それで十分なのである。

ところで、道徳に関するウィンチの哲学的態度が、『理念』や「未開社会の理解」での彼の姿勢と同種のものであることに、読者は気付かれるであろう。ウィンチの社会哲学に対する全面的な批判者達は、彼の道徳哲学に対しても批判的であろう。一方を理解しない者は、他方をも理解しないのである。この意味で、ウィンチの哲学は統一的である。

* * *

ウィンチの編著・英訳・論文には、既に触れたもの以外に、次のようなものがある。

。編著

Studies in the Philosophy of Wittgenstein, RKP, 1969.

。ウィトゲンシュタインの英訳

Cause and Effect: Intuitive Awareness, *Philosophia*, Philosophical Quarterly of Israel, Vol. 6. No. 3-4, 1976.

Culture and Value, Blackwell, 1980.（ドイツ語の書名は *Vermischte Bemerkungen*. 日本語訳は、丘沢静也訳『反哲学的断章』、一九八一年、青土社。）

。主な論文

Necessary and Contingent Truths, *Analysis*, Vol. 13, 1953.

Authority, *Proceedings of the Aristotelian Society*, Supplementary Volume 32, 1958. これ

はR・S・ピーターズとのシンポジウムである。後に、A. Quinton, ed., *Political Philosophy*, Oxford U. P., 1967 に収録。日本語訳はアンソニー・クィントン編『政治哲学』、森本哲夫訳、昭和堂、一九八五年、に所収の「権威」論文。

Authority and Rationality, *The Human World*, No. 8, 1972.

Popper and Scientific Method in the Social Sciences, in P. A. Schilpp, ed., *The Philosophy of Karl Popper* Book II, Open Court, 1974.

"Eine Einstellung zur Seele" *Proc. Aris. Soc.*, Vol. 81, 1980-1.

'Im Anfang war die Tat', in I. Block, ed., *Perspectives on the Philosophy of Wittgenstein*, Blackwell, 1981.

Darwin und die Genesis——Ein Widerspruch? Fragen zur Religionsphilosophie, *Conceptus*, Vol. 15, 1981.

＊　＊　＊

翻訳は奥と松本が分担してまず下訳を準備し、その上で数度にわたる読み合せを行なった。出来る限り正確で、しかも生硬でない翻訳を念願して、たがいに遠慮のない批判を行なった。内容に関わる読みで二人の意見が一致しない箇所は著者に照会して決定した。この意味で、翻訳は我々二人の共同作業であるが、しかしながら最終的な責任はそれぞれの分担翻訳者にある。奥の分担は謝辞と第Ⅰ章から第Ⅳ章、及び第Ⅵ章であり、松本の分担は第Ⅴ章、及び第Ⅶ章から第Ⅺ章である。

＊　＊　＊

ウィンチは日本ではそれほど読まれていない、というのが訳者の印象である。確かに『理念』は数多くの論文の注に登場するが、敬意を表して名前を挙げたにすぎない、という事例もかなり見うけられる。『倫理と行為』に収められた論文にまで立ち入って検討されることはごくわずかであり、訳者の眼にとまったものとしては、小林傳司氏の「ウィンチと科学的合理性」（『科学基礎論研究』六一号、一九八三年）や丸山高司氏の『人間科学の方法論争』（勁草書房、一九八五年）などがその主なものである。本訳書が、日本でウィンチがもっとよく読まれるための一助ともなれば、訳者にとって大きな喜びである。

なお最後に、著者のウィンチ教授には訳者の度重なる照会に回答して頂いたことについて、また勁草書房の富岡勝氏には本訳書の出版についてお世話になったことについて、それぞれ感謝したい。

一九八七年（昭和六二年）六月

訳者を代表して

奥　雅　博

メルヴィル (Melville, Herman) 211-2,215,217-22,224-30,235-7
メルデン (Melden, A. I.) 66,78, 224

ヤ，ラ 行

ヨブ (Job) 15-6,52
ラインハルト (Reinhardt, Lloyd) 296
ラッセル (Russell, Bertrand) 34
リース (Rhees, Rush) *ii*,54-5,98, 102-3,209,286-7,290-1,297,322
ルソー (Rousseau, J.-J.) 4,122-37,139-42,147-9
レヴィ＝ブリュル (Lévy-Bruhl, L.) 12
ロービア (Rovere, Richard) 92

シンガー (Singer, Marcus)　223-5,239
ジンメル (Simmel, Georg)　66
スウィフト (Swift, Jonathan)　89-90
ストックス (Stocks, J. L.)　264
スノー (Snow, C. P.)　79
スピノザ (Spinoza, B.)　162
スペンサー (Spencer, B.)　60
ソクラテス (Socrates)　20,92,274,276,287-8,320
ソフォクレス (Sophocles)　261

タ 行

ティボン (Thibon, Gustave)　297
ティルマン (Tilghman, B. R.)　209
デブリン卿 (Devlin, Lord)　108
デュルケーム (Durkheim, E.)　60
トウェイン (Twain,Mark)　275-8
ドストエフスキー(Dostoyevsky, F.)　234-5,318
トルストイ (Tolstoy, L.)　264-70
トロアイヤ (Troyat,Henri)　272

ナ 行

ニーチェ (Nietzsche, F.)　323
ニュートン (Newton, Isaac)　70
ノーマン (Norman, Richard)　9

ハ 行

パーキン (Parkin, Molly)　195,200
ハート (Hart, H. L. A.)　150,187,227
バーリン卿 (Berlin, Sir Isaiah)　99
パレート (Pareto, V.)　14,22
ヒース (Heath, Peter)　179-87,195
ヒューム (Hume, David)　74, 127
フィリップス (Phillips, D. Z.)　66,271,296-7
フット (Foot, Philippa)　103,246
プラトン (Plato)　20,92,243-4,246-8,264,268,274,283,300,320
プリチャード (Prichard, H. A.)　180-1,184-5,187-92,196,248,273
フレーザー卿 (Frazer, Sir James)　49
ブレンターノ (Brentano, F.)　287-8
プロタゴラス (Protagoras)　15,231
ヘア (Hare, R. M.)　104-7,112,225,237-8,262-3
ヘーゲル (Hegel, G. W. F.)　311
ペテロ (Peter, Saint)　294
ベネット (Bennett, Jonathan)　297
ベンサム (Bentham, Jeremy)　244,252
ホッブズ (Hobbes, Thomas)　80-1, 91,110,122-6,129-49,318
ポパー (Popper, Karl)　68-70,73-6
ポラニー (Polanyi, Michael)　86-8,90
ホランド (Holland, R. F.)　5-7

マ 行

マウンス (Mounce, H. O.)　297,323
マッカーシー (McCarthy, Joe)　92-3
マッキンタイアー (MacIntyre, Alasdair)　10,36-51,53-6,59-60,100-1,104-14,119
マーフィー (Murphy, Jeffrie)　209
マルクス (Marx, Karl)　56
マン (Mann, Thomas)　66
ミル (Mill, J. S.)　244-6,248,296
ムーア (Moore, G. E.)　248-50

人 名 索 引

ア 行

アブラハム (Abraham)　70–1,73
アボット (Abbott, T. K.)　116
アリストテレス (Aristotle)　67–70, 80,98,110–1
アンスコム (Anscombe, G. E. M.) 76,152,170
アンダーソン (Anderson, John) 250
石黒英子　178
イプセン (Ibsen, Henrik)　253–4, 258
ヴィーコ (Vico, Giambattista) 57,63,81,95–6,124–5
ウィズダム (Wisdom, John)　89, 91
ウィトゲンシュタイン(Wittgenstein, L.)　7–9,29–31,33–4,54,61,65,81–2,93,151–79,182,185–7,191–2,196, 216–7,254,274,276,285–8,290–1,293, 296–300,302,312–3,316,318–9,323
ヴェイユ (Weil, Simone)　56,65–6,147–8,209,255,258–9,294–5,310–2, 314–5,320
エヴァンズ=プリチャード (Evans-Pritchard, E. E.)　10,12–5,17–9, 21–37,49
エリオット，ジョージ (Eliot, George) 205–7
エリオット，T・S (Eliot, T.S.) 58
オイディプス (Oedipus)　259–61
オッペンハイマー (Oppenheimer, Robert)　72
オノレ (Honoré, A. M.)　187

カ 行

カージャイル (Cargile, James)　209
カフカ (Kafka, F.)　322
カント (Kant, I.)　106–7,111–2, 116–7,160–1,222,252–60,262–3,270, 300–1
キリスト (Christ)　198–9,201,207, 268,294,311
キルケゴール (Kierkegaard, S.) 163–4,254,274–8,288–95,306
ギレン (Gillen, F. J.)　60
ケニー (Kenny, A. J.)　170
コリングウッド (Collingwood, R. G.)　18–9,115–7
コンディヤック (Condillac,E. B. de)　125

サ 行

サルトル (Sartre, J.-P.)　250–1
シェークスピア (Shakespeare, William)　275,278–9
シジウィック (Sidgwick, Henry) 211–4,216,222,227,229–30,232,234–5,248
ショー (Shaw, Irwin)　97

Peter Guy Winch

1926年ロンドンに生まれる。オックスフォード大学卒。イリノイ大学アーバナ・シャンペイン校哲学科教授等を務めた。1965–71年，『アナリシス』編集者，1980–81年，アリストテレス協会会長。1997年歿。

主著 *The Idea of a Social Science and its Relation to Philosophy*, Routledge & Kegan Paul, 1958（邦訳『社会科学の理念』新曜社）

奥　雅博（おく　まさひろ）

1941年兵庫県生まれ，東京大学教養学部卒

大阪大学名誉教授（2006年歿）

著書 『ウィトゲンシュタインの夢』，『ウィトゲンシュタインと奥雅博の三十五年』（いずれも勁草書房）

訳書 『ウィトゲンシュタイン全集 1，2』（大修館書店）ほか

松本洋之（まつもと　ひろゆき）

1952年熊本県生まれ，名古屋大学文学部卒

東北学院大学准教授

著書 『ウィトゲンシュタイン読本』（共著，法政大学出版局）

倫理と行為

1987年10月5日　第1版第1刷発行
2009年5月15日　新装版第1刷発行

著者　P．ウィンチ

訳者　奥　雅博
　　　松本洋之

発行者　井村寿人

発行所　株式会社 勁《けい》草《そう》書房

112-0005 東京都文京区水道2-1-1　振替 00150-2-175253
（編集）電話 03-3815-5277／FAX 03-3814-6968
（営業）電話 03-3814-6861／FAX 03-3814-6854

総印・青木製本

ISBN978-4-326-15402-9　Printed in Japan

http://www.keisoshobo.co.jp